Andrea Röpke / Andreas Speit
Mädelsache!

Andrea Röpke / Andreas Speit

Mädel-
sache!

Frauen in der Neonazi-Szene

Unter Mitarbeit von
Maik Baumgärtner

Ch. Links Verlag, Berlin

Abbildungsnachweis

Andrea Röpke: S. 21, 25, 127, 165, 193
Otto Belina: S. 39, 61, 71, 85, 93, 109, 135, 137, 141, 147, 179, 195, 215

Die mit einem * gekennzeichneten Namen sind Pseudonyme oder bewusste Anonymisierungen von Personen.

Die Deutsche Nationalbibliothek verzeichnet
diese Publikation in der Deutschen Nationalbibliografie;
detaillierte bibliografische Daten sind im Internet
über http://www.dnb.de abrufbar.

3., aktualisierte und erweiterte Auflage, Dezember 2011
© Christoph Links Verlag GmbH, 2011
Schönhauser Allee 36, 10435 Berlin, Tel.: (030) 44 02 32-0
www.christoph-links-verlag.de; mail@christoph-links-verlag.de
Umschlaggestaltung: Burkhard Neie, www.blackpen.xix-berlin.de
Satz: Nadja Caspar, Ch. Links Verlag, Berlin
Druck und Bindung: Druckerei F. Pustet, Regensburg

ISBN 978-3-86153-615-4

Inhalt

Müller – Die Frauen der NPD vor Ort – Ein Dorf in Angst –
Rechte Unternehmerinnen – Schlesien-Fans zur Tarnung –
Die Netzwerke von *Sturmvogel* und Artamanen –
Nationale Graswurzelarbeit

»Das lässt sich eben nicht trennen« – Vom Umgang mit rechten Frauen   210

Rechte Frauen in Kindergarten, Schule, Sportverein –
Arbeitsrechtliche Maßnahmen – Rechte »Selbsthilfegruppe«
Jeanne D. – Zivilcourage gegen Rechts – Berichten
oder Nichtberichten? – Die Notwendigkeit der Förderung
zivilgesellschaftlichen Engagements vor Ort

Anhang

Vorwort zur dritten Auflage

Das neonazistische Terrornetz – Militanz und Ideologie:
Als junges Mädchen in den Untergrund – Die Geschichte
der Beate Zschäpe

»Ich bin die, die Sie suchen«, sagt Beate Zschäpe zu den erstaunten Beamten. Am Montag, dem 7. November 2011, taucht die Neonazistin nach 13 Jahren im Untergrund auf. In ihrer thüringischen Heimatstadt Jena, wo sich die jetzt 36-Jährige bereits in der Jugend der rechtsextremen Szene zuwendete, stellt sie sich auf der Polizeiwache. Drei Tage zuvor waren ihre Kameraden Uwe Mundlos und Uwe Böhnhardt, mit denen sie das Leben in der Illegalität geführt hatte, nach einem Banküberfall in Eisenach erschossen aufgefunden worden. Danach folgen Schlag auf Schlag Enthüllungen über eine braune Terrorzelle, die das ganze Land wochenlang in Atem halten. Die zwei Männer und eine Frau stehen im Zentrum der Ermittlungen. Denn Beate Zschäpe gehört zu dieser Untergrundtruppe, die sich den Namen *Nationalsozialistischer Untergrund* (NSU) gab und vermutlich mindestens zehn Menschen geplant ermordete sowie mehrere Sprengstoffanschläge und 14 Banküberfälle verübte. »Es ist durchaus denkbar, dass der Gruppe noch weitere Straftaten zuzurechnen sind«, räumt Generalbundesanwalt Harald Range in Karlsruhe auf einer Pressekonferenz am 1. Dezember 2011 ein. Der Präsident des Bundeskriminalamtes (BKA), Jörg Ziercke, muss beim selben Pressetermin eingestehen: »Noch gibt es zahlreiche Lücken.« Bis zu jenem Tag schweigt die Frau mit dem Puppengesicht, der Brille und den langen, dunkel gelockten Haaren. Der Presse gibt sie Rätsel auf. Die einen machen sie als »gefährliche Mitläuferin« aus, für die »Bild-Zeitung« ist sie ein »heißer Feger«. Bald werden gängige Klischees von der vermeintlich friedliebenden Weiblichkeit und der unpolitischen Frau vermischt. Lässt die Militanz einer Frau wie Beate Zschäpe sich nicht leugnen, gilt sie schnell als sexuelles Anhängsel. Die rechte Täterin wird als »Nazi-Braut« verharmlost. Denn einer jungen Frau werden politisch motivierte Verbrechen kaum zugetraut. Die 182 seit der Wende mit neonazistischem Hintergrund ermordeten Menschen fielen männlichem Hass zum Opfer. Braune Gewalt hat ein männliches Antlitz – so die öffentliche Wahrnehmung.

Bis 2003 prangte Beate Zschäpes Foto auf Fahndungsplakaten. Als »Bombenbastler von Jena« wurden sie und ihre beiden Kameraden gesucht. 2011 geht es um mehr, es geht um kalkulierte Gewalt, geplant und verübt von Neonazis. Seit Anfang November ziert das schüchtern wirkende Lächeln dieser undurchsichtigen jungen Frau unzählige Medienberichte.

Am Morgen des 4. November 2011, einem Freitag, überfielen Uwe Mundlos und Uwe Böhnhardt kurz nach der Öffnung eine Sparkassenfiliale in Eisenach. Nachdem sie das Geld erbeutet hatten, flohen die beiden mit dem Fahrrad zu ihrem nur ein paar Straßen weiter parkenden Wohnmobil. Doch anstatt wegzufahren, blieben die Männer vor Ort. Misstrauische Anwohner informierten die Polizei. Als zwei uniformierte Beamte anrückten, hörten sie Schüsse aus dem weißen Fahrzeug, aus dem kurze Zeit darauf Flammen schossen. Der Generalbundesanwalt erklärte später, Mundlos habe zunächst Böhnhardt erschossen, dann das Wageninnere angezündet und sich selbst gerichtet. Ein letzter Anruf soll noch an Beate Zschäpe gegangen sein. Nur wenige Stunden später läuft sie mit ihren zwei Katzen von der gemeinsamen Wohnadresse in der Frühlingsstraße 26 in Zwickau zu einem Eckhaus, klingelt bei den Nachbarn, bittet deren Tochter, die Katzen zu beaufsichtigen. Qualm dringt da schon aus der 120 Quadratmeter großen Wohnung des Trios. Zschäpe sagt der besorgten Nachbarstochter, sie hätte die Polizei bereits informiert – und verschwindet. Keine fünf Minuten später explodiert das Obergeschoss ihres Hauses. Brandbeschleuniger wurden gelegt. Als Täterin gilt die 1,60 Meter kleine Frau, die immer schwarze oder rote Kleidung trug. Sie wollte Spuren beseitigen, aber ihre Haustiere sollten nicht sterben. Das halbe Haus wurde weggesprengt, Verletzte gab es allerdings nicht.

Fast ein Wunder, heißt es aus Ermittlungskreisen. »Eine kaltblütige Täterin«, schimpft ein Mann aus Zwickau gegenüber der lokalen Presse. Seine 89-jährige Tante, die in der anderen Hälfte des Doppelhauses wohnt, konnte von Verwandten gerettet werden. Bis zu dem Tag galten Zschäpe, der 38-jährige Mundlos und der 34-jährige Böhnhardt in dem Stadtteil als nette Nachbarn. Seit 2008 wohnten sie dort. Zuvor hatte Zschäpe jahrelang eine Wohnung in der Polenzstraße in Zwickau angemietet.

Dass die Männer stets schwarze Kleidung trugen und Rucksäcke dabei hatten, kommt Anwohnern im Nachhinein irgendwie auffällig vor. Manche Nachbarn glaubten, Mundlos und Zschäpe wären ein Paar und Böhnhardt der Bruder von Zschäpe. Das Trio ließ sie in dem Glauben. Nett und freundlich scheint vor allem Zschäpe, geborene Apel, in der Straße aufgetreten zu ein. Für die Nachbarn war sie Susann Dienelt. Andere Namen, Mandy Struck, Silvia Pohl, Susann Eminger oder Lisa Pohl, nutzte sie auch, um unerkannt zu bleiben. Einige der Identitäten lieh sie sich von existierenden Kameradinnen. Es fiel nicht auf. In der Frühlingsstraße erzählen Anwohner: »Die hat keine rechten Sachen getragen« und »Sie machte einen ganz normalen Eindruck.« Ihre radikale Gesinnung haben weder die Frau noch die Männer des Trios durchscheinen lassen. Als recht nett, etwas kumpelhaft und dennoch leicht zurückhaltend wird die gelernte Gärtnerin Beate Zschäpe beschrieben.

Die Tarnung war offensichtlich perfekt. Während Zschäpe die unauffällige Frau von nebenan spielte, waren bereits acht mittelständische türkische Unternehmer sowie der griechische Mitinhaber eines Schlüsseldienstes mit einer Ceska, Kaliber 7 Millimeter, regelrecht hingerichtet worden. Keine Spur führte nach Zwickau. Später würde sich in den Trümmern des Hauses in der Frühlingsstraße auch die Tatwaffe zum Mord an einer jungen Polizistin 2007 in Heilbronn finden. Das Trio hortete ein regelrechtes Waffenarsenal. Dank zahlreicher Banküberfälle scheinen sie sich ein luxuriöses Leben geleistet zu haben. Sie richteten ein Fitnessstudio ein und verbrachten mehrwöchige Urlaube auf Sylt oder Fehmarn. In der Dorotheenklause, ein paar Straßen weiter, kam die junge Frau gelegentlich auf ein Bier vorbei. Zschäpe erzählte den Nachbarn, sie arbeite von zu Hause aus. Die wunderten sich schon mal über die teuren, oft wechselnden Mietwagen oder Wohnmobile, fragten aber nicht nach.

Am 4. November bietet sich den Ermittlern im biederen Wohngebiet der sächsischen Stadt Zwickau ein Trümmerfeld. Das Gelände um die Wohnung von Zschäpe, Böhnhardt und Mundlos in Zwickau wird abgesperrt. In Schutt und Asche findet sich erdrückendes Beweismaterial. Stück für Stück wird offenbar, wie akribisch die Morde vorbereitet wurden. Einen Monat später ist immer noch ungeklärt, welche Rolle Beate Zschäpe genau innerhalb dieser mörderischen braunen Untergrundzelle spielte. Hat sie die Morde, Banküberfälle und Sprengstoffanschläge nur gedeckt, trieb sie die Kameraden womöglich ideologisch an, oder war sie sogar beteiligt?

Im Kölner Hochsicherheitsgefängnis Ossendorf sitzt Zschäpe in strenger Einzelhaft. Schon im Chemnitzer Frauengefängnis, wo sie zuerst einsaß, schwieg sie zu den Taten. Jetzt vertreten zwei Anwälte ihre Interessen, auch die Kronzeugenregelung wurde ihr aus rechtlichen Gründen zunächst angeboten. Die männlichen Täter sind tot. Potentielle Unterstützer werden nach und nach observiert und verhaftet. Auch junge Frauen unterstützten die Zelle, sie liehen Zschäpe vermutlich Ausweispapiere und Bahncards. Verhaftet wurde bisher keine von ihnen.

Zschäpe schweigt nur scheinbar. Denn kurz bevor sie sich in Jena der Polizei freiwillig stellt, soll die Frau, die als Gründungsmitglied der rechtsterroristischen NSU gilt, noch letzte erschütternde Statements ihrer Gruppe zur Post gebracht haben. Sie hätte es auch sein lassen können, alles ist vorüber. Aber nun scheint sie die Taten bewusst öffentlich machen zu wollen. Nach den derzeitigen Ermittlungen sieht es so aus, als wenn die letzte Überlebende der Kerntruppe bis zum Schluss zur »Sache« steht und das bekunden wollte.

Einen Tag nachdem ihre engsten Komplizen Anfang November in dem Wohnmobil in Eisenach sterben, ruft Zschäpe nicht nur die Eltern von Mundlos und die Mutter von Böhnhardt an, um ihnen die Nachricht von deren Tod zu überbringen. Sie verschickt auch eine vorbereitete, selbst hergestellte DVD mit einem 15-minütigen Film. Darin führt die Comic-Figur »Paulchen Panther« zu den Schauplätzen der Morde der NSU. Die Täter verhöhnen mit der Stimme von Paulchen Panther und dessen »Witz« ihre Opfer: den Blumenhändler Enver Simsek, den Schneider Abdurrahim Özüdogru, den Obsthändler Süleyman Tasköprü, den Gemüseverkäufer Habil Kilic, den Dönerverkäufer Yunis Turgut, den Betreiber eines Schlüsseldienstes Theodorous Boulgarides, den Dönerverkäufer Ismail Yazar, den Mitarbeiter eines Internetcafés Halit Yozgat und die Polizistin Michèle Kiesewetter. Bilder von Tatorten, Comic-Zeichnungen und Fotos von den Opfern wechseln sich ab. »Der Nationalsozialistische Untergrund ist ein Netzwerk von Kameraden mit dem Grundssatz ›Taten statt Worte‹«, ist zu lesen, und: »Solange sich keine grundlegenden Änderungen in Politik, Presse und Meinungsfreiheit vollziehen, werden die Aktivitäten weitergeführt.«

Über ein Jahrzehnt tappte die Polizei im Dunkeln. Zahlreiche Ermittler unterschiedlicher Dienststellen bundesweit recherchierten wegen der Morde in falsche Richtungen. Es ging sogar soweit, dass die Familien der Opfer ins Visier gerieten, ein rechtsextremer Tathintergrund aber völlig außer Acht blieb. Bundesinnenminister Hans-Peter Friedrich (CSU) räumt ein, dass »einige Behörden kläglich versagt« haben, und der Chef des Bundesamtes für Verfassungsschutz Heinz Fromm bekennt, die Mordserie sei »eine Niederlage für die Sicherheitsbehörden«.

Eine Niederlage mit tödlichen Folgen, die bereits 1998 ihren Anfang nahm. Denn am 26. Januar des Jahres durchsuchten Polizeikräfte in Jena die Wohnung von Uwe Böhnhardt und das Kinderzimmer von Beate Zschäpe bei ihrer Mutter. Der Verdacht: die Herstellung von Rohrbomben. Am 13. April 1996 hatte die Polizei an einer Autobahnbrücke bei Jena einen aufgehängten Puppentorso gefunden, auf dessen Vorder- und Rückseite jeweils ein gelber Davidstern mit der Aufschrift »Jude« zu sehen war. Der Torso war mit zwei Elektrokabeln an einer Bombenattrappe auf der Brücke verbunden. Auf dem Theaterplatz der Stadt wurde über ein Jahr später, am 2. September 1997, ein rot bemalter Koffer mit einem schwarzen Hakenkreuz aufgefunden. Im Koffer ein Metallrohr mit etwa zehn Gramm TNT. Am 26. Dezember desselben Jahres entdeckten Spaziergänger auf dem Jenaer Nordfriedhof erneut einen roten Koffer mit schwarzem Hakenkreuz. Zwischen 24. November und 1. Dezember 1997 hatten Behörden bereits den Jenaer Neonazi Böhnhardt observiert, auch dessen enge Verbindung zu Mundlos und Zschäpe festgestellt. Bekannt war ebenso, dass die junge Rechtsextreme, die zunächst zur *Kameradschaft Jena,* danach zum *Thüringer Heimatschutz* (THS) zählte, eine Garage im Stadtteil Burgau angemietet hatte. Bei den Durchsuchungen wurden die Beamten fündig: Vier vorbereitete Rohrbomben, 1,4 Kilogramm TNT und diverses Propagandamaterial wurden sichergestellt. Entgegen möglicher Erwartungen wurden die drei Verdächtigen nicht festgenommen. Dabei war

Böhnhardt bereits wegen Volksverhetzung verurteilt. Ungehindert setzte der sich, nachdem Beamte ihm die Durchsuchungsmaßnahme eröffnet hatten, in seinen Wagen und fuhr davon. Erst zwei Tage nach der Razzia am 26. Januar erließ die Staatsanwaltschaft Gera Haftbefehle gegen die drei »Bombenbastler«. Da waren Böhnhardt, Mundlos und Zschäpe schon abgetaucht.

Bereits 1992 war Beate Zschäpe mit Uwe Mundlos befreundet. Der Professorensohn dachte da schon weit rechts. Im Jenaer Plattenbaugebiet Winzerla lebte Zschäpe damals mit ihrer Mutter. Gelegentlich ließ sie in der Kaufhalle kleinere Dinge mitgehen. Dann verurteilte ein Richter sie zu Arbeitsstunden wegen Körperverletzung. Mit dem »Winzer-Clan«, einer rechten Gruppe aus der Siedlung, zog sie um die Häuser, griff immer wieder nichtrechte Jugendliche an. Böhnhardt kam erst später zum gefürchteten »Clan«. Zwischen den beiden Männern soll die junge Frau emotional hin und her gerissen gewesen sein. Die Freundschaft der drei litt darunter nicht. Auch in ihrer Gesinnung waren sie vereint. Schnell galten sie als unzertrennlich, schlossen sich gemeinsam dem neonazistischen *Thüringer Heimatschutz* an. Böhnhardt und Mundlos wurden stellvertretende Leiter der Sektion. In punkto Aggressivität stand die junge Frau den beiden Männern in nichts nach, erinnert sich Katharina König aus Jena, thüringische Landtagsabgeordnete von Die Linke. Seit ihrem 15. Lebensjahr engagiert sie sich bei der »Jungen Gemeinde«. Sie war eines der »Hassobjekte« der militant auftretenden Neonazi-Szene. Mitte der 1990er Jahre, berichtet König, sei Zschäpe an einem Angriff auf die kirchliche Einrichtung beteiligt gewesen. Bei der Auseinandersetzung um einen Weihnachtsmarkt soll Zschäpe dann mehrmals auf ein Mädchen eingetreten haben, so dass es im Krankenhaus behandelt werden musste.

»Beate Zschäpe wollte die Erste unter den wenigen Kameradschaftsfrauen sein«, erzählt ein früherer Bekannter des Trios aus der thüringischen Universitätsstadt. Mundlos stand kurz vor dem Abitur, wollte studieren. Zschäpe fand nach der Lehre keine Anstellung. Schon damals schien ihr Verhalten ambivalent. Sie gab sich radikal, schlug auch zu, trug aber immer unauffällige Kleidung, keine Szenekennzeichen. »Bei politischen Diskussionen hielt sich Beate Zschäpe immer zurück«, behauptet der ehemalige Neonazi-Anführer Tino Brandt aus Rudolstadt. Gemeinsam mit den Jenaern machte er den *Thüringer Heimatschutz* zu einem der größten Netzwerke von militanten Kameradschaften. An die 170 Rechtsextreme waren in einzelnen Sektionen zusammengeschlossen. Einer der Einflussreichsten war André Kapke. Von 1993 bis zu ihrem Untertauchen fünf Jahre später sollen Zschäpe, Mundlos und Böhnhardt zu seinem »Freundeskreis« gehört haben, sagte der Neonazi der neu-rechten Wochenzeitung »Junge Freiheit«. Im Interview vom 2. Dezember 2011 berichtet er, der heute dem Umfeld des militanten *Freien Netzes* zugeordnet wird: »Es gab eine Vereinbarung, wenn jemand etwas machen will, das strafrechtliche Konsequenzen haben könnte, dann sollte er sich gut überlegen, wen er einweiht«, und weiter: »Sicher haben wir uns damals immer mehr radikalisiert.« »Beate«, behauptet er, »war ein offenes und lebensfrohes Mädchen.« Nach deren Flucht will er sie nicht mehr gesehen haben.

2001 kam das Ende des *Thüringer Heimatschutzes*. In dem Jahr flog Anführer Tino Brandt als V-Mann »Otto« des thüringischen Verfassungsschutzes auf. Da waren die drei »Bombenbastler« bereits im Untergrund, womöglich in Ungarn oder Bulgarien, angeblich für einige Zeit bei einem Sympathisanten in Südafrika. Noch sind die zeitlichen Abläufe nicht völlig geklärt, jedoch offenbart sich ein Unterstützernetzwerk, zu dem auch Frauen zählten. Doch den Schritt in die jahrelange Illegalität dürfte Beate Zschäpe wohl als Einzige aus der extrem rechten Szene gegangen sein. Und alles spricht dafür, dass sie es nicht aus Zuneigung, sondern aus politischer Überzeugung tat.

Drei Tage blieb Zschäpe, gegen die inzwischen ein Verfahren wegen des Verdachts der Bildung einer terroristischen Vereinigung eingeleitet worden war, unentdeckt. Ihre engsten Weggefährten waren tot. Gerüchte, sie sei bei Helfershelfern, machten die Runde. In der Neonazi-Szene soll sie auch während der letzten zehn Jahre bei internen Events aufgetaucht sein. Noch gibt es dafür keine handfesten Beweise.

Eine ganz andere Sorge treibt sowohl den Generalbundesanwalt Harald Range als auch BKA-Präsidenten Jörg Ziercke um: Welche Rolle spielten im Fall der Zwickauer Zelle die Verfassungsschutzbehörden und deren V-Leute? Seit Jahren gab es nicht mehr so laute öffentliche und mediale Kritik an den Inlandsgeheimdiensten. Bereits früh nach dem Untertauchen 1998 wurden mögliche behördlich legitimierte Verstrickungen zum Trio diskutiert. In internen Akten spekulierte das Landeskriminalamt in Thüringen gar, ob einer der drei selbst mit dem Verfassungsschutz zusammengearbeitet haben könnte.

Wenig gelassen reagiert auch die NPD auf die Enthüllungen um das Terrornetzwerk aus dem eigenen ideologischen Spektrum. Zu viele ihrer Funktionäre scheinen verstrickt, einer soll gar eine Schusswaffe sowie Munition besorgt haben. Jetzt fallen auch die zahlreichen Waffenfunde, Drohungen und Anschläge aus dem unmittelbaren Umfeld der Neonazi-Partei ins Gewicht. Schließlich hat sich seit dem Auffliegen des *Nationalsozialistischen Untergrunds* in Zwickau auch die Debatte um ein NPD-Verbot beschleunigt. Keine Überraschung also, dass die NPD sich von der NSU und ihrer Mordserie distanziert. Wem gelingt das besser als einer nationalen Vorzeigefrau? Ricarda Riefling gilt in Niedersachsen als Bindeglied zwischen der sich bürgerlich gerierenden Partei und den militanten »Freien Kräften«. Ihr Ehemann war Führungsmitglied des 2000 in der Bundesrepublik verbotenen Terrornetzwerkes *Blood & Honour*. Als neugewähltes NPD-Vorstandsmitglied erklärte sie dann auch öffentlichkeitswirksam gegenüber dem Berliner »Tagesspiegel«: Zschäpe sei kein Vorbild, sondern eine »Verräterin«. Die junge Neonazistin kennt ihre Aufgaben.

Andrea Röpke, Andreas Speit
Hamburg, im Dezember 2011

Einleitung

Die NPD und die Frauen: Wahlkampfauftakt in Berlin –
Weibliche Vielfalt in der extrem rechten Szene – Bürgernah
und radikal

Sie stand vorn. Erfreut schaute sie vom Rednerpult herab auf die
Gäste in der ersten Reihe. Lächelte und grüßte still. Öffentliche
Auftritte sind für Manuela Tönhardt keine Seltenheit. Selbstsicher wartete sie an diesem 15. Januar 2011, bis sich in der
Aula der Max-Taut-Schule im Berliner Stadtteil Lichtenberg alle
auf sie konzentrierten. Hatte sie doch die besondere Aufgabe,
die Wahlauftaktveranstaltung der *Nationaldemokratischen Partei
Deutschlands* (NPD) für das Berliner Abgeordnetenhaus zu eröffnen. Als »Hausherrin« begrüßte die Berliner NPD-Lokalpoliti-
kerin den eigenen Parteivorstand in der Schule. Kurz rückte die
Kulturwissenschaftlerin, Jahrgang 1952, das Mikrophon zurecht
und strahlte, während sie begann, die Oberen der NPD vorzu-
stellen: »Es ist mir eine große Ehre, den Parteivorsitzenden, Kamerad Udo Voigt, den Kameraden Holger Apfel, den Kameraden
Udo Pastörs (…) zu begrüßen.« Unter ihnen war keine Frau. An
diesem Samstag, an dem auch die angestrebte Vereinigung mit
der *Deutschen Volksunion* (DVU) gefeiert werden sollte, würde
die gestandene Rechte die einzige weibliche Rednerin sein.

In der NPD sind Frauen und Mädchen aber schon längst in
unterschiedlichen Funktionen aktiv – sitzen im Landtag und in
Kommunalparlamenten, leiten Vorstände, planen Kundgebungen
und Infostände oder laden zu Veranstaltungen. Manuela Tönhardt ist eine jener Frauen, die engagiert und souverän für »Volk
und Vaterland« auftreten. 2007 übernahm sie die Führung des damals maroden NPD-Kreisverbandes Lichtenberg. Die Max-Taut-
Schule ist der extrem rechten Lokalpolitikerin bestens vertraut,
denn hier tagt die Bezirksverordnetenversammlung, deren Mit-

glied sie für die NPD seit 2006 ist. In diesen Räumlichkeiten brachte die adrett wirkende NPD-Dame mit gewelltem blonden Haar Anträge für »getrennte Schulklassen für Deutsche und Ausländer« oder für die »Schaffung einer Beauftragten zur Ausländerrückführung« mit ein. Hier provozierte die Parteifrau – genauso wie die NPD-Herren – gern bei Sitzungen die Mandatsträger anderer Parteien: »Ein großes Problem für Sie als Demokraten ist sicherlich auch die Erkennbarkeit national Gesinnter. Meine Fraktion kommt ja nun gebildet und gut bürgerlich daher. Dumm gelaufen!« Und droht: »Wenn sich irgendwann das Blatt wenden wird, wette ich, dass ein Teil von Ihnen schon immer für uns gewesen sein wird. Aber eines verspreche ich Ihnen: Wir vergessen nichts!«

Radikal und aggressiv wirken Frauen und Mädchen in der gesamten Szene von NPD über »Freie Kameradschaften« bis hin zu »Autonomen Nationalisten« mit: Sie bilden bei Aufmärschen die erste Reihe, tragen Transparente mit der Aufschrift »Todesstrafe für Kinderschänder«, grölen Parolen wie »Frei, sozial, national«, verteilen Flugblätter für »Müttergehalt statt Elterngeld« oder werben im Internet mit Podcasts für die »Volksgemeinschaft«. Vor Ort, in Stadtteilen und Gemeinden, sind sie jedoch auch diejenigen, die freundlich und nett das Gespräch mit Nachbarn und Vereinsmitgliedern suchen, über Kürzungen im sozialen Bereich, Streichungen bei den kommunalen Angeboten oder Einschränkungen im privaten Umfeld reden wollen. Die Botschaft »die da oben, wir hier unten« wollen die Frauen der Bewegung nicht anders als die Männer vermitteln und versprechen: »Wir kümmern uns.«

In der Aula der Max-Taut-Schule waren bei der Wahlkampfveranstaltung 2011 viele weibliche Gäste anwesend. Einige Frauen hatten schicke Kostüme an, andere waren schlicht gekleidet, wieder andere bevorzugten rechte Szenemarken. Am Aussehen können die Neonazis schon seit geraumer Zeit nicht mehr erkannt werden. Jeder Chic ist erlaubt, solange die Gesinnung stimmt. Bei Wahlen bilden Frauen und Mädchen inzwischen rund ein Drittel des Wählerpotentials der Neonazis. Mindestens jedes fünfte Mitglied der NPD ist weiblich, bei den »Freien Nationalisten« sind es geringfügig weniger. Es sind Frauen, die nicht bloß die »Freundin eines Kameraden« sein möchten, sondern auch auf der Straße, in Kommunen und Vereinen als Teil der »kämpfenden Front« anerkannt werden wollen.

Nicht nur dem ehemaligen NPD-Bundesvorsitzenden Udo Voigt ist bei Parteiveranstaltungen aufgefallen, dass junge Mädchen und Frauen bereits seit längerer Zeit häufiger allein kommen. Keine Propaganda, Frauen prägen mittlerweile Aktionen, Themenwahl und Image mit.

Auf dem letzten Bundesparteitag Mitte November 2011 im brandenburgischen Neuruppin löste Holger Apfel Voigt nach 15 Jahren an der Spitze ab. Mit 126 zu 85 Stimmen setzte sich der sächsische Fraktionsvorsitzende der NPD, Jahrgang 1970, gegen den 19 Jahre älteren Voigt durch. Die Chancen des Zulaufes von Mädchen und Frauen für die Partei waren im Machtkampf der beiden Kontrahenten kein Streitpunkt. Auf dem Internetportal der NPD-Monatszeitung »Deutsche Stimme«, »DS-Aktuell«, hatte Apfel zuvor im Oktober betont: »Durch Themensetzung und Auftreten müssen wir stärkere Anziehungskraft für national gesinnte Frauen gewinnen, die sich heute durch teilweise antiquierte Außendarstellung nicht angesprochen fühlen.«
Schon die Führung der NPD unter Voigt hatte das politische Potential der sich engagieren wollenden Frauen erkannt. Im lokalen Alltag sind sie es oft, die schneller gesellschaftliche Akzeptanz gewinnen. Bei Kommunalwahlen erreichen weibliche Kandidaten oft schon bessere Wahlergebnisse als die Männer. In der Neonazi-Szene sind sie es aber auch, die, ohne sich öffentlich zu zeigen, engagiert den »Kampf für Deutschland«, gegen »Überfremdung« durch Ausländer, »Umerziehung« durch 68er-Pädagogen und Beeinflussung von »Emanzen« führen. Der nationalistischen Ideologie entsprechend gestalten sie ihr alltägliches Leben, unterstützen den Freund oder Ehemann, halten für die politische Arbeit den Rücken frei, führen die Familien im traditionellen, oft nationalsozialistischen Rollenverständnis und erziehen die Kinder nach ihren elitären Tugenden. Im Hintergrund sind sie die treue Stütze der Kameraden. In der Öffentlichkeit geben sie sich selbstbewusst und energisch. Beide Optionen stehen heute Frauen in der extrem rechten Szene frei.
Zum neuen NPD-Parteivorstand unter Holger Apfel zählen drei Frauen: Ricarda Riefling, Birgit Fechner und Edda Schmidt, die beigeordnete Vorsitzende der Parteiunterorganisation *Ring Nationaler Frauen* (RNF). Bereits vor dem aktuellen Parteitag hatte Apfel die aufstrebende Jungpolitikerin Riefling gefragt, ob

sie im Falle seiner Wahl für den Vorstand kandidieren würde. Die Bundessprecherin des RNF sagte zu. Mit Erfolg: Im Neuruppiner »Kulturhaus« stimmten die Delegierten für die Mutter von vier Kindern, die bereits den NPD-Unterbezirk Oberweser leitet und gerade an einer Fernuniversität Kulturwissenschaften studiert. Auch die Wahl von Birgit Fechner vom NPD-Landesverband Sachsen-Anhalt überrascht nicht.

Fechner zog bereits bei der Wahlkampfveranstaltung in Berlin-Lichtenberg die Blicke auf sich. Aufgekratzt steuerte die modisch gestylte ehemalige DVU-Politikerin direkt auf eine Gruppe in der Mitte der Tischreihen zu. Strahlend begrüßte sie ihre fusionsbereiten Mitstreiter. Die 46-jährige Diplomingenieurin war zehn Jahre lang für die DVU im Brandenburger Landtag, galt dort als Hardlinerin. In auffällig bunter Kleidung trat sie an das Rednerpult und sorgte mit Parolen von »ausländischen Gastverbrechern«, die »planvolle und systematische Orgien« an Schulen feiern würden, für Empörung. Fechner provozierte gern, und ihre Auftritte im Landtag waren begleitet von Buhrufen. Wurde sie durch den Parlamentsvorsitz aufgefordert, sich im Ton zu mäßigen, klatschten alle Abgeordneten der anderen Parteien Beifall. Das störte sie wenig. 2007 lobte sie gar das »hohe Gesundheitsbewusstsein« der »Genossen der NSDAP«. Auf den Einwurf, solche Äußerungen zu unterlassen, konterte sie: »Ich wollte nur darauf hinweisen, dass die Problematik Tabakrauchen sehr alt ist.«

Einen »kalkulierten Tabubruch« nennt Neuvorsitzender Holger Apfel dieses Agieren im Parlament. In der Partei will er noch stärker eine »seriöse Radikalität« durchsetzen. Im Interview mit »DS Aktuell« hofft er so auch, dass »die NPD weg kommt vom Bürgerschreck-Image und wir stattdessen unserem Anspruch als Kümmer-Partei gerecht werden (...) Es geht schlicht und ergreifend darum, volksnah und gegenwartsbezogen für einen radikalen – d. h. an die Problemwurzel gehenden – Politikwechsel einzutreten, dem Zerrbild der Medien wirksam zu begegnen und die Herzen unserer Landsleute zu gewinnen.« Um aber nicht gleich des Verrates an den Grundpositionen beschuldigt zu werden, hebt Apfel hervor: »Für Träger einer Weltanschauung versteht es sich von selbst, dass es bei der ›seriösen Radikalität‹ nicht um inhaltliche Anpassung und die Aufweichung unserer Grundsätze geht.«

Ganz auf Linie ihres Parteichefs erklärte auch Ricarda Riefling nach ihrer Wahl: »Wir wollen unbequem sein und auf den Putz

Die NPD-Landtagsabgeordnete Gitta Schüßler aus Sachsen beim Wahlkampfauftakt der NPD in Berlin-Lichtenberg, Januar 2011.

hauen, aber als Vertreter und Sprachrohr unseres Volkes und nicht als Schreckgespenst. Wir müssen als Teil unseres Volkes und nicht in einer Parallelwelt leben ... als Kümmerer vor Ort.« Um jedoch auch die politische Klientel außerhalb des Parteienspektrums anzusprechen betonte die junge Neonazistin in einem Interview mit Kameraden geschickt: »Meine politischen Wurzeln liegen bei den radikalen freien Kräften.«

Aus der NPD heraus gründeten Frauen den *Ring Nationaler Frauen* (RNF) – auch um für den Zulauf von Mädchen und Frauen in der Bewegung ein Angebot zu haben. Der RNF versucht, die Parteistrategie mit vermeintlich frauen- und familienpolitischen Themen gezielt zu unterstützen. Zur Riege dieser NPD-Frauen, die organisieren und dirigieren, gehören regionale Wortführerinnen wie Manuela Tönhardt oder Gitta Schüßler aus Zwickau.

In der zweiten Legislaturperiode sitzt Schüßler, die eine Zeitlang den neonazistischen *Frauenring* anführte, im Landtag. Ihr Auftreten hat sie professionalisieren können. In Dresden hält die Kauffrau als Abgeordnete Reden, tritt selbstsicher auf. Auf der Berliner Parteiveranstaltung im Januar 2011 dagegen blieb sie die ganze Zeit unauffällig: Im dezenten grauen Kostüm saß sie in einer der hinteren Reihen still neben ihrem Ehemann, einem

NPD-Kommunalpolitiker. Ihren Platz verließ sie nur für kleine Rauchpausen. Kein Smalltalk mit den Parteispitzen vor laufenden Kameras. Stundenlang lauschte sie den Reden ihrer Kameraden. Wollte sich nicht einmischen, nicht kommentieren. Höflich hatten sie einige Führungskollegen wie Stefan Köster, NPD-Landtagsabgeordneter aus Mecklenburg-Vorpommern, oder Andreas Storr aus ihrer sächsischen Landtagsfraktion begrüßt und waren wieder gegangen. Am Stand der *Jungen Nationaldemokraten* (JN) kaufte die extrem rechte Vollzeit-Politikerin dann Partei-Shirts für daheim. Auch für den Nachwuchs war etwas dabei. Die Hemden wurden am Tisch akkurat gefaltet und in einer geraden Linie neben Zollstöcke mit NPD-Emblem, Zigarettenschachtel und Feuerzeug gelegt. Ähnlich unauffällig verhielt sich auch Marianne Pastörs, Ehefrau des NPD-Fraktionschefs im Schweriner Landtag Udo Pastörs. In ihrem Heimatort Lübtheen in Mecklenburg, wo sie die regionale Sektion des *Rings Nationaler Frauen* mitleitet, hatte sie weitaus mehr Stimmen eingeheimst als ihre männlichen Mitstreiter. Sie verbarg sich stillschweigend ganz hinten im Lichtenberger Schulsaal.

In der Szene löst das gestiegene Engagement von Frauen und Mädchen aber auch immer wieder Spannungen aus. Dass Frauen sich innerhalb der Bewegung Freiräume erkämpfen, die sie selbstbewusst besetzen und mit eigenen Ideen ausfüllen, gefällt nicht allen Kameraden. Zwar wissen die männlichen Kader um die Wirkung ihrer Mitstreiterinnen im politisch-öffentlichen Raum, doch in der partei- oder szeneinternen Hierarchie würdigen die Herren das Engagement der Frauen weniger. Bis heute ist die neonazistische Szene ein männerdominiertes Milieu. Geht es um Posten, Ansehen und Würdigung, dann rücken Frauen schnell wieder dorthin, wo viele rechte Männer sie haben wollen: in den Hintergrund. Dass vor der »Jubelveranstaltung« in Berlin selbst Manuela Tönhardt nicht mal als Rednerin Erwähnung fand, ist kaum Zufall. Die großen Worte sind den vorderen Herren der Partei vorbehalten. Der gut besuchte Verkaufsstand mit Kaffee und Bockwurst am Saaleingang dagegen wurde von einer fleißigen jungen Frau bedient.

Die nach außen hin suggerierten neuen Möglichkeiten für Frauen und Mädchen in der NPD können trügen. Intern wird der Ruf als autoritäre Männerbastion gepflegt. Deren Dominanz gilt als unangefochten. Das Frauenbild der Partei ist biologistisch, das Geschlecht entscheidet über Rolle und Position innerhalb der »Bewegung«. Im Parteiprogramm heißt es: »Die Nationaldemokraten lehnen die jede Gemeinschaft gefährdende ›Selbstverwirklichung‹ und den mit ihr einhergehenden schrankenlosen Egoismus ab. [...] Die Familie ist Träger des biologischen Erbes. [...] Die Leistung der Hausfrau und Mutter ist mit keiner Arbeitsleistung anderer Berufe zu vergleichen.«

Neonazi-Anführer wie Udo Pastörs machen keinen Hehl aus dieser antiquierten Geschlechterpolitik, hegen bewusst das Image vom folgsamen »Heimchen am Herd«. Sie wissen: Auch diese Haltung kann beim Wahlvolk ankommen. Längst kennen sie die aktuellen regionalen Umfragewerte und Statistiken. NPD und »Freie Kräfte« lassen sich je nach Region, Stadt oder Land darauf ein. So widersprüchlich es erscheinen mag: Engagierte Nationalistinnen unterstützen diese Politik. Sie tragen die verordnete Rollenzuteilung mit. Trotz ihrer steigenden Präsenz, ihres Fleißes und ihrer Unverzichtbarkeit stellen weibliche Kader keine eigenen Forderungen auf, sondern verinnerlichen politische Feindbilder wie Emanzipation, Feminismus und Gender Mainstreaming. Intern existiert eine latente Frauenfeindlichkeit, auch wenn anderes beteuert wird.

In Bremen erlebten Gabriele und Louisa Yardim solch eine Auseinandersetzung. Beim DVU-Landesverband an der Weser wirkten Mutter und Tochter bis zur angestrebten Fusion mit. Langjährige Funktionärinnen wie Liane Hesselbarth aus Brandenburg oder die Bremerin Elfriede Budina repräsentierten innerhalb der DVU immer auch weibliches Engagement. Die Partei erschien manchen Frauen als Alternative zur radikaleren NPD. Gabriele und Louisa Yardim waren zuvor für »Freie Kräfte« und NPD in der Hansestadt aktiv gewesen, bis die Kameraden von der NPD und der Parteijugendorganisation *Junge Nationaldemokraten* sie mobbten, weil Tochter Louisa der Partnerschaft mit einem türkischen Ehemann entstammte. Das jahrelange Engagement der beiden weiblichen Kader konnte die interne Kritik nicht mindern. Die heftige Debatte innerhalb der Szene verlief nicht selten unterhalb der Gürtellinie. Geraten extrem rechte Frauen in die Schusslinie, sind auch sexistische Ausfälle nicht unüblich. Louisa Yardim verteidigte sich im November 2006 auf dem Neonazi-Internetportal »Altermedia«, beteuerte, dass sie bereits drei Jahre aktiv sei und sich nicht nur »deutsch fühle«, sondern »auch deutscher« sei »als manch ein anderer«. Die Yardims wechselten dann gemeinsam mit einer Riege männlicher Kameraden zur DVU. Noch während der Fusionsbemühungen reihte sich Gabriele Yardim 2011 wieder in die NPD ein. Für die NPD sitzt sie mittlerweile im Gröpelinger Stadtteilparlament.

Nicht nur in der NPD herrscht ein traditionsbewusstes Rollen- und Geschlechterverständnis vor. Es wird auch von extrem rechten Frauengruppen selbst gepflegt. Als Orientierung dient hier das Frauenbild im »Dritten Reich«. Dessen Tugenden lauteten: totale Pflichterfüllung für Volk und »Führer«, Opferbereitschaft sowie die Bewahrung von »Lebensborn« und eigener Rasse. Die Parole »Du bist nichts, dein Volk ist alles!« kennen auch die NPD-Frauen bestens. Die nationalsozialistische Herrschaft konnte funktionieren, auch weil – Schätzungen von Historikern zufolge – sechs bis neun Millionen deutsche Frauen Hitlers Politik aktiv unterstützten. Zwischen diesen Polen eines vermeintlich modernen Selbstverständnisses und einem am »Bund Deutscher Mädel« angelehnten Rollenbild bewegen sich die weiblichen Mitglieder der Szene. Emanzipatorische Frauenbewegung und antiautoritäre Erziehung haben Spuren hinterlassen, bestätigen die Expertinnen vom Forschungsnetzwerk Frauen und Rechtsextremismus. Immer mehr junge Neonazistinnen machen Abitur und studieren. Oft wählen sie soziale Berufe. Stolz verkündet die Pressesprecherin des *Rings Nationaler Frauen,* Ricarda Riefling aus Niedersachsen, in einer Mitteilung vom November 2010 die politische Relevanz: »Der RNF spielt eine immer wichtigere Rolle innerhalb der NPD. Viele Landes- und Kreisverbände greifen schon selbstverständlich auf die Unterstützung von nationalen Frauen zurück.« Auch seien unter den Landtagskandidaten der NPD für die Wahlen im März 2011 in Sachsen-Anhalt immerhin vier Frauen, darunter die Bundesschatzmeisterin des *Frauenrings* Heidrun Walde sowie die stellvertretende Bundesvorsitzende Judith Rothe auf vorderen Plätzen. Daraus schließt Pressesprecherin Riefling euphorisch, die NPD sei zwischen Elbe, Elster und Saale keine »Männerdomäne«.

Karin Mundt ist eine weitere Frau, die neue Impulse setzt. Als »Liedermacherin Karin« gab sie sich vor ihrem Auftritt in Berlin-Lichtenberg Anfang 2011 betont fröhlich. Während sich die NPD-Chefs der Reihe nach für Foto-Shootings vor den Fah-

Auftritt der Liedermacherin Karin Mundt bei der Wahlkampfveranstaltung der NPD in Berlin-Lichtenberg, Januar 2011.

nen von NPD und DVU aufstellten, testete die quirlige Berlinerin auf der Bühne ihre Gitarre. Dann durfte sie bis zu ihrem Auftritt in der ersten Reihe Platz nehmen. Lächelnd schüttelte sie immer wieder die lange gelockte Mähne mit den frühen grauen Strähnen. Zupfte ihren auffälligen schwarz-weißen Pullover mit der Aufschrift »Hermannsland« zurecht. »Hermannsland« ist das dem Germanentum gewidmete neue Label von »Lunikoff«, alias Michael Regener, dem vorbestraften Sänger der verbotenen Berliner Rechtsrock-Band *Landser*. Der Hardliner genießt Kultstatus. Ein silberner Thorshammer baumelte an Mundts Halskette. »Kameradin Karin« ist Schatzmeisterin im NPD-Kreisverband Lichtenberg. Als Liedermacherin hat sie sich auch in Kameradschaftskreisen einen gewissen Ruf erworben. Glückwünsche erhielt Karin Mundt von den Kameraden 2009 dafür, dass sie »einem deutschen Jungen« das Leben schenkte. »Ich habe eine Mordswut in mir«, war einer ihrer ersten Sätze in der Max-Taut-Schule und: »Ich bin mit Leib und Seele dabei!« Dann begann sie zu singen: »Wer uns in die Augen sieht, der erkennt, wir sind echt. Denn wir sind nicht links – sondern aufrecht!«

Die einzige amtierende weibliche Landesvorsitzende der NPD fehlte. Dörthe Armstroff aus Rheinland-Pfalz war nicht nach Berlin gereist. Als Spitzenkandidatin ihrer Partei befand sie sich zu dem Zeitpunkt bereits im Vorwahlkampf zur Landtagswahl Ende März 2011. Gemeinsam mit ihrem Ehemann wechselte die Mutter von drei Kindern schon vor Jahren von der DVU zur NPD. 2008 übernahm sie den Posten als Chefin des Landesverbandes, intern rumorte es. Kameraden fühlten sich übergangen. Ihre Wahl galt als Kompromiss zwischen den zerstrittenen Lagern. Die gelernte Fotografin, die als Haushälterin arbeitet und nebenher ihre Ferienwohnung »Zur Wettermannshütte« im rheinland-pfälzischen Weidenthal in einer Zeitschrift der Waffen-SS bewarb, sollte für eine Auffrischung nach außen und Mäßigung nach innen sorgen. Im Amt nicht unumstritten, erfolgte dennoch 2010 ihre Wiederwahl, man einigte sich hinter den Kulissen. Ohnehin werden die organisatorischen Fäden im Südwesten längst von langjährigen männlichen Kadern gezogen. Armstroff widersetzt sich dem nicht und kann sich so seit über zwei Jahren in ihrem Amt halten. Inzwischen scheint die Neonazistin, Jahrgang 1958, vor allem durch die Unterstützung aus dem völkisch-rassistischen Lager gefestigt. Pressemitteilungen und öffentliche Auftritte überlässt die NPD-Chefin gern den Herren. Die zierliche Frau mit dem Bubikopf sendet ihre Botschaften lieber per selbstgedrehtem Video aus dem heimeligen Wohnzimmer. Neben den flackernden Kerzen des Julleuchters sitzend, den großen Haushund zu ihren Füßen, verkündete sie Ende 2009 gefährliche Weihnachtsbotschaften: »Das System versucht weiterhin, unser Volk mit niederer Sitte, Repression und Verrat in den Untergang zu zwingen.« Für das folgende Jahr wünschte sie der nationalen Bewegung »neue Kraft für den täglichen Kampf gegen die Falschheit, Lüge und Heuchelei«. Armstroff zitierte in diesem von »Volksfront-Medien« gedrehten Home-Video den NS-Dichter Bernhard Kummer mit dem Vers: »Solange noch auf deutschem Boden eine Wiege in der Sonne steht, gibt es Hände, die das Unkraut roden, das uns fremder Geist ins Land geweht.«

Etwa um dieselbe Zeit, als die NPD am 15. Januar 2011 in Berlin-Lichtenberg mit ihrer Tagung begann, marschierten knapp 900 Anhänger der Kameradschaftsszene in einem düsteren »Trauermarsch« durch die Innenstadt von Magdeburg. Mit ihrem martialischen Auftritt wollte die »Initiative gegen das Vergessen« an die alliierte Bombardierung der Stadt und allein an die deutschen Opfer erinnern. Einige NPD-Frauen mussten sich zuvor zwischen Parteiveranstaltung und »Kampf um die Straße« entscheiden. Manuela Kokott aus Brandenburg setzte an diesem Tag auf politischen Aktionismus und reihte sich in den langen Zug der »Freien Kräfte« ein. Auch Gesine Hennrich, wegen einer angeblichen »Porno«-Affäre geschasste Parteifunktionärin in Berlin, präsentierte sich in Magdeburg als Unterstützerin des Kameradschaftsspektrums. In dieser Szene wurde Frauen und Mädchen aber schon mal mitgeteilt, was von ihnen erwartet wird. Über Twitter ließ der *Nationale Widerstand Berlin* 2010 unter anderem folgende Ratschläge an die Teilnehmer einer Demonstration verbreiten: »Wenn die Situation eskalieren sollte, haben sich die Frauen ohne zu murren nach hinten zu gesellen, und die Männer schreiten gemeinsam und entschlossen zur Tat.«

Stefanie Piehl, junge Aktivistin im Outfit der »Autonomen Nationalisten«, blieb dagegen an diesem Tag Mitte Januar 2011 im Plattenbaubezirk Lichtenberg in Berlin. Mit einigen Männern von den *Jungen Nationaldemokraten* stand sie draußen vor dem Eingang der Max-Taut-Schule und schaute feindselig hinüber zur Gegenkundgebung. Die schwarze Kapuze hatte sie tief ins Gesicht gezogen. Die zierliche junge Frau gilt als aggressiv, zählte zum radikalen Spektrum des Lichtenberger Weitling-Kiezes. Beim Parteitag der NPD in ihrem Wohnbezirk durfte Piehl nicht fehlen. Frauen wie sie sind auch als Bindeglied zwischen der NPD-Jugendorganisation und den »Freien Kräften« wichtig. Mehrmals schon musste Piehl sich vor Gericht verantworten. Ebenso wie ihr Umfeld macht auch sie nicht Halt vor Gewalt. Viele junge »Autonome Nationalistinnen« und Kameradschaftsaktivistinnen, ob aus Düsseldorf, Kiel oder Berlin, beteiligen sich aus den rechten Gruppen heraus an Überfällen und Angriffen. Nach Recherchen der Expertinnen vom Forschungsnetzwerk Frauen und Rechtsextremismus liegt der weibliche Anteil an extrem rechten Straf- und Gewalttaten bei bis zu zehn Prozent. Er ist angestiegen. Das mag jedoch auch der Tatsache geschuldet sein, dass mancherorts überhaupt erst damit begonnen wird, bei der Erstellung von Statistiken eine Geschlechterverteilung zu berücksichtigen. Im Juni 2006 war Stefanie Piehl dabei, als »Autonome Nationalisten« in der S-Bahn einen Farbigen angriffen. Sie wurde zwei Jahre später wegen versuchter Körperverletzung und anderer Delikte zu einer Geldstrafe und 100 Stunden Freizeitarbeit verurteilt. Eine weitere

Anklage wurde 2008 fallengelassen, obwohl sie geständig war. Ihren Ausstiegsbeteuerungen wollte das Gericht glauben. Überzeugte völkisch-geprägte Neonazistinnen versuchen so etwas erst gar nicht. Daniela Kühnel stand mit zwei Kameraden wegen Beihilfe an einer »Rasseschulung« der 2009 verbotenen *Heimattreuen Deutschen Jugend* (HDJ) vor Gericht und wurde rechtskräftig verurteilt. Unter dem »Deckmantel der Jugendarbeit«, wie es der Richter formulierte, war jungen Erwachsenen und Jugendlichen im Januar 2007 im »NPD-Heim« im niedersächsischen Georgsmarienhütte nicht nur eine Powerpoint-Präsentation mit dem Titel »Biologische Grundlagen unserer Weltanschauung« vorgestellt, sondern auch der nationalsozialistische Hetzfilm »Der ewige Jude« gezeigt worden. Kühnel zeigte weder Reue, noch distanzierte sie sich. Die 26-Jährige wählte sich den ehemaligen Bundesführer der ebenfalls verbotenen, als äußerst gewaltbereit geltenden *Wiking-Jugend* als juristischen Beistand. Vor Gericht stellte sich heraus, dass Kühnel bei der internen Schulung das Eintrittsgeld in Höhe von acht Euro kassiert hatte und für die Betreuung der Teilnehmer zuständig war. Während die beiden anderen Angeklagten wegen Volksverhetzung, Verstoß gegen das Versammlungsgesetz und Verbreitung verfassungsfeindlicher Kennzeichen zu Bewährungsstrafen verurteilt wurden, kam die arbeitslose Kauffrau mit einer Geldstrafe davon.

Auf dem Parteitag im Lichtenberger Schulsaal ging es inzwischen programmatisch zu. Ein männlicher Redner löste den nächsten ab. Alle hatten viel zu sagen. Als der letzte Redner ans Pult trat, eilten viele zu ihren Plätzen, die sie schon verlassen hatten. Marianne Pastörs rückte sich auf ihrem Stuhl zurecht, drückte den Rücken durch und legte den Kopf in den Nacken. Jetzt würde es spannend werden. Ihr Ehemann sprach, sie lächelte wissend. Udo Pastörs gerierte sich gern als Volkstribun. Laut rief er: »Wir brauchen die Rückführung der Macht in die Hände einer politisch nationalistischen deutschen Führung!« Der neugewählte NPD-Bundesvize, der in der zweiten Legislaturperiode dem Schweriner Landtag als Fraktionschef angehört, erklärte den Zuhörern im Saal mit knappen Worten unverhohlen, warum die Parlamente für ihren nationalen »Kampf« wichtig sind: So könne man sich »politisch, didaktisch, intellektuell weiterentwickeln«. Nachdem das Klatschen verebbt, höhnte der ehemalige Berufssoldat selbstbewusst über zivilgesellschaftliche Bestrebungen, die

NPD als verfassungsfeindlich verbieten zu lassen: »Ich persönlich kann dieses Jammerlappengeschrei nicht mehr hören, sie sollen es doch ganz einfach tun.« Nach erneutem lauten Applaus drohte er: »… und wenn sie es wagen sollten, uns zu verbieten, dann sprießen aus dieser Freveltat viele kleine, neue, schlechter zu kontrollierende, nationalistische und hochmotivierte Widerstandszirkel aus dem Boden wie Pilze bei mildem Klima«. Marianne Pastörs ist zufrieden. Die Veranstaltung der NPD ist gut verlaufen. Die Herren haben ausgesprochen, was den Damen gefällt.

Das Engagement von Frauen für die NPD oder bei den »Freien Kräften« löst in der Öffentlichkeit immer wieder Verwunderung aus. Frauen und Neonazismus – unbewusst wird diese Verbindung in Medien und Politik kaum gesehen. Klischees bestimmen oft die Wahrnehmung. Bei den Recherchen für dieses Buch ist ein sehr differenziertes Bild von dem Wirken und Wollen der Mädchen und Frauen in der braunen Szene entstanden. Einen Einblick in ihre politischen Aktivitäten geben die Neonazistinnen nur bedingt von sich aus. Nicht jede Anfrage zu Hintergrundgesprächen oder Interviews wird positiv beantwortet. Die gefestigten Frauen der Szene sind oft noch weniger zugänglich als die Herren. Selbst jene, die öffentliche Ämter innehaben, wollen ungern porträtiert werden. Wenn sie doch einmal mit Journalisten reden, wollen sie sich – ganz wie die Männer – unbedingt so darstellen, wie sie sich wünschen, öffentlich gesehen zu werden. Den Kampf um die Wahrnehmung führen die Frauen fast stärker als die Männer der Bewegung. So beklagten Anhängerinnen der verbotenen *Heimattreuen Deutschen Jugend,* dass sie von Journalisten gar nicht angesprochen würden, verschwiegen aber, dass sie eigentlich mit diesen gar nicht reden wollen. Vielleicht sogar zustimmen, wenn Medienvertreter von ihren Kameraden aggressiv angegangen werden. Lieber geben sie sich in der Öffentlichkeit als treusorgende Mütter und erwähnen ihre politischen Verbindungen nicht. Die Frauen der Szene sind verschwiegen. Ihre Aktivitäten, ihre Intentionen und ihre Netzwerke können nur durch intensive Recherchen ermittelt werden. Wenn die Presse ab und zu bei extrem rechten Veranstaltungen geduldet wird, bedeutet das nicht, dass sie grundsätzlich erwünscht wäre. Die meisten Veranstaltungen der Szene – auch die Tagungen der Frauen – finden unter Ausschluss der allgemeinen Öffentlichkeit statt. Neonazis wollen nicht, dass deutlich wird, wie sie Positionen finden, Personal bestimmen, Strategien festlegen, Jugendliche schulen oder Kinder einbinden. Recherchen, die dies offenlegen, führen schnell zu Anfeindungen. Auf neonazistischen Medienportalen wie »Altermedia« oder »Mupinfo« werden die Verfasser und Rechercheure benannt, um sie einzuschüchtern oder ihnen gleich ganz offen zu drohen. Wer sich heute intensiv mit Neonazi-Strukturen befasst, muss mit Sätzen leben wie »Kann die Bahn dieser Kreatur nicht mal eine Freifahrt nach Galizien spendieren? So wie die aussieht, hat sie eine dringende Entlausung nötig!«, »Wo sind eigentlich die Heckenschützen, wenn man sie mal braucht!?« oder »Dann sollte er sich nicht wundern, wenn das Pendel irgendwann zurückschlägt und nicht etwa die Gegenstände seiner politisch überkorrekten Bemühungen, sondern er selbst in Angst vor dem nächsten Tag leben muss.« Im neonazistischen Thiazi-Forum schrieb ein anonymer User namens »Weltfaschist« nach Bekanntwerden der zehn Morde durch den *Nationalsozialistischen Untergrund,* er habe ja nichts gegen ein Netz von Untergrundkämpfern, »aber dann sollten auch Namen wie Speit oder Röpke fallen und nicht so harmlose Dönerverkäufer«.

Dieses Buch will einen Blick hinter die Kulissen der »Front der Frauen« bieten und die unterschiedlichsten Organisationen, aktuellen Tendenzen und Strategien dieser Szene aufzeigen. Das Hauptaugenmerk liegt auf dem weiblichen Führungspersonal von Neonazi-Partei und »Freien Kräften«.

Im Kapitel über den *Ring Nationaler Frauen* wird die Frauengruppe der NPD, ihre Feindschaft gegen Demokratie, Gleichberechtigung und Emanzipation sowie die strategische Bedeutung des Engagements der Frauen bei der kommunalen Verankerung der Partei vorgestellt. Akzeptanzgewinnlerinnen sollen und wollen die Frauen für die »nationale Sache« sein und engagieren sich in Sportvereinen, Bürgerinitiativen, Kindergruppen oder Elternbeiräten. Sie treten als die nette Frau von nebenan auf – die politische Ausrichtung wird oft erst später klar.

Das Kapitel »Front der Frauen« beschäftigt sich mit der ältesten extrem rechten Frauenorganisation, der *Gemeinschaft Deutscher Frauen* (GDF). Diese radikal traditionsbewusste Gruppe orientiert sich mit ihrem Frauenbild eng an dem des »Dritten Reiches«, sieht ihre Anhängerinnen als »Mutterfrauen« und sich selbst als »Frauenkameradschaft«. Die Arbeit der GDF findet im

Verborgenen statt, die Treffen sind konspirativ. Denn viele dieser fanatischen Frauen führen eine Art Doppelleben. Auch sie infiltrieren ihre Umgebung auf die »sanfte Tour«. Mit Hilfe von internen Materialien und Hintergrundinformationen kann hier ein Einblick in die GDF-Sektion Berlin-Brandenburg gegeben werden.

Ein weiteres Organisationsangebot für Frauen gibt es bei »Freien Kräften« und »Autonomen Nationalisten«. In dem Kapitel »Gangstyle und Brauchtum« wird gezeigt, warum der aktionsorientierte Lifestyle der »Autonomen Nationalisten« auch Mädchen anlockt und wie Frauengruppen wie die *Düütschen Deerns* aus der Lüneburger Heide oder die »Nationalen Frauenkreise« in Hessen die Bemühungen »Freier Kräfte« um die Schaffung einer nationalen Gegenkultur unterstützen. Gerade im Kameradschaftsspektrum wird aber nicht nur die Vielfältigkeit neonazistischer Frauengruppen deutlich, sondern auch die Grenzen für das weibliche Engagement. Aussteigerinnen berichten.

Das Kapitel »Die Idee ist unzerstörbar« widmet sich Frauen in braunen Netzwerken, die zum Teil offen den Holocaust leugnen und Hitler verehren – oft ältere Damen, die aber auf die jüngere Szene starken Einfluss ausüben. Altersunterschiede behindern nicht das Miteinander. Im niedersächsischen Bad Nenndorf marschieren sie zusammen auf, um ihr revisionistisches Geschichtsbild zu vermitteln. Darüber hinaus werden Vereine vorgestellt, die von Frauen angeführt oder gegründet wurden und die es sich zur Aufgabe gemacht haben, Kameraden in der Haft zu betreuen oder Schulungen für die Szene auszurichten.

Brauchtum leben, so lautet das Motto der Mädchen und Frauen, die in heidnisch-völkischen Siedlungsprojekten aktiv sind. Ohne den Willen und die Energie der Frauen könnte die gezielte Ansiedlung in bestimmten Regionen nicht gelingen. Im Kapitel über die nationalen »Sippen« werden neue, aktuelle Beispiele von solch »nationaler Graswurzelarbeit« in Mecklenburg-Vorpommern und Thüringen beispielhaft nachgezeichnet.

Das abschließende Kapitel beschäftigt sich mit der Frage, was gegen rechte Verankerungen in der Region, gegen die Unterwanderung lokaler Strukturen und gegen den Einfluss nationalistischer Erzieherinnen getan werden kann. Dabei geht es nicht um Patentrezepte oder pauschale Lösungen, die es auch nicht gibt. Stattdessen werden an konkreten Fällen unterschiedliche Erfahrungen der Auseinandersetzungen mit Neonazistinnen in Kindergärten, Initiativen und Vereinen geschildert und aufgezeigt. Die Beispiele bestätigen, dass bei den extrem rechten Frauen wie bei den Männern die politische Anschauung den persönlichen Alltag bestimmt. Diese Frauen haben sich entschieden: für den »nationalen Kampf« – gegen humanistische Vorstellungen. Wenn sich aber engagierte Anwohner, Vereinsmitglieder, Kollegen, Freunde und Betroffene gemeinsam den Herausforderungen vor Ort stellen, entstehen durchaus Verunsicherungen bei den Neonazistinnen. Sie weichen der Zivilcourage.

An der Seite der NPD –
der *Ring Nationaler Frauen* (RNF)

Gitta Schüßler: Abgeordnete in der sächsischen NPD-Landtagsfraktion – Rechtsruck auch bei den Frauen – Gründung des
RNF 2006 – Strategiewechsel der NPD – Kommunaler Unterbau
durch aktive Frauen – Landtagskandidatin Heidrun Walde
aus Sachsen-Anhalt – Streit beim RNF – Neue RNF-Chefin
Edda Schmidt – Bundeskongress 2010 – Feindbild Feminismus

»Sie zerschlagen die Strukturen der sozialen Daseinsvorsorge,
vor allem aber die Familien«, sagt Gitta Schüßler. In der Landtagsdebatte zum sächsischen Doppelhaushalt 2011/12 greift die
Frau mit den dunklen langen Haaren den Sozialhaushalt der
Landesregierung an. An diesem Donnerstag, dem 16. Dezember
2010, steht sie, die meist farblich gedeckte Kostüme mit knöchel-
langen Röcken trägt, am Rednerpult des Landtages in Dresden.
Seit dem 19. September 2004 ist Gitta Schüßler die einzige weibliche Landtagsabgeordnete der NPD. Gern würde sie das ändern.
»Deutschland ist auch Frauensache«, betont sie und bemüht sich,
Frauen auf die »Übernahme von Verantwortung in den Kommu-
nen, auf Landes- und Bundesebene« vorzubereiten.

Hier im Landtag von Sachsen agiert Gitta Schüßler nicht wort-
gewaltig. Gezielte Provokationen hört man von ihr, auch in ihrer
zweiten Legislaturperiode, nicht. Bei inszenierten Skandalen der
achtköpfigen NPD-Fraktion um Holger Apfel macht sie jedoch
mit. So auch am 1. September 2010, als sie ihre Kollegen bei
einem gezielten Eklat unterstützte. Beim Antrittsbesuch von Bundespräsident Christian Wulff im Landtag blieben die NPD-Abge-
ordneten zu Beginn und am Ende demonstrativ sitzen und hielten Plakate hoch mit der Aufschrift: »Alle wissen: Sarrazin hat
recht« – eine Anspielung auf Thilo Sarrazins Äußerungen über
den vermeintlichen Integrationsunwillen von Muslimen und angebliche biologische Merkmale von Juden. Mehrere Saalordner
mussten gegen die Störung vorgehen. Solche Aktionen sind kein
Einzelfall. Der NPD-Bundesvorsitzende und Fraktionschef Holger
Apfel hatte bereits im Oktober 2005 in der »Deutschen Stimme«,

der monatlich in einer Auflage von 25 000 Exemplaren erscheinenden NPD-Zeitung, angekündigt, dass er gern den »kalkulierten Tabubruch« sucht. »Klamauk um des Klamauks willen« würde er allerdings ablehnen.

»Die provozierenden Reden hält sie nicht, die gezielten Eklats löst sie auch nicht aus«, sagt Miro Jennerjahn über Gitta Schüßler. Nach Meinung des Rechtsextremismusexperten der sächsischen Landtagsfraktion von Bündnis 90/Die Grünen ist sie in ihren Reden moderater als die Herren der Fraktion. Sie sei keine Scharfmacherin. Kerstin Köditz, Sprecherin für antifaschistische Politik der Fraktion Die Linke in Sachsen, pflichtet ihm bei, gibt aber zu bedenken: »Provokante Reden? Nein, aber inhaltlich harte Wortbeiträge hält sie sehr wohl.« Und deutliche Worte findet die 1961 im sächsischen Burgstädt geborene Gitta Schüßler in der Tat. In der Landtagsdebatte zum Doppelhaushalt liegt sie ganz auf Parteilinie, als sie den Sozialhaushalt in breitem Sächsisch kritisiert: »Die Entscheidung für Kinder muss finanziell stärker belohnt werden. Die sächsische Staatsregierung will leider das Gegenteil tun und befördert damit den drohenden Volkstod.« Sätze, die nicht nur Miro Jennerjahn und Kerstin Köditz von Gitta Schüßler regelmäßig hören. Ist die NPD-Landtagsabgeordnete in ihrer Fraktion doch für die Themen Frauen, Familie, Kinder und Bildung zuständig. »Die vermeintlich klassischen Frauenthemen«, sagt Julia Bonk von der Landtagsfraktion Die Linke. »Mich wundert nur, dass Frau Schüßler bei dieser Debatte nicht wieder betonte, dass die von ihnen, der NPD, geforderten zusätzlichen finanziellen Mittel und rechtlichen Erleichterungen für Familien und Kinder nur deutschen Familien und deutschen Kindern zukommen sollten.« Im Verlauf ihrer Rede wird Gitta Schüßler aber wieder sehr deutlich: »Mit der Bezuschussung des ›Bundesfachverbandes Unbegleitete Minderjährige Flüchtlinge e. V.‹ wird antideutsche Lobbyarbeit unterstützt.« Auch die im Haushalt geplante Unterstützung des Projektes »Recall. Mit Eltern gegen Rechts!« findet die mehrfache Großmutter unangemessen. Und bei der Diskussion um den Etat für »Kultur und Sport« kommt dann noch eindeutiger, was Julia Bonk erwartet hat. Am Rednerpult fordert Gitta Schüßler, den Titel »Schulische Förderung von Kindern und Jugendlichen mit Migrationshintergrund« umzubenennen in »Schulische Förderung der Rückkehrbereitschaft von Kindern und Jugendlichen mit Migrationshintergrund«.

Öffentlichkeit, Medien und Politik reagieren in der Regel immer noch überrascht und irritiert, wenn sich Frauen und Mädchen mit rechtsextremen Einstellungen hervortun, wenn etwa ältere Frauen an Infoständen der NPD gegen »Lohndumping, Sozialraub und Ausbeutung« wettern oder junge Mädchen NPD-Flugblätter für »Familienförderung statt Zuwanderung« verteilen. Die NPD-Kaderfrau Judith Rothe aus dem sachsen-anhaltischen Sotterhausen erzählte 2007 einer Journalistin des »Stern« leicht schmunzelnd, dass sie beim Unterschriftensammeln für eine Kreistagskandidatur von einem Mann verblüfft angesprochen worden sei. Nicht zuletzt, weil die heute dreifache Mutter »ganz normal« aussah. »›Guter Mann‹«, will die überzeugte NPD-Frau, Jahrgang 1979, damals gesagt haben, »›was haben Sie denn erwartet? Dass ich mit Springerstiefeln rumstehe?‹«

Dass rechtsextreme Überzeugungen bei Frauen anders wahrgenommen werden, als wenn sie von Männern geäußert werden, beobachtet Renate Bitzan, Professorin für Gender & Diversity an der Georg-Simon-Ohm-Hochschule Nürnberg und Gründungsmitglied des Forschungsnetzwerkes Frauen und Rechtsextremismus, immer wieder und warnt: »Rechtsextreme Frauen vertreten aber im selben Ausmaß und in selber Vehemenz wie die rechtsextremen Männer fremdenfeindliche und antisemitische Meinungen.« Doch das Klischee vom männlichen, gewaltbereiten Neonazi-Skinhead verstellt häufig noch die Wahrnehmung. Julia Bonk hat ebenfalls den Eindruck, Gitta Schüßler werde von den Mandatsträgern der anderen Parteien anders als ihre männlichen Fraktionskollegen eingeschätzt und behandelt: »In den Pausen wird schon mal mit ihr gesprochen, beim Rauchen sich kurz ausgetauscht.« Sie glaubt, selbst im Landtag dominiere die Vorstellung, Neonazis seien vor allem Männer. »Unbewusst wird wohl angenommen, dass Frauen nicht so gefährlich, friedlicher seien«, sagt sie.

Empirische Erhebungen lassen aber aufmerken. Im August 2007 stellte eine Emnid-Umfrage im Auftrag der »Bild am Sonntag« fest, dass sich von den befragten Frauen 14 Prozent vorstellen konnten, bei einer Landtagswahl eine Partei rechts von der CDU zu wählen. Jede siebte Frau könnte demnach Gefallen an der NPD finden. Solche Erhebungen ermutigten Gitta Schüßler und Judith Rothe. Auch die von den Sozialwissenschaftlern Oliver Decker, Marliese Weißmann, Johannes Kiess und Elmar Brähler erstellte

Studie »Die Mitte in der Krise. Rechtsextreme Einstellungen in Deutschland 2010« zeigt auf, wie verbreitet rechte Ressentiments sind. Seit 2002 führen Decker und Brähler alle zwei Jahre für die Friedrich-Ebert-Stiftung repräsentative Untersuchungen durch. Im April 2010 stimmten von 2400 befragten Personen 35,6 Prozent der Aussage »Die Bundesrepublik ist durch die vielen Ausländer in einem gefährlichen Maß überfremdet« zu. Die Behauptung »Die Ausländer kommen nur hierher, um unseren Sozialstaat auszunutzen« bejahten 34,3 Prozent. Der Forderung »Wenn Arbeitsplätze knapp werden, sollte man die Ausländer wieder in ihre Heimat zurückschicken« teilten 31,7 Prozent. 17,2 Prozent meinten »Auch heute noch ist der Einfluss der Juden zu groß«, und 14,9 Prozent vertraten die Auffassung »Die Juden haben einfach etwas Besonderes und Eigentümliches an sich und passen nicht so recht zu uns«. Den Satz »Es gibt wertvolles und unwertes Leben« hielten 10,8 Prozent für richtig. Gegenüber 2008 lässt sich ein Anstieg von Ressentiments bei Frauen ausmachen. 2008 befürworteten noch 2,6 Prozent der befragten Frauen eine Diktatur, 2010 waren es 4,6 Prozent. Der Anteil von Frauen mit chauvinistischen Einstellungen stieg von 12 auf 17,5 Prozent, der mit ausländerfeindlichen Positionen von 20 auf 23,9 Prozent und der mit sozialdarwinistischen Vorstellungen – wie etwa die Befürwortung eines Rechts des Stärkeren in der Gesellschaft – von 2,6 auf 3,7 Prozent. 2008 hatten 2,7 Prozent der Befragten den Nationalsozialismus verharmlost, 2010 waren es 2,9 Prozent. Allein bei den Frauen mit antisemitischen Einstellungen gab es einen leichten Rückgang von 8,6 auf 7,9 Prozent. »Prinzipiell stimmen Männer«, so die Autoren der Studie, »öfter rechtsextremen Aussagen zu als Frauen.« Die Unterschiede zwischen Männern und Frauen sind jedoch nicht sehr groß.

Der Parteien- und Rechtsextremismusforscher Richard Stöss stellte 2005 in der Studie »Rechtsextremismus im Wandel« fest: »Im Großen und Ganzen neigen Frauen in demselben Umfang zu Rechtsextremismus wie Männer.« Drei Jahre später kam eine weitere von ihm und seinem Kollegen Oskar Niedermayer geleitete Untersuchung der Freien Universität Berlin zu dem Schluss, dass die Zustimmung von Frauen zu rechtsextremen Aussagen in Berlin-Brandenburg in den Jahren 2000 bis 2008 nicht nur stärker gewachsen sei als bei den Männern (von 10 auf 15 Prozent), sondern deren Werte sogar noch übertreffe (die konstant bei etwa 13 Prozent lagen). Einen wesentlichen Unterschied sieht Stöss allerdings weiterhin bei der Umsetzung dieser Haltungen. Bei Wahlen stimmten vor allem Männer für rechtsextreme Parteien. Etwa 70 Prozent der NPD-Wähler seien männlich und jung. Dieser Befund korrespondiert mit dem Wahlerfolg der NPD bei der Landtagswahl 2009 in Sachsen. Am 30. August 2009 ist der Fraktion um Holger Apfel und Gitta Schüßler mit 5,6 Prozent der Wiedereinzug ins Parlament gelungen. Dank den Jungwählern und auch den Jungwählerinnen: Am Wahlsonntag haben 13,5 Prozent der Männer im Alter von 18 bis 25 Jahren ihr Kreuz bei der NPD gemacht, von den Frauen in dieser Altersgruppe immerhin 6,6 Prozent. Bei Männern und Frauen in den älteren Wählergruppen war die Zustimmung zur NPD dagegen geringer. Von den über 60 Jahre alten Männern und Frauen haben 4,9 bzw. 1,7 Prozent für diese Partei gestimmt.

In der NPD werden die sozial-empirischen Studien zu rechtsextremen Einstellungen sehr genau registriert. Sie sehen noch viel Potential für sich, gerade unter den jungen Frauen, die die NPD gezielt ansprechen und umwerben will. Im November 2009 verwies Gitta Schüßler in der »Deutschen Stimme« auf die repräsentative Umfrage der Abteilung für Medizinische Psychologie und Medizinische Soziologie der Universität Leipzig, nach der sich der Anteil der weiblichen NPD-Wähler von 26,5 Prozent (2006) auf 36,4 Prozent (2009) erhöht habe. »Ein Zuwachs von immerhin knapp 10 Prozent, der uns als Nationaldemokraten in unserem Kurs bestätigt«, schrieb sie und meinte: »Nachdem die NPD jahrzehntelang den Ruch einer ewiggestrigen Altherrenpartei hatte, ist es uns [gelungen], zunehmend Frauen für nationale Themen zu interessieren.« Schon öfters hat sie betont, »dass es unbedingt nötig ist, die Frauen innerhalb der Nationalen stärker zu Wort kommen zu lassen«, und »dieses Wählerpotential sollte auch von Frauen vertreten werden, weil sich Frauen besser von Frauen repräsentiert fühlen«.

Vom Landtagspräsidium aus gesehen, sitzt die NPD-Fraktion ganz rechts im Plenarsaal. Die einzige Frau der Fraktion in Dresden ist von den Herren der Partei nicht auf einen der hinteren Plätze verbannt worden. Gitta Schüßler hat ihren Platz gleich hinter dem Fraktionsvorsitzenden Holger Apfel und dem stellvertretenden Fraktionschef Johannes Müller. Die NPD will die Frau zeigen – vorzeigen, um bürgernah, frauenfreundlich und wählbar zu erscheinen. Eine Aufgabe, die Gitta Schüßler selbstbewusst angenommen hat. Sie will eben nicht bloß die Frau des NPD-Kreistagsabgeordneten Thomas Schüßler sein. Mit ihrem Mann und Patrick Gensch sitzt sie für die NPD auch im Kreistag des Landkreises Zwickau. Vor gut acht Jahren, 2002, ist sie in die NPD eingetreten. In die Partei will sie damals bloß gegangen sein, weil im Kreisverband ein Kassenwart gesucht worden sei, aber auch wegen des Gefühls, gebraucht zu werden in der Partei, die ihre Meinung vertritt, heißt es im »Stern«, mit dem Gitta Schüßler 2007 sprach. Ein neues Hintergrundgespräch lehnte sie ab. »Nein, mit Ihnen möchte Frau Schüßler nicht sprechen«, antwortete der Pressesprecher der NPD-Fraktion Holger Szymanski im Dezember 2010 auf die Anfrage.

Vor ihrer politischen Karriere führte die gelernte Buchhändlerin und Bürokauffrau zeitweilig einen Esoterik- und Naturladen im sächsischen Niederfrohna. »In der Fraktion hat sie die ›weichen Themen‹ übernommen«, erklärt Miro Jennerjahn. Der grüne Landtagsabgeordnete will aber nicht missverstanden werden. Diese vermeintlich weichen Themenfelder von Familie über Kinder bis Bildung seien zentral. »Soziale Themen national besetzen«, mit diesen knappen Worten beschreibt Kerstin Köditz die Fraktionsrolle von Gitta Schüßler in Anlehnung an das Parteimotto der NPD: »Sozial geht nur national«. Von diesem Kurs will Gitta Schüßler auch nicht abweichen. Auffassungen in der Partei, die dem Bürger vor allem »die Geschichte« nahebringen wollen, hält sie vehement entgegen: »Wen interessiert es denn, welcher Panzer vor Stalingrad stand, wenn heute [...] die Arbeitsplätze nach Osten und unsere Kinder nach Westen abwandern.« Selbstverständlich habe sie »großen Respekt vor den Leistungen und der Opferbereitschaft unserer Großväter und Urgroßväter«, es sei aber sinnlos, »den Zweiten Weltkrieg nachträglich in Sandkastenspielen gewinnen zu wollen«.

In ihren Reden verwebt die NPD-Landtagsabgeordnete – ganz der Parteistrategie folgend – soziale Themen mit rechtsextremen Positionen. »Erst beim genauen Hinhören fällt manchmal auf, was da gesagt wurde«, meint Miro Jennerjahn. So fragte Gitta Schüßler am 30. September 2010 in der Debatte über die »Umsetzung des Kinderförderungsgesetzes in Sachsen« scheinbar unverfänglich: »Wem nützt eigentlich dieses Kinderförderungsgesetz, und ist es wirklich kindergerecht? Ist es kindergerecht, die

Der *Ring Nationaler Frauen* beim Aufmarsch 2010 in Dresden.
In der zweiten Reihe: die NPD-Politikerin Gitta Schüßler.

gesamte Aufmerksamkeit dem formalen Rechtsanspruch auf
einen Krippenplatz zu widmen?« In ihrer Frauenorganisation,
dem *Ring Nationaler Frauen* (RNF), hätten sie das schon öfters
diskutiert und seien sich einig: »Der Besuch einer Krippe und die
damit verbundenen finanziellen und materiellen Aspekte stellen
eher Grenzen dar, die sich aus dem Berufsleben der Eltern [erge-
ben], und zwingen halt zu Kompromissen, und dies meist zu Un-
gunsten der Kinder.« Bewusst versucht sie Frauen anzusprechen,
die sich wünschen, trotz der aus finanziellen Gründen erforder-
lichen Berufstätigkeit mehr Zeit für ihre Kinder zu haben. Und
auf das schlechte Gewissen der Mütter anspielend, die wegen der
Arbeit befürchten, zu wenig für die Kinder da zu sein, fügt sie
hinzu, die »Ergebnisse der Hirnforschung« würden zeigen, »dass
die wichtigste Bezugsperson eines Säuglings oder Kleinkinds die
Mutter ist, gefolgt vom Vater und den im Haushalt lebenden Verwandten. In Schichten arbeitende Erzieherinnen sind als Bezugsperson von der Natur nicht vorgesehen.« Der vermeintliche Clou
ihrer Rede: Diese wissenschaftliche Erkenntnis stamme von dem
Kinderpsychiater Professor Günter Moll, und der sei »Mitglied
der Grünen«, wie Schüßler süffisant zu betonen versucht. Doch

dies gelingt ihr nur bedingt, da sprachliche und rhetorische Fähigkeiten nicht zu ihren besonderen Stärken zählen. Sie hat schon einmal über sich selbst gesagt, dass sie nicht so gern Reden halte. Ihr Fazit zum Kinderförderungsgesetz: Zwar glaube sie nicht, dass sich »eine Betreuung außerhalb des elterlichen Haushalts vermeiden lässt, auch dafür muss es Möglichkeiten geben«. Diese hätten sich aber »an den Interessen des Kindes und nicht an dem ideologischen Standpunkt zu orientieren«.

Die Rede lässt ahnen, warum Kerstin Köditz und Miro Jennerjahn dafür plädieren, in der politischen Auseinandersetzung mit der NPD genau hinzuhören. Denn bei einer solchen Argumentation fallen rechtsextreme Positionen kaum auf, zumal wenn damit nicht explizit radikale Forderungen verknüpft werden. Rena Kenzo vom Forschungsnetzwerk Frauen und Rechtsextremismus warnt: »Bei den Themen Familie und Kinderbetreuung erscheinen einzelne Positionen der NPD fast bloß ›konservativ‹.« Daher müsse der Kontext unbedingt beachtet und miteinbezogen werden. Und tatsächlich: Gitta Schüßlers knappe Erwähnung des *Rings Nationaler Frauen* macht hellhörig und deutet an, was in der Rede nicht gesagt wurde. In der vier Jahre zuvor von Frauen – vor allem aus der NPD – gegründeten Organisation ist man der Auffassung, die deutschen Mütter sollten lieber zu Hause bleiben. »Sie würden dort besser noch als jede Erzieherin die Erziehungsarbeit leisten«, heißt es auf dem Flyer »Zeit für die Zukunft!« des RNF. Über 100 Mitglieder soll der *Ring* haben und noch einmal 100 Frauen, die sich für ihn interessieren. Doch nicht jede ist erwünscht. Der RNF versteht sich offensichtlich als Kaderorganisation. Neumitglieder können erst nach einer sechsmonatigen Probezeit fest eintreten.

Rückblick: Sotterhausen am 26. September 2006. In der kleinen sachsen-anhaltischen Gemeinde kommen 31 Frauen im Gasthof »Zum Thingplatz« zusammen. Gut abgeschirmt von bulligen Männern aus der Bewegung, beschließen sie die Gründung des *Rings Nationaler Frauen*. Den Gasthof unterhält das Paar Judith Rothe und Enrico Marx. »Zum Thingplatz« ist keine zugelassene Gaststätte, doch Rechtsrockkonzerte und Szenetreffen fanden dort schon häufig statt – oft unter Beobachtung der Polizei. Das private Wohnprojekt, so die Einschätzung des Landesverfassungsschutzes, ist »seit Jahren ein Anlaufpunkt der rechtsextremistischen Szene«. Die behördlichen Kontrollen verstimmen die rund 270 Anwohner. »Die sind doch nett«, sagt ein Nachbar. Ein anderer Anwohner versichert, die »Frau ist höflich« und die Kinder seien gut erzogen und »ordentlich« gekleidet. Angesichts solcher Wortmeldungen verwundert es nicht, dass Judith Rothe selbstzufrieden erzählt, dass sie in den Elternrat der Schule ihrer Söhne gewählt wurde. »Von 24 Eltern«, wie die modern wirkende Frau mit Brille und mittellangen Haaren betont. Ihr bemüht freundliches Auftreten zahlte sich bei den Kommunalwahlen aus. Dass ihr Lebensgefährte Enrico Marx, glatzköpfig und unübersehbar tätowiert, aus der Kameradschaftsszene kommt, schadet ihrem Image nicht. 2007 zog die gelernte Kauffrau mit 15 Prozent der Stimmen in den Kreistag Mansfeld-Südharz ein. 2009 kam sie erneut in das Kommunalparlament.

Bei dem Gründungstreffen steht Judith Rothe, die zur stellvertretenden Bundesvorsitzenden des RNF gewählt wird, mit acht Frauen unter einem Baum vor dem Gasthof. Konservativ, nicht radikal wirken die Frauen in ihren Blusen und Röcken. Stella Hähnel, damals Palau, erklärt als Pressesprecherin eine der Intentionen, die sie mit der Gründung des *Rings* verbindet: »Ich habe festgestellt, dass ich oft Dinge als Frau anders bewerte als manche Männer.« Hähnel, die schon beim *Skingirl Freundeskreis Deutschland* aktiv war, fährt fort: »Wir Frauen stehen ja ganz klar für Gewaltfreiheit, weil wir als Frauen Gewalt ablehnen – unsere Männer natürlich auch.« Neben ihr steht Judith Rothe und hört lächelnd zu. Ein halbes Jahr später wird deutlich, was Rothe, 1979 in Sangerhausen geboren, darunter versteht.

Am 6. Januar 2007 verübten vier Rechtsextreme, die am Abend zuvor Gast im »Zum Thingplatz« gewesen waren, einen Brandanschlag auf das Flüchtlingsheim in ihrem nahe gelegenen Geburtsort. Sie warfen mindestens zwei Molotow-Cocktails auf das Haus, in dem sich drei afrikanische Menschen aufhielten. Die Brandsätze schlugen im Erdgeschoss durchs Küchenfenster ein und zündeten. Das Feuer verletzte die Bewohner nicht körperlich, doch der Hauptbetroffene erlitt eine schwere Traumatisierung. Von den Tätern Danny R., Glenn K., Christian K. und Franziska Z. distanzierte sich die im Prozess als Zeugin geladene Judith Rothe nicht. Sie meinte bloß: »Ich kann mit negativen Schlagzeilen leben. Egal ob positiv oder negativ, ich stehe in der Zeitung, und das freut mich.«

Bei dem Gründungstreffen des *Rings* am 26. September 2006 stehen nicht alle Frauen, die sämtlich der rechtsextremen Szene – von der NPD bis zu den Kameradschaften – angehören, unter dem Baum. Gitta Schüßler schon. Sie scheut die Öffentlichkeit nicht. Der RNF soll schließlich auch kein »Häkelverein« werden. »Wir wollen die Frauen ermutigen, durch die Übernahme von Mandaten das Medienklischee des ›dumpfen Nazis‹ weiter aufzuweichen«, erklärt sie gegenüber der »Deutschen Stimme«. Im Saal »Zum Thingplatz« wird die energische NPD-Landtagsabgeordnete zur ersten Bundessprecherin des RNF bestimmt. Als Geschäftsführerin wird Jasmin Apfel gewählt, die Frau des sächsischen NPD-Fraktionschefs Holger Apfel. Schon vor der Ehe war die geborene Langer aus Hannover in der Szene aktiv. An diesem Tag vertritt sie die *NPD-Frauengruppe Hannover*.

Auf der Gründungsversammlung des RNF beschließt die neue Frauengruppe ihre »Grundsätze«. Neun Punkte, in denen sie betonen: »Politik ist auch Frauensache!« Sie wollen unter anderem »die Vernetzung nationaler Frauen jeden Alters innerhalb und außerhalb der Partei«, gemeint ist die NPD, ausbauen und auch »Stellung« beziehen zu »aktuellen und allgemeinpolitischen Fragen«. Sie verstehen sich als »Sprachrohr der Frauen in der Partei und Bewegung« und wollen »Frauen zur Übernahme von Verantwortung in den Kommunen, auf Landes- und Bundesebene« befähigen und ermuntern.

Der auf dem Gründungstreffen des zunächst der NPD nur nahestehenden *Rings Nationaler Frauen* anwesende damalige NPD-Bundesgeneralsekretär Peter Marx gab sich offen und erklärte, die NPD sei keine männliche Domäne und man sei sich der besonderen Bedeutung der Frauen für die Partei durchaus bewusst. Gleichwohl scheint es an der Parteibasis noch einige Vorbehalte gegenüber der Frauengruppe gegeben zu haben. Eine Skepsis, die die NPD-Bundesführung um Udo Voigt nicht teilte. Dass die männerdominierte Partei sich auf weiblichen Zulauf einstellen sollte, um politische Chancen nicht zu verpassen, sah Voigt früh. »Wenn ich durch die Verbände reise«, erzählte er vor ein paar Jahren, sei ihm aufgefallen, »dass wir seit zwei Jahren eine Veränderung dahin haben, dass immer mehr junge Frauen zur NPD kommen. Früher kamen die mit Freund oder Mann, heute kommen sie alleine.« 2011 sollen von den 6800 NPD-Mitgliedern nach Angaben der Partei rund 23 Prozent Frauen sein.

Mit Aufklebern, in Zartrosa gehalten und mit dem Slogan »Nationalismus ist auch Mädelsache« versehen, wirbt längst auch die NPD-Jugendorganisation *Junge Nationaldemokraten* gezielt um junge Frauen.

Dass eine Frauengruppe in der Partei dennoch skeptisch betrachtet wird, weiß Stella Hähnel, Mitbegründerin des RNF. Im Juli 2008 erläuterte sie in der »Deutschen Stimme«, »warum viele Frauen eigene Zirkel ›brauchen‹«: »Frauen lieben den Informationsaustausch, das Sprechen über bestimmte Themen, die sie mit Männern nicht teilen. Frauen fühlen sich unter anderen Frauen wohl und manche auch sicherer.« Und: »Nationale Frauen verbindet nicht nur dasselbe Ziel, sondern auch dieselben Probleme.« Um keinerlei Bedenken bei den Männern angesichts einer reinen Frauengruppe aufkommen zu lassen, versicherte sie weiter, sie seien »weder Zicken noch Emanzen« und ihre Arbeit stünde nicht in Konkurrenz zur Parteiarbeit, sondern sei als deren Erweiterung zu verstehen. »Frauen steigern die Gesamtzahl von aktiven Mitgliedern und damit die Arbeitsfähigkeit der Partei.« Das klingt selbstbewusst. Für Renate Bitzan ist denn auch beim RNF »eine gewisse Erweiterung um emanzipatorische Aspekte zu beobachten, vor allem hinsichtlich einer Aktivierung der Frauen im politisch-öffentlichen Raum und ihre Schulung für politische Funktionen und Mandate«. Politik und Öffentlichkeit würden nicht mehr den Männern allein überlassen, sondern als »eigener zentraler Wirkungsraum in Anspruch genommen«.

Da dennoch Spannungen in der NPD durch die Gründung des RNF zu erwarten waren, hob Stella Hähnel in der »Deutschen Stimme« zudem gleich hervor: »Wir Frauen widerlegen alleine mit unserem Wesen die Lügenmärchen von gewalttätigen Rechten. Dort, wo auch Frauen sind, findet ein normales ausgewogenes Zusammenleben statt, das zieht Männer wie Frauen an.« Rena Kenzo, Gründungsmitglied des Forschungsnetzwerkes Frauen und Rechtsextremismus, meint, diese Aussicht sei für die NPD-Bundesführung von einigem Gewicht gewesen. »Die Parteiführung erkannte das politische Potential von Mädchen und Frauen für die gesellschaftliche Akzeptanzgewinnung und kommunale Verankerung.«

Die Intentionen des RNF passten gut zu dem Strategiewechsel der NPD-Führung, der seit einigen Jahren zu beobachten ist: soziale Themen aufgreifen, lokale Etablierung ausbauen. Vor Ort will die NPD die Menschen erreichen. Die Ängste vor finanziellen Einbrüchen, die Sorge vor möglicher Arbeitslosigkeit und die Befürchtungen vor leeren Gemeindekassen versuchen sie für sich zu nutzen. »Wir kümmern uns!« lautet die Botschaft der NPD, mit der sie bei der Bevölkerung punkten will. Verantwortlich für diese Strategie ist vor allem Udo Voigt. Unter ihm entwickelte sich die NPD zu »der« Partei ganz rechts außen.

Hinter Sicherheitstüren aus Stahl liegt die Bundeszentrale der NPD. In dem Haus in der Seelenbinderstraße 42 im Berliner Stadtteil Köpenick forciert Voigt bis zum Bundesparteitag 2011 mit seinen Getreuen die neue Ausrichtung der Partei. Als er vor 15 Jahren die Parteiführung übernahm, hatte die NPD 2800 Mitglieder und kaum Zulauf von rechtsorientierten jungen Männern und Frauen. Als »Altherrenpartei« war sie verschrien. Die Partei galt als zerstritten, die Kassen schienen leer. Und wenn Frauen für die NPD damals agierten, fielen sie öffentlich nicht besonders auf. Auf dem Bundesparteitag in Bad Dürkheim wurde Voigt im März 1996 mit knapper Mehrheit zum Bundesvorsitzenden gewählt, nicht alle Mitglieder in der Partei waren begeistert. Sie standen einer politischen Neuausrichtung skeptisch gegenüber, die Voigt damals mit Holger Apfel signalisiert hatte. Noch im Oktober desselben Jahres fand im Raum Kaiserslautern ein Frauenkongress statt. An die 80 Teilnehmerinnen zwischen 17 und 85 Jahren sollen zu dem Kongress gekommen sein, den die ehemalige NPD-Abgeordnete in der Bremer Bürgerschaft Martha Kruse verantwortete. Ziel des Treffens war laut »Deutscher Stimme« vom November 1996, die Frauen aus der NPD und Umfeld zusammenzuführen und ihre Stellung in der Partei hervorzuheben. Der RNF scheint an diese Bemühungen anknüpfen zu wollen. Auch das Motto von damals taucht heute wieder auf: »Nationalismus ist auch Mädelsache«.

Zwei Jahre später, 1998, konnte Udo Voigt auf dem Bundesparteitag in Stavenhagen die Delegierten dafür gewinnen, die Partei mehr auf soziale Themen auszurichten. Er ermunterte die Parteimitglieder, sich stärker lokal zu verankern. »Bürgernähe zeigen, vor Ort siegen – auf kommunaler Ebene kann die Ausgrenzung unterlaufen werden«, lautet seitdem das Credo des Bundesvorsitzenden. Und: »Kampf um die Straße, Kampf um die Köpfe und Kampf um die Parlamente«. Obwohl interne Konflikte nicht ausblieben, setzte sich Voigt mit seiner neuen Strategie zunehmend in der Partei durch. Im Mai 2004 erklärte Ralf Haschke,

NPD-Kreistagsabgeordneter aus dem hessischen Wetteraukreis: »Dort, wo Nationaldemokraten kommunalpolitisch aktiv sind, ist eine überdurchschnittliche Akzeptanz unserer Ideen in der Bevölkerung zu verzeichnen. [...] Dort, wo Nationaldemokraten kommunalpolitisch in Erscheinung treten, erkennen die Bürger, dass hier Menschen ›wie du und ich‹ für ihre Ideen [...] einstehen, dass sie Argumente haben und dass das, was sie sagen, ›Hand und Fuß‹ hat.« Damit lag er ganz auf der Linie des Parteichefs: »Wir Nationalisten müssen lernen, die Sprache der Menschen in diesem Land zu sprechen. Und wo kann man dies besser als in dem Dorf oder der Stadt, in der man lebt. Daraus folgt: Nationale Arbeit muss an der Basis beginnen.«

Am 19. September 2004 verstummte die parteiinterne Kritik an dieser politischen Strategie endgültig. An jenem Tag erreichte die NPD in Sachsen 9,2 Prozent der Stimmen und konnte erstmals nach 36 Jahren wieder in einen bundesdeutschen Landtag einziehen. Wenige Tage später skizzierte Udo Voigt in der neu-rechten Wochenzeitung »Junge Freiheit« sein Anliegen knapp, aber deutlich: »Im übrigen interessiert die Leute auf der Straße nicht der Holocaust, sondern die Alltagsprobleme, wie etwa Hartz IV. [...] Die NPD ist bestrebt, die Menschen dort abzuholen, wo sie sich geistig befinden.«

Ganz im Sinne Voigts rief Stefan Köster, NPD-Kader aus Mecklenburg-Vorpommern, in der »Deutschen Stimme« im September 2006 die Parteimitglieder auf, sich »im bundesrepublikanischen Alltag« einzubringen. »Raus aus den Hinterzimmern«, forderte er in der NPD-Zeitung, und sich engagieren in einer »örtlichen Bürgerinitiative, in einem Sportverein, der Freiwilligen Feuerwehr oder anderen überparteilichen Organisationen«. In jenem Monat gelang der NPD ihr zweiter großer Landtagswahlerfolg. Mit 7,3 Prozent zog sie in das Parlament Mecklenburg-Vorpommerns ein. Gern verweist Köster, seitdem NPD-Fraktionsvize, auf die Region, in der er wohnt: »Nationale Menschen sind in Lübtheen in der Mitte des Volkes.« Durch das alltägliche Miteinander, nicht zuletzt auch vermittelt über Frauen und Kinder, hätten sie Kontakt zu Nachbarn und Anwohnern bekommen. Kleine anfängliche Sympathien dürften so entstanden sein. In der Stadt wurde die Frau des NPD-Kaders Andreas Theißen in einer Grundschulklasse Elternsprecherin und zeitweilig Betreuerin in einer Krabbelgruppe. Die mehrfache Mutter und gelernte Erzieherin Birkhild

Theißen ist aber nicht bloß die Frau eines NPD-Mannes. Sie war auch bei einer Wahlauftaktveranstaltung der NPD, ihre Kinder schickte sie zu Veranstaltungen der *Heimattreuen Deutschen Jugend*, die das Bundesinnenministerium 2009 verbot. Bei den Theißens selbst fanden völkische Lager mit Kindern statt. Andreas Theißen, der auch Wahlkreismitarbeiter des NPD-Fraktionschefs Udo Pastörs, NPD-Kreisvorsitzender von Westmecklenburg und NPD-Stadtrat in Lübtheen ist, berichtete auf dem Szeneportal »Altermedia« 2007 recht selbstgefällig, Sportveranstaltungen für junge und alte Teilnehmer mit vielen Familien und Kindern im Landkreis »ehrenamtlich und ohne Fördermittel« organisiert zu haben. »In vielen Regionen unserer Heimat ist es mittlerweile unerheblich«, sagt Stefan Köster, »ob der Feuerwehr- und Sportkamerad in der nationalen Opposition tätig ist.« Keine bloße Propaganda. Offen bekennt Lübtheens Bürgermeisterin Ute Lindenau: »Die Herren haben mit ihren Familien sehr wohl Politik ins Gemeindeleben hineingetragen. Wir haben das allerdings zu spät wahrgenommen.«

Erste Anzeichen dafür, dass die NPD in die Landtage von Sachsen und Mecklenburg-Vorpommern einziehen könnte, hatte man zunächst kaum ernst genommen, obwohl die NPD bei den Kommunalwahlen zuvor bereits neue Mandate erzielt hatte. »Die Erfolge von Sachsen und Mecklenburg-Vorpommern haben gezeigt, dass eine kommunale Verankerung unerlässlich für den Erfolg auf Landesebene ist«, erklärte so auch Safet Babic, NPD-Stadtrat in Trier. Mehr noch: In der »Deutschen Stimme« betonte er im Februar vor dem Bundesparteitag 2010 in Bamberg: »Wer mit uns lacht, gibt uns schon mal zur Hälfte recht!«

Die kommunale Ebene hat die NPD längst als ihr zentrales Handlungsfeld entdeckt. In 14 von 16 Bundesländern haben sie und die ihr nahestehenden Wählerinitiativen nach Auskunft des Vorsitzenden der Kommunalpolitischen Vereinigung der NPD, Hartmut Krien, etwa 500 Mandate in den Kommunalparlamenten. Die NPD selbst, so Udo Voigt auf dem Bamberger Parteitag, habe »weit über 300 kommunale Mandatsträger«. 2007 war die NPD noch mit 125 Mandaten in Kreistagen, Stadt- und Gemeinderäten vertreten gewesen. »Der von mir vor über zehn Jahren geforderte kommunale Unterbau nimmt nun Gestalt an«, frohlockte denn auch Udo Voigt. Zum Vergleich: In der Hochzeit der NPD Ende der 1960er, Anfang der 1970er Jahre, hatten sie 426 Kommunalmandate (1971) errungen. Diesen Kurs will Apfel weiter forcieren. Auf dem Parteitag in Neuruppin im November 2011 gewann er den Machtkampf vor allem, weil man Voigt nicht mehr zutraute, gestalterisch zu wirken. Der Skandal um den Ex-Schatzmeister, einen engen Vertrauten von Voigt, der rund 740 000 Euro veruntreute, wirkte aber auch noch nach. Bei den Kommunalwahlen ist auffallend, dass Frauen, die für die NPD antraten, öfters einen höheren Wählerzuspruch verzeichnen konnten. Brigitte Schlamann vom Mobilen Beratungsteam Brandenburg kennt dieses Phänomen: »Frauen bekommen schneller Kontakt. Sie können sich mit anderen Frauen unterhalten, ohne dass man gleich daraus schließt, dass sie in der NPD sind.«

Antje Hiekisch und Katrin Köhler gehören zu den Frauen in der NPD, die sich immer mehr Gehör verschaffen können. In ihnen verbinden sich Tradition, Bodenständigkeit und modernes Selbstbewusstsein. Die 33-jährige Touristikfachkraft Hiekisch, Mutter zweier Kinder, wurde 2009 mit dem zweitbesten Ergebnis von allen zur Stadträtin in Zittau gewählt. Das Credo der Ostfrau Hiekisch lautet – ebenso wie das der NPD-Landtagsabgeordneten Gitta Schüßler aus Zwickau –, Familie, Beruf und öffentlichen politischen Auftritt zu vereinen. Sie versteckt sich nicht, sondern tritt auch für die NPD ans Mikrofon oder meldet sich per Pressemitteilung zu Wort. Gegenüber den Wählern betont die bieder auftretende Hiekisch die eigenen Verdienste, an zahlreichen Anträgen und Gesetzesentwürfen der NPD-Fraktion im Landtag mitgewirkt zu haben. Auch fällt es ihr leicht, heikle Regionalthemen aus der Oberlausitz – wie die »katastrophale demografische Entwicklung«, den »unerträglichen Zustand durch das polnische Kraftwerk Turow« oder »die Situation der Beschäftigten im Güterkraftverkehr« – herunterzubeten. In Zittau soll sie 2004/05 federführend die Montagsdemonstrationen gegen Hartz IV ausgerichtet haben. Ihr Engagement schien man am Wahlabend 2009 nicht vergessen zu haben. Ganz bürgernah erklärt Antje Hiekisch: »Als Stadträtin der NPD im Stadtrat der großen Kreisstadt Zittau sehe ich meine Aufgabe darin, unser aller Interessen zum Wohl unserer Heimat zu vertreten und damit ein ideologisches ›Schubladendenken‹ zu durchbrechen.« Dass mit »unser aller« nur die Interessen der Deutschen gemeint sind, verdeutlichte sie einmal mehr am 22. Dezember 2010, als es um die auf die Stadt zukommenden Kosten für ein Flüchtlingsheim ging: »Die Wohnungen wurden mit allem ausgestattet, was ein hiesiger Hartz-IV-Empfänger nicht bekommt: Kühlschrank, Waschmaschine, Herd ...«

Hiekisch, die seit 1997 Mitglied der NPD ist, trat ein Jahr nach der Gründung des *Rings Nationaler Frauen* auch dieser Gruppe bei und baute den RNF in der sächsischen Region rasch mit auf. Katrin Köhler aus Chemnitz ist Landesvorsitzende des RNF-Sachsen. Sowohl Hiekisch als auch Köhler vertreten den »aktionsbetonten Teil« des Frauenringes, heißt es. In einer Erklärung vom Januar 2010 nahm der RNF-Sachsen Stellung zu der Delegiertentagung des Landesfrauenrates Sachsen e.V., von dem sie sich bewusst falsch dargestellt fühlten. Nach der vermeintlichen Logik: »Frauen in der NPD = Nazis = Gewalt« würde der Landesfrauenrat handeln. Zuvor lobten sie sich aber erst einmal selbst, denn sie hätten eine »zunehmende gesellschaftliche Anerkennung« durch ihr politisches Engagement und den »beruflichen oder ehrenamtlichen Einsatz in Elternvertretungen, als Schöffinnen und Laienrichterinnen, in Vereinen, als Tagesmütter oder Erzieherinnen« gewonnen. Dann versuchten sie sich gegen Gewalt als politisches Mittel auszusprechen, rechtfertigten sie aber dennoch als Akt von »Wehrhaftigkeit« und »Wehrbereitschaft« zum Selbstschutz. Die Sächsinnen betonten, dass die Frauen des RNF nicht zu Gewalttaten anstiften würden, sondern einen »weiblichen« Weg zur Umsetzung ihrer Ziele anstrebten, denn so würden sie »gesellschaftlich schneller akzeptiert«.

Hiekisch und ihre Mitstreiterinnen beschränken sich nicht ausschließlich auf »frauentypische« Arbeitsfelder, sie geben sich auch jederzeit ansprechbar. Gern trumpfen sie mit persönlicher Betroffenheit auf. So bietet die Chemnitzer NPD-Stadträtin Katrin Köhler auf der heimelig anmutenden Homepage »Katrin-im-Rathaus.de« nicht nur ihren Beistand bei Hochwasserschäden an, sondern stellt sich selbst als Mitbürgerin und Opfer dar, die hemdsärmelig mit anpacken kann, wenn es drauf ankommt.

Auf den ersten Blick fällt Katrin Köhler vor allem wegen ihrer Frisur auf. Gern trägt sie einen Pony und Zöpfe. Nach der Wende war die heute 48-Jährige zunächst als Streetworkerin unterwegs. Nach einer Lehre als Fliesen- und Mosaiklegerin erweiterte sie ihre berufliche Qualifikation später zur Wirtschaftskauffrau im Verkehrswesen. 2006 trat sie der NPD bei, bereits zwei Jahre später wurde die zweifache Mutter Referentin der NPD im Sächsischen Landtag. Bei den Landtagswahlen 2009 erzielte sie in ihrem Wahlkreis 5,3 Prozent der Stimmen. Köhler, die aus den Reihen der »Freien Kräfte« stammt, ist inzwischen auch ein Sprachrohr ihres Kreisverbandes. Sie prahlt und droht nicht weniger als die Kameraden. »Die nationale Opposition in Chemnitz wird sich von den massiven Plakatzerstörungen nicht aus der Ruhe bringen lassen«, verkündete sie im Wahlkampf routiniert. Als Stadträtin wolle sie »durch ihre persönliche Art« möglichst viele Menschen »von der Idee des nationalen Sozialismus in unserem geschundenen und ausgelaugten Land begeistern«. »In meinem Chemnitz« tönte sie, werde sie sich »zum Wohle der einheimischen Bevölkerung« einsetzen, natürlich nur der deutschen. Als »Frauenchefin« des sächsischen RNF hält Köhler auch intensiven Kontakt zu Kameraden »aus den ehemaligen deutschen Reichsgebieten jenseits der heutigen Grenze zu Tschechien«.

Eng verbandelt ist der RNF – nach Recherchen des Journalisten Anton Maegerle – auch mit der 2007 gegründeten Frauenkameradschaft *Resistance Woman Unity* (RWU) in Tschechien. Eine der Führungsfiguren dort ist Mariana Bittnerová. Beim sogenannten Freundschaftstreffen zum Nationalfeiertag in Prag im Oktober 2010 trat Katrin Köhler als Rednerin auf, eine junge tschechische Kameradin übersetzte. Ganz in schwarz gekleidet, hatten sich beide dem Outfit der »Autonomen Nationalisten« angepasst. Köhler las vom Zettel ab, machte immer wieder theatralische Gesten und hob mahnend den Zeigefinger. Inhaltlich prangerte sie in ihrer Rede die Verfolgung von Kameraden durch das »deutsche Unrechtsregime« an und warnte, durch »Vermischung aller möglichen Rassen und Religionen« entstünde ein »neuer Gen-Müll«, der frei wäre von »Nationalstolz und Treue«. NPD und RNF pflegen seit Jahren Kontakte sowohl zur tschechischen *Arbeiterpartei (Dělnická Strana)* als auch zum *Nationalen Widerstand (Národní Odpor)*, die sich offen zur NS-Ideologie bekennen. Nur mit Mühe konnten 2009 rund 1000 Polizisten einen Mob tschechischer Neonazis, die mit Brandsätzen, Schlagstöcken und Schusswaffen bewaffnet waren, aufhalten, als sie das Viertel in Janov stürmen wollten, wo viele Roma leben. Über Stunden zogen sich schwere Straßenschlachten zwischen Polizisten und Neonazis, die von der heimischen Bevölkerung unterstützt wurden, hin. Ende Dezember 2010 wurde bekannt, dass ein Mitglied der Chemnitzer Neonazi-Szene in seiner Immobilie, einer ehemaligen Gaststätte in der Markersdorfer Straße, ein »nationales Bildungszentrum« aufbauen will. Vollmundig verkündete der Anführer der NPD Nordsachsen, man wolle Sachsen zu einer »Muster- und Modellregion« machen, die »den politischen Widerstand gegen Volksverräter von unten nach oben wachsen lässt«. Warum die NPD ihr Schulungszentrum ausgerechnet in Chemnitz plane, erklärt Michael Leutert, Bundestagsabgeordneter für Die Linke gegenüber der Tageszeitung »Junge Welt«: »Die rechte Szene nutzt die Stadt, um in Ruhe und unauffällig ihre Strukturen aufzubauen.« Chemnitz sei der »Knotenpunkt« – und Katrin Köhler steckt mittendrin.

Mit Frauen geht die NPD längst bewusst auf Stimmenfang. »Arbeit – Familie – Vaterland« oder »Frauen für Deutschland« steht auf Plakaten der »NPD – Die Volksunion«. Auf einem früheren ist das hübsche Gesicht eines jungen Mädchens zu sehen. Sie ist zierlich, trägt lange blonde Haare und lächelt verlegen in die Kamera. Auf dem Plakat steht auch ihr Name: Stefanie Hofmann. »Ich bin NPD-Mitglied geworden, weil ich die Zukunft mitgestalten möchte«, lässt sie verlauten. Mit diesem freundlichen Konterfei werben die NPD-Strukturen vom Bodensee bis zum Burgenlandkreis um neue Mitglieder. Hat die Neonazi-Partei doch tatsächlich eine patente junge Frau gefunden, die sich mit dem eigenen Namen ganz offen als Parteimitglied outet, denkt sich mancher. Weit gefehlt: Die Frau ist keine deutsche Gesinnungskameradin, sondern stammt aus dem Umfeld der schwedischen *Nationaldemokraten* (ND). Ihre Fotos besorgte 2007 ein ehemaliger Stützpunktleiter der *Jungen Nationaldemokraten* aus Heilbronn mit besten Kontakten nach Skandinavien. Dort sei gezielt nach bereitwilligen Sympathisantinnen gesucht worden, die zwar nicht im eigenen Land für die Neonazis werben, dies aber im entfernten Deutschland tun würden.

Die brandenburgische NPD dagegen hat ihren eigenen »Eyecatcher«: Manuela Kokott. Die 1968 geborene, kurzhaarige Blondine verkörpert das moderne Frauenbild der Partei, sie wirkt sportlich und resolut. Es klingt sehr fortschrittlich, wenn die NPD-Aktivistin in einem Interview offen einräumt, dass es in der nationalen Bewegung sicherlich Kameraden gebe, »die es nicht gern sehen, dass Frauen politische Arbeit leisten. Einige von ihnen finden es nicht in Ordnung, dass Frauen an Demonstrationen teilnehmen oder bei Wahlen kandidieren. Dazu kann ich nur sagen, wir leben im 21. Jahrhundert und die Zeit, wo Frauen von bestimmten Dingen oder Tätigkeiten ausgeschlossen wurden, ist längst vorbei.« Forsche Worte, die behutsam eingefangen werden: »Natürlich ist es wichtig, dass man sich um seine Familie kümmert und diese umsorgt, aber das ist schon längst nicht mehr nur die Aufgabe der Frau, hier gehört auch der Mann mit herangezogen.« Diese Aktivistin hatte der am Boden liegende, erfolglose Landesverband der NPD in Brandenburg bitter nötig. Eine Zeitlang habe sie sich nicht dazu durchringen können, sich zu outen, berichtete Kokott der »Süddeutschen Zeitung«. Vor der Wahl zum Ortsbeirat habe sie gemeinsam mit Landeschef Klaus Beier überlegt, ob die Zeit reif wäre, mit dem Zusatz NPD öffentlich aufzutreten – oder nicht. Sie entschied sich dafür: »Na, wenn hier sonst niemand was macht, mache ich es eben, als Manuela« – und erzielte 19 Prozent der Stimmen. Bei der Bundestagswahl 2005 errang sie das beste NPD-Ergebnis im Land Brandenburg. Schnell startete die Steuerfachfrau aus Groß Schauen, Mutter einer erwachsenen Tochter, durch. Heute leitet sie den Kreisverband Oderland. Frech ist ihre Devise: »Ranklotzen statt MOZen«, mit Anspielung auf die »Märkische Oderzeitung« (MOZ). Als nette »Manuela« von nebenan veranstaltete sie ein privates Kinderfest mit Hüpfburg. Zwar war die NPD bei der Landtagswahl 2009 in Brandenburg mit 2,5 Prozent der Zweitstimmen wenig erfolgreich, doch die Spitzenposition im extrem rechten Lager vor DVU und Republikanern konnte sie ausbauen. Nationalistin Kokott lag in ihrem Wahlkreis über dem Landesdurchschnitt und machte unverdrossen weiter. Dass sie nicht immer nur die »nette Manuela« gibt, zeigte sich am 2. Oktober 2010, als sie den »Preußentag« der regionalen Szene unter dem Motto »Für eine echte Wiedervereinigung« mitorganisierte. Die Neonazi-Organisatoren wollten mit ihrer konspirativen Feier im Westhavelland daran erinnern, dass 1990 nur eine Teilwiedervereinigung stattgefunden habe, denn Schlesien, Pommern, Ostpreußen, Westpreußen, Böhmen, Mähren, das Sudetenland und Danzig befänden sich »noch immer unter fremder Verwaltung«.

Im November 2010 versuchte die NPD-Kreistagsabgeordnete, ihre Mitstreiterin Antje Kottusch beim Sammeln von Unterschriften für das inszenierte Bürgerbegehren »Schule statt Rathaus!«

in einem der »nationalen Schwerpunktgebiete«, der Kleinstadt Schöneiche, zu unterstützen. Die geplante Aktion hatte im Vorfeld für Wirbel gesorgt, denn nichts wies auf die Urheberschaft der NPD hinsichtlich des anonym gehaltenen Bürgerbegehrens hin. Kritiker enttarnten das »Bürgerbegehren« als populistischen Versuch der NPD, auf einen fahrenden Zug aufzuspringen. Ohnehin hatte eine Umfrage bereits ergeben, dass 80 Prozent der Befragten eine weiterführende staatliche Schule in der Gemeinde bevorzugen würden, man aber bemüht sei, langfristig beide Projekte hinzubekommen. Doch fehlt das Geld. Die Neonazis rückten an und wurden mit Gegenprotesten in Schöneiche empfangen. Vorzeitig verließen Kokott, Kottusch und deren Mitstreiter die Stadt wieder. Kurze Zeit später prahlte die NPD ungeachtet des Misserfolges: »Der direkte Kontakt zum Wähler« sei neben Kokotts »sympathischem Auftreten das Erfolgsrezept ihres politischen Handelns«. Vordenker der Partei scheinen froh, endlich tatkräftige Aktivistinnen wie sie oder die Kinderkrankenschwester Antje Kottusch aus Woltersdorf vorweisen zu können.

Wenn die NPD Frauen ins Rennen schickt, setzt sie keineswegs allein auf junge Frauen. Nach der Kommunalwahl 2009 in Sachsen-Anhalt konnten für die NPD 29 Funktionäre in sechs Kreistagen sowie in 18 Stadt- und Gemeinderäten Mandate erringen. Von den 13 neu gewonnenen Mandaten gehen sechs auf das Konto von Frauen. Eine der neuen Mandatsträgerinnen ist Heidrun Walde, Bundes- und Landesschatzmeisterin des RNF, Jahrgang 1948. Seit der Wahl sitzt die Rentnerin aus Schneidlingen zusammen mit Philipp Valenta für die NPD im Kreistag des Salzlandkreises. Zu Beginn der Legislaturperiode trauten ihr die anderen Parteien nicht viel kommunalpolitische Kompetenz zu. Eine Einschätzung sei schwer zu geben, da Heidrun Walde »relativ unbekannt« sei, meinte ein Vertreter von Die Linke in der Studie »Die NPD in den Kreistagen Sachsen-Anhalts« von Pascal Begrich, Thomas Weber und Roland Roth. Und der FDP-Fraktionsvorsitzende vermutete in derselben Studie, dass sie im Vergleich zu Philipp Valenta »relativ wenig sagen« werde. Sie mache eher den »Eindruck einer Hausfrau, die dort von der Partei vorgeschickt wird«.

Konfrontiert mit solchen Einschätzungen, lächelt Heidrun Walde nur. In einem italienischen Restaurant im Zentrum Mag-

deburgs wehrt sie gelassen die Vorhaltungen ab, »unauffällig«
und »faul in der Kommunalvertretung« zu sein. »Wir nehmen
an allen Kreistags- und Ausschusssitzungen teil, machen uns dort
unsere Notizen, werten diese dann in den Fraktionssitzungen
aus.« Die Studie bestätigt: Philipp Valenta fehlte bei den 20 Sitzungen zweimal, Heidrun Walde einmal. Nach einem Schluck
vom Kaffee, mehrere Kännchen werden folgen, fährt sie fort, dass
die Kommunalpolitik für sie auch »ein Lernprozess für die weitere Arbeit, beispielsweise im Landtag«, sei. Am 20. März 2011
hoffte sie, mit ihrer Partei in den Landtag von Sachsen-Anhalt zu
ziehen. Der Erfolg blieb aus. Am Wahlsonntag fehlten der NPD
rund 5000 Stimmen, um über die 5-Prozent-Hürde zu gelangen.
»Das war knapp«, sagte an dem Abend eine SPD-Anhängerin
im Landtag: »Glück gehabt«. Der damalige Landesinnenminister
Holger Hövelmann (SPD) beschönigte nichts: Das Wahlergebnis
der NPD, sagte er, hätte deutlich gemacht, dass bestimmte Regionen und Bevölkerungsgruppen von den demokratischen Parteien
kaum erreicht worden seien. Wäre deren Einzug gelungen, dann
hätte NPD-Kandidatin Heidrun Walde im Landtag mit Platz genommen. Die damals noch bevorstehende Wahl dürfte Heidrun
Walde am 1. Dezember 2010 zu dem Gespräch mit der »tageszeitung« bewogen haben. Die NPD ist zu diesem Zeitpunkt in
Sachsen-Anhalt längst im Wahlkampf. Erste Umfragen hatten
ihr vier Prozent prognostiziert. In der separaten Raucherecke
sitzt Heidrun Walde nicht allein am Tisch. Ihr Mann Ingo-Peter
Walde, NPD-Stadtrat in Hecklingen, und Michael Grunzel,
NPD-Landespressesprecher, sind mitgekommen. Die Herren reden öfter dazwischen. Heidrun Walde lässt sie ruhig gewähren.
Zieht an der Zigarette, hält ihren Kopf mit der blonden Frisur
leicht schräg. Wer glaubt, die gebürtige Magdeburgerin fände
nicht die passenden Worte, wüsste nicht die politischen Partei-
aussagen darzulegen, irrt gänzlich. »Rüstige Rentnerin?« Nein,
in ihrem schwarzen Jackett und grünem Rollkragenpullover
strahlt sie nichts Altbackenes aus. Für die NPD und den RNF
engagiert sich hier kein »einfaches Mütterchen«. Die Partei mag
sie beraten haben, bei Wahlkampfauftritten nicht wie ein »altes
Trudchen« zu erscheinen. Beim Reden zeigt sich, sie ist es auch
nicht. Im Gegenteil. Ohne sich zu verhaspeln betont die frühere
Sekretärin beim einstigen DDR-Schwermaschinenbaukombinat
»Ernst Thälmann«, für wen sie sich immer engagieren würde:

für die »Verlierer der Einheit«, die Langzeitarbeitslosen und die Rentner. »Ich möchte mich für die verstärkte Wiedereinführung von echten ABM-Stellen einsetzen, damit die betroffenen Langzeitarbeitslosen wieder in versicherungspflichtige Jobs kommen, statt in der Hartz-IV-Falle zu landen. Dies wäre auch ein Schritt gegen die oft diskutierte Altersarmut«, sagt sie und fährt fort: »Es gibt heute eine große Bevölkerungsgruppe, die für den ersten Arbeitsmarkt bereits als zu alt angesehen wird, die aber für die Rente zu jung ist. Für diese Leute kommt das böse Erwachen am Tag des Renteneintritts, wenn das Altersgeld hinten und vorne nicht reicht.« Um der Altersarmut entgegenzuwirken, fordert Heidrun Walde »sozialversicherte Arbeitsgelegenheiten auf dem zweiten Arbeitsmarkt« und »Müttergehälter«. Ganz auf Parteilinie, weiß sie auch schon, wie das zu finanzieren sei: »Sachsen-Anhalts Politiker werfen jährlich Millionen Euro für unsinnige Projekte aus dem Fenster. Ein Beispiel ist die Finanzierung des sogenannten Kampfes gegen Rechts. Geld, welches dafür eingesetzt wird, eine – und möglicherweise die einzige – ernstgenommene Opposition zu unterdrücken.« Dass sie das »Müttergehalt« nur an »deutsche Mütter« auszahlen wolle, bestätigt sie ohne Umschweife. »Ja, das dürfen Sie mir entgegenhalten.« Die Politik beklage doch, dass »Deutsche keine Kinder mehr bekommen« würden, sagt die Raucherin, die eine Zigarette nach der anderen aus ihrem silbernen Etui herausnimmt. Im Gespräch wird deutlich, dass Heidrun Walde genau weiß, was sie von ihrem Gegenüber zu erwarten hat, weiß, was wann wie gesagt werden muss. Bemerkungen über andere RNF-Funktionsträgerinnen macht sie nicht, kritischen Nachfragen weicht sie höflich aus. Und auch auf die Vorhaltung, dass es in der NPD Mitglieder gibt, die den Holocaust leugnen, antwortet sie routiniert mit einem der längst gewohnten Ausweichmanöver: »Zu der Zeit habe ich nicht gelebt, das ist eine Frage für Historiker.« Kader wie sie lassen sich nicht im Interview vorführen. Bei Schulungen werden Argumentationen eingeübt. Seit 2007 leitet Heidrun Walde in Sachsen-Anhalt eine Regionalgruppe des RNF.

Ihre Antworten dürften erklären, warum die Kommunalpolitikerin viele vertrauensvolle Funktionen innehat, obwohl sie erst kurz vor der Kommunalwahl mit ihrem Mann in die NPD eingetreten ist. Seitdem ist sie Schatzmeisterin des NPD-Kreisverbands Burgenlandkreis und seit 2009 im NPD-Landesvorstand. Vor der

Wende war sie nicht politisch engagiert. Im Frühjahr 1992 traten die Waldes den *Republikanern* (REP) bei. Die »gnadenlose Zerstörung der Industrie und der Landwirtschaft durch die Treuhand« habe sie dazu bewogen. Lange war sie im REP-Landesvorstand. Als diese »im Osten Deutschlands bedeutungslos« wurde, fand sie bei der NPD ihre »neue politische Heimat«. In dieser Zeit hätten sie sich als Gastwirte versucht, aber, so behauptet sie, wegen des politischen Drucks aufgeben müssen. Aus »geordneten Verhältnissen« würde sie kommen. Ihr Vater sei leitender Sportfunktionär und ihre Mutter kaufmännische Angestellte gewesen. Nur bei weiteren privaten Fragen schaut Heidrun Walde kurz zum NPD-Pressesprecher hinüber. Ihren Wohnort, das kleine Dorf Schneidlingen, mag sie erst nicht beschreiben. Als der Pressesprecher meint, »ist doch bekannt«, sagt sie, dass sie in der Gemeinde sehr wohlwollend akzeptiert würden. Lange würde sie dort auch schon leben. Auf dem Grundstück hielten sie Tiere und bauten Gemüse an – zur Selbstversorgung. Ein »wenig Bio«? »Ja, auch Umweltschutz ist uns wichtig«, antwortet sie. Vor Ort seien sie beide natürlich politisch aktiv. »Gemeinsam unterstützen wir eine Initiative gegen die Schulschließung in meinem Heimatort«, sagt sie. »Leben Sie Ihre Werte im Alltag?« – »Davon dürfen Sie ausgehen«, betont sie und fügt hinzu: »Einen Döner habe ich noch nie gegessen, und das werde ich auch nicht.« Hier mal zum »Italiener« gehen, das ginge noch, meint sie und bestellt erneut ein Kännchen Kaffee und keinen Cappuccino. Wandel, Bewegung scheint der Mutter von erwachsenen Kindern nicht zu gefallen. »Ich habe mein gesamtes Leben auf dem heutigen Territorium Sachsen-Anhalts verbracht«, sagt sie stolz. Urlaub im Ausland, für sie muss das nicht sein.

Im Landeswahlkampf der NPD um den Spitzenkandidaten und Landesvorsitzenden Matthias Heyder war ihre Rolle klar umrissen: Die Wähler ab 50 sollte Heidrun Walde gezielt ansprechen. In der NPD-Wahlzeitung »Warum NPD?« erklärte sie: »Älter werden in Würde statt Altersarmut – dies gilt insbesondere für die Nachkriegskinder und rentennahen Jahrgänge«, und forderte, dass die Rente nicht erst ab 67 Jahren ausgezahlt werden dürfe. Dass sie aufgrund ihres Alters von der Partei auf ein ganz spezifisches Thema festgelegt worden sei, davon wollte sie nichts wissen. »Jeder unserer Kandidaten vertritt ein abgestecktes Sachgebiet.« Ihr selbst, wiederholte sie, sei das Thema Rente ein großes Anliegen. »Wir müssen die Menschen zurück in die Gemeinschaft holen, die unsere Ellenbogengesellschaft für Arbeit zu alt und für die Rente zu jung hält.« Von einer Instrumentalisierung als ältere Frau für die Partei wollte sie nicht sprechen: »Meine Qualifikation für ein Mandat im Landtag liegt nicht in der Zahl meiner Lebensjahre«, sagte sie. Solch selbstbewusstes Auftreten liegt auch Carmen Steglich.

Steglich lebt in der Sächsischen Schweiz. Geschäftlich wirbt sie längst offen mit ihrer Gesinnung. »21,1 % für die NPD – hier macht man Urlaub!« lautet der Aufmacher ihrer Werbeanzeige, die sie regelmäßig in der »Deutschen Stimme« schaltet. Neben einer Musikschule aus Velbert, die einen begabten Lehrer sucht, und einer Nationalen Textildruckerei wirbt die NPD-Stadträtin aus Königstein für ihre gemütliche, modern und hell eingerichtete Ferienwohnung. Den Tourismusverein Elbsandsteingebirge störte es bis vor zwei Jahren wenig, dass ihr Mitglied Steglich sowohl Geschäftsführerin des Kreisverbandes der NPD als auch Kreisrätin in der Sächsischen Schweiz ist. Die blonde Fahrschullehrerin durfte bleiben, bis der Verein dafür öffentliche Kritik erntete. Steglich wollte sich nicht ausschließen lassen, der Geschäftsführer, selbst Kreisratsmitglied in der Sächsischen Schweiz für die SPD, sah dafür wohl auch keine rechtliche Handhabe. Der Druck von außen wuchs. Es seien dann mehrere Gespräche geführt worden, hieß es, in denen der Neonazistin nahegelegt worden sei, »im beiderseitigen Einvernehmen und zum Wohle des Vereins auszutreten«. Sie tat es. Ihre Ferienwohnung darf Steglich als »neutrale Werbung« dennoch weiterhin auf der Homepage des Tourismusvereins vermarkten.

Das Engagement der NPD-Aktivistin zielt seit Jahren weniger auf eine rege Beteiligung in den Ausschüssen der Kommunalpolitik als auf enge Kontakte zur örtlichen Nachwuchsszene ab. Sowohl im Jugendclub Königstein als auch dem Jugendclub im etwas entfernteren Gohrisch fielen massive »rechtsextreme Tendenzen« auf. In beiden Einrichtungen zählte Carmen Steglich – nach Recherchen der »Sächsischen Zeitung« – zu den »regelmäßigen Hausgästen«. Dem Jugendtreff im Königsteiner Ortsteil Hütten kündigte die Stadtverwaltung Ende Juli 2010 die Räumlichkeiten. Doch Steglich soll sich weiterhin mit den 15- bis 18-Jährigen treffen, berichtet Sebastian Reißig von der Aktion Zivilcourage. Es scheint, als wenn sich die 38-Jährige als deren »Fürsprecherin« aufspiele, so der Geschäftsführer des überparteilichen Präventionsbündnisses in Pirna. Im südwestlich von Königstein, nahe Bad Schandau, gelegenen Gohrisch zeichnet sich Ähnliches ab. Auch dort gilt der Jugendclub seit 2008 als »Anlaufpunkt der rechten Szene«. Vorstandsmitglieder des Vereines streiten das ab, räumen jedoch ein, dass niemandem aufgrund seiner Gesinnung der Zutritt verwehrt werde. »Hier kann jeder sein Bier trinken«, heißt es. Zur »Normalität« zählt es demnach auch, dass die »mütterliche« Steglich dort aus- und eingeht. Auf die Bemerkung der »Sächsischen Zeitung«, sie sei nicht unbedingt mehr im »erwarteten Jugendclubalter«, wiegelte die NPD-Frau vor einiger Zeit ab, das sei nicht »relevant« für die Öffentlichkeit. Verschmitzt merkte Steglich an, dort wegen »privater Angelegenheiten« gewesen zu sein, »vielleicht auch als Vertreterin meiner Fahrschule«.

Umtriebig ist auch die Brandenburgerin Lore Lierse, der man die NPD-Funktionärin ebenfalls nicht sofort ansieht. Lebensfroh und quirlig tritt sie auf. Mal warb die 55-Jährige mit grellgefärbtem Haar auf Wahlplakaten, mal suchte sie Auszubildende für das Familiengeschäft. Die Mutter von drei erwachsenen Töchtern ist Zoofachhändlerin und Hundefriseurin. Bis zu einem finanziellen Fiasko vor wenigen Jahren betrieb sie zwei Läden in Bernau und Umgebung. »Ich verlor alles«, bekannte sie im Mai 2008 freimütig gegenüber dem »Tagesspiegel«. Da kandidierte sie bereits für die NPD. Schulden und Not hätten sie zur NPD geführt, denn die seien die Einzigen gewesen, die auf ihre vielen Protestbriefe an alle Parteien überhaupt geantwortet hätten, erzählte Lierse. 2004 ist sie Parteimitglied geworden. Bei der Bundestagswahl fünf Jahre später erzielte sie 3,2 Prozent der Stimmen im Wahlkreis Oberhavel. Ein Jahr darauf hatte sie das Amt der stellvertretenden Kreisvorsitzenden inne. Die kontaktfreudige Brandenburgerin arbeitet in ihrem alten Geschäftsbereich. Über die Läden ihrer Tochter und die gemeinsame Schnauzer-Zucht lernt sie viele tiervernarrte Menschen kennen. Als Meisterin bildet sie Auszubildende aus. Eine perfekte Networkerin aus Sicht der NPD, die von sich selbst sagt: »Ich bin eine ganz normale Frau mit ganz normaler Arbeit – aber national.«

Bei aller Empathie von RNF und NPD, in der Partei wird die Frauengruppe immer wieder skeptisch betrachtet. Stella Hähnel betont, dass Frauen »mehr als eine Image-Spritze für die NPD« seien. In der »Deutschen Stimme« schrieb die RNF-Mitbegründerin im Juli 2008: »Heute sind unsere Gegner einig: Das war alles von der NPD geplant! Frauen in die Partei zu holen ist eine Strategie, um möglichst bürgernah und harmlos zu wirken.« Das sei jedoch unrichtig, denn »selbstverständlich lässt sich die aktive Teilnahme von Frauen nicht strategisch planen«. Wenn das nun der Partei nutze, sei dagegen gar nichts einzuwenden, denn es sei nur »natürlich«, dass »Frauen in der politischen Arbeit einfach gut ankommen bei Menschen. Sie werden nicht selten auch mehr Flugblätter los.« Ähnlich argumentierte auch Gitta Schüßler, die für den NPD-Bundesparteitag 2009 einen Rechenschaftsbericht des RNF verfasste, der in der »Deutschen Stimme« im Mai 2009 dokumentiert wurde. Sie beschönigte jedoch den Verlust des RNF an Selbständigkeit. Auf dem letzten Bundesparteitag, so Schüßler, »wurde beschlossen, dass die Arbeitsgemeinschaft ›Ring Nationaler Frauen‹ künftig als Unterorganisation unserer Partei fungieren soll«. Hatte der RNF zuvor damit geworben, durch die Nicht-Parteianbindung für rechtsorientierte Frauen ohne NPD-Parteibuch interessanter zu sein, hieß es nun: Sie »sind sehr stolz darauf, seit dem 27. September letzten Jahres die weibliche Unterorganisation der NPD« zu sein. Gleichwohl räumte Schüßler ein: »Nach der Umwandlung in eine Unterorganisation sind die Mitgliederzahlen zeitweise zurückgegangen. Einer der Gründe war, dass sich viele Frauen einfach nicht so fest an die Partei binden wollen.« Das ist nun anders. Seit 2008 heißt es: »Mitglied des RNF kann jede Deutsche werden, die das 16. Lebensjahr vollendet hat« und sich zur »Satzung der NPD bekennt«. In Paragraf 11, unter dem Punkt »Aufsicht«, wird das Verhältnis der beiden Organisationen deutlich: »Dem Parteivorstand der NPD obliegt die Aufsicht über die Arbeit des RNF.«

Hatte sich Schüßler in ihrem Rechenschaftsbericht mit der Eingliederung des RNF in die Partei arrangiert, so hielt sie aber dem thüringischen NPD-Landesverband seinen Umgang mit Frauen vor. Der RNF habe in Thüringen versucht, die NPD beim Wahlkampf zu unterstützen, »allerdings – und das soll jetzt durchaus als Kritik verstanden werden – wirkt die Aufstellung der Thüringer Landesliste nicht gerade motivierend. Auf Platz 17 findet sich die erste und einzige Frau einer ansonsten frauenlosen Landesliste.« Kein halbes Jahr später wurde sie deutlicher und verlor am 11. Juli 2009 ihr Amt – dank der RNF-Führungsspitze.

Als RNF-Bundessprecherin hatte sie dem NPD-Landesverband Mecklenburg-Vorpommern 2009 vorgehalten, eine »Männersekte« zu sein. Der Grund: Nach den Kommunalwahlen gaben die gewählten NPD-Mandatsträgerinnen Franziska Vorpahl (für die Bürgerschaft in Rostock) und Marianne Pastörs (für den Kreistag in Ludwigslust) ihre Ämter an NPD-Männer ab. »Betrug am Wähler« nannte das Gitta Schüßler empört. Das war zu viel für ihre Organisation, den RNF. Vorstandskollegin Stella Hähnel stellte einen Misstrauensantrag gegen die eigene Bundessprecherin wegen »sehr unterschiedlichen Ansichten in Sachen ›Frauen und Politik‹« – mit Erfolg. Hähnel rechtfertigte ihr Vorgehen damit, dass Schüßlers »permanente Eigenmächtigkeiten« und »ihre geradezu feministischen Ansichten für den übrigen Vorstand nicht mehr hinnehmbar« gewesen seien. Verstimmt sagte die Geschasste im Interview mit dem Szeneportal »Gesamtrechts.tk« am 15. Juni 2009, dass sie sich bei den von ihnen »sehr geschätzten Kameraden aus Mecklenburg-Vorpommern entschuldigt« habe. Auf der RNF-Sitzung hätte sie sich auch beim Vorstand selbstkritisch geäußert. »Ich habe überreagiert, weil ich zeitweise den Eindruck hatte, dass Frauen zurückgesetzt werden, nur weil zweifellos verdiente, langjährige Aktivisten das Amt übernehmen sollten, die aber stimmenmäßig hinter ihren Kameradinnen lagen«, sagte Schüßler im Interview. In ihrer Funktion habe sie sich berufen gefühlt, »die Frauen zu vertreten und ihnen eine Stimme zu geben«. In diesem Fall, gestand sie, »bin ich eindeutig übers Ziel hinausgeschossen, das ist einfach so, und dazu stehe ich auch«. Die Selbstkritik hatte offensichtlich bei der RNF-Bundesvorstandssitzung nicht geholfen. Ihre Stellvertreterin Judith Rothe wurde zunächst Bundessprecherin, und die bisherige Schatzmeisterin Heidrun Walde übernahm die Geschäftsführung.

Ende des Jahres 2009 bestimmten die Frauen Edda Schmidt auf dem RNF-Bundestreffen in der Berliner Parteizentrale zur neuen Bundessprecherin – mit 85 Prozent der Stimmen. Ein Einschnitt für die Entwicklung des RNF. Gitta Schüßler und Edda Schmidt wirken nicht nur äußerlich sehr unterschiedlich. Während Schüßler nicht bloß für die NPD eine vermeintlich moderne lebensnahe nationale Politik vorschwebt, hängt Edda Schmidt einer traditionsbewussten, grundsätzlicheren nationalen Ausrichtung an. Indirekt äußerte sich Edda Schmidt, die bevorzugt im Dirndl erscheint, dazu bei einer Szeneveranstaltung: »Selbst bei uns im RNF gibt es Frauen, vor allem aus der ehemaligen sogenannten DDR, die von den Verhältnissen noch belastet sind, die meinen, wenn man sich um häusliche Dinge kümmere«, dass man dann das »Heimchen am Herd verkörpert und das sei abzulehnen! Ich bin da etwas anderer Meinung.« Bei Schmidts Wahl verzichtete Judith Rothe auf das von ihr kurzzeitig ausgeübte Amt, und auch Gitta Schüßler verzichtete auf eine Kandidatur. Heidrun Walde blieb Beisitzerin und hat das Amt der Geschäftsführerin und Schatzmeisterin inne. Im Gespräch im Magdeburger Restaurant verliert sie zu der Auseinandersetzung kein Wort. Auch über ihren Einfluss beim RNF schweigt sie. Beim Bundestreffen 2010 hielt Walde aber die Eröffnungsrede. »Meine Aufgabe war dort in erster Line die Begrüßung der anwesenden Frauen und der Gäste«, sagt sie nur.

Rückblick: Bundestreffen des *Rings Nationaler Frauen* in Halberstadt am 23. Oktober 2010. Um 12 Uhr reisen die ersten Gäste im Szenetreff »Lolo's Hof« an. Steinmauern und Eisentor sperren den Innenhof in der Otto-Spielmann-Straße ab. Im roten Backsteinbau begrüßt Heidrun Walde die Frauen und Männer. Die Männer – der damalige Bundesvorsitzende der *Deutschen Volksunion*, Matthias Faust, der NPD-Landesvorsitzende Matthias Heyder und der NPD-Bundesvize Frank Schwerdt – halten die ersten Reden. »Die Wichtigkeit des RNF«, schrieb die Pressesprecherin Ricarda Riefling später in der Pressemitteilung zu dem Bundeskongress, sei durch diese »programmatischen Grußworte [...] unterstrichen« worden. Was die Bundessprecherin Edda Schmidt im Rechenschaftsbericht zu sagen hatte, erwähnte die RNF-Pressesprecherin allerdings nicht öffentlich. Zufall, dass die Aussagen der Männer von dem Treffen in »Lolo's Hof« wiedergegeben wurden, die Ausführungen der Frauen aber nicht?

Konspirativ war zu dem Treffen geladen worden. Presse, die nicht der Szene angehört, sollte gänzlich ausgeschlossen sein. Am Abend steht fest: Edda Schmidt ist die neue alte Bundessprecherin, die langjährige Aktivistin verfügt über eine starke Hausmacht. Die Frauen stört wenig, dass Schmidt – anders als

Die Vorsitzende des *Rings Nationaler Frauen* Edda Schmidt
trägt beim Trauermarsch für Jürgen Rieger in Wunsiedel 2009
ein Gedicht vor.

Gitta Schüßler – gern hervorhebt, dass sie »ja alle im politischen
Einsatz« stünden, die »Jüngeren« allerdings »als Mutter, die mit
mehreren Kindern für den Fortbestand unseres Volkes sorgen«.
Edda Schmidt betont getreu der Parteilinie: »Denn wenn der
[Fortbestand des Volkes] nicht gesichert ist, brauchen wir auch
keine Politik mehr zu machen – das erledigt sich dann durch die
›Mitbürger mit Migrationshintergrund‹!«

Die Frau aus Bisingen in Baden-Württemberg hat selbst diese
vermeintliche weibliche Pflicht für Volk und Vaterland vollbracht.
Edda Schmidt, die bis zum Verbot der *Wiking-Jugend* im Jahr
1994 die Schriftleiterin dieser Organisation war, hat vier Kinder
und acht Enkel. »Sie alle«, erzählt sie gern, seien »im nationalen
Lager«. Schon ihre Eltern dienten der »nationalen Sache«: Edda
Schmidts Mutter, Erika Biber, war Führerin im *Bund Deutscher
Mädel* (BDM), ihr Vater, Sepp Biber, referierte bei der heidnisch-
rassistischen *Artgemeinschaft – Germanische Glaubensgemeinschaft*. Mit ihrem Mann Hans betreibt Edda Schmidt ein auf
NS-Literatur spezialisiertes Versandantiquariat. 1997 wurde sie
gemeinsam mit ihrem Mann wegen Aufstachelung zum Frem-

denhass, Volksverhetzung und Verbreitung jugendgefährdender Schriften rechtskräftig zu einem Jahr und acht Monaten auf Bewährung verurteilt. Elf Jahre später folgte eine Verurteilung gegen sie wegen Verunglimpfung des Staates. Im September 2008 stand sie wegen Beihilfe zur Verunglimpfung des Staates vor dem Landgericht Hechingen. Im NPD-Landesverband Baden-Württemberg ist Edda Schmidt schon lange aktiv, gilt als Urgestein. Als Vorsitzende des RNF ist sie qua Amt im derzeitigen Bundesvorstand der NPD.

In der »Deutschen Stimme« veröffentlicht Edda Schmidt regelmäßig Beiträge über die »ureigenen« Brauchtümer der Deutschen, Beiträge, die nicht bloß Hinweise zur feierlichen Festgestaltung beinhalten, sondern auch schon mal ideologische Aussagen, die an Aussagen des 2009 verstorbenen NPD-Bundesvize Jürgen Rieger erinnern. Rieger, lange Leiter der *Artgemeinschaft – Germanische Glaubensgemeinschaft,* hatte erklärt: »Die Wurzeln unserer Kultur liegen nun mal im Germanentum, insbesondere in germanischen Bräuchen.« Wohl könnten andere Religionen »Züge« aufweisen, »die wir gutheißen« können, aber es würde »immer [...] Abweichungen zu unseren Ausfassung geben, die nur mit Gewalt oder Verbiegungen mit unseren Gedanken in Einklang gebracht werden könnten [...], weil sie von andersrassigen Menschen geschaffen wurden«. Religiöse Orientierung und politische Haltung bedingten sich bei Rieger wechselseitig. Im »Sittengesetz unserer Art« der *Artgemeinschaft,* wo Edda Schmidts Mann referierte, heißt es denn auch ermahnend, man solle bei der Gattenwahl »Gleichgeartete« auswählen als »Gewähr für gleichgeartete Kinder«. In der »Deutschen Stimme« knüpfte Edda Schmidt im September 2010 an dieses völkische Denken an, wenn sie ausführte: »In unseren Festen ist trotz der Überfremdung [...] die Weltanschauung des nordischen Menschen im Kern erhalten geblieben.« Sie beklagt in ihrem Beitrag aber nicht bloß die gegenwärtige »Überfremdung«, sondern auch den »Niedergang unseres Bauerntums«. Die Folge sei eine »Abhängigkeit von Ausländern« und »aus ›Freunden‹ sind oft schon über Nacht Feinde geworden!«. Politik und Pflege des Brauchtums ist für Edda Schmidt nicht zu trennen, auch nicht als Bundessprecherin des *Rings Nationaler Frauen.* Am 26. September 2010 feierte der RNF Baden-Württemberg in der Nähe von Pforzheim zusammen mit dem NPD-Landesverband ein Erntedankfest.

In dem Flyer »Frauen für Deutschland« verkündet der RNF, »traditionsbewusste und volkstreue Antworten auf die Fragen der Zeit geben« zu wollen. Gleichwohl werde die Frauenorganisation, verspricht Edda Schmidt – wohl auf Gitta Schüßler anspielend –, auch in »Zukunft kein ›Häkelverein‹ sein«. Die biedere Frau mit den dunklen kurz gewellten Haaren und der Hornbrille muss aber gleich wieder nachschieben: »obwohl es Frauen sicher nichts schadet, auch hin und wieder zu rein fraulichen Tätigkeiten zurückzufinden«.

Eine Gegenkandidatin hat es auf dem Bundeskongress des RNF 2010 in Sachsen-Anhalt gegeben, schreibt Ricarda Riefling. Ohne Erfolg jedoch, betont die Pressesprecherin und verschweigt den Namen der Kandidatin. Am Abend des Kongresses wählten die Frauen auch noch Judith Rothe und Ricarda Riefling zu stellvertretenden Bundesvorsitzenden. Als weitere Vorstandsmitglieder bestimmten sie Stella Hähnel, Jennifer Bagiel und erneut Heidrun Walde. Jasmin Apfel, die kurzzeitig wegen des Streites um Gitta Schüßler den *Ring* verlassen hatte, scheint die früheren Differenzen als erledigt anzusehen. Auch sie wurde zur Beisitzerin gewählt.

Indes bemüht sich Ex-RNF-Chefin Schüßler auffällig intensiv in Sachsen um den *Ring Nationaler Frauen*. Die Nuancierung der RNF-Arbeit durch ihre Nachfolgerin Edda Schmidt könnte ein Grund sein. Da mag es nicht nur Konsens geben. Zum Jahreswechsel 2010 veröffentlichte Schmidt auf der RNF-Bundeswebsite einen »Rückblick«. Am 23. Dezember 2010 war dort zu lesen: »National sein heißt, sich für sein Volk einzusetzen. Und unsere Kultur unterscheidet uns eben von den anderen, was durch das moderne, volkszerstörerische Multikulti-Programm der Etablierten besonders deutlich wird. Wir wollen weder den Ruf der Moslems von den Minaretten noch das Geriesel von ›Jingle bells‹ u.a. englischen Liedern oder bei unseren Feiern die Arbeitshosen der amerikanischen Negersklaven auf den Baumwollfeldern (hier bekannt unter dem Namen ›jeans‹).« Diese Auffassung dürfte jede Frau des RNF teilen. Aber die anschließende Betonung einer sehr traditionsverpflichtenden Erziehung scheint nicht auf einhellige Zustimmung zu stoßen. »Als Mütter müssen wir unsere Kinder nicht nur über die heute verbreiteten politischen Lügen aufklären, sondern sie auch mit unserer Geschichte und Kultur vertraut machen, damit sie Zugang zu unseren Wurzeln finden und später in der Lage sind, als richtige Deutsche ihr Leben und das unseres

Volkes zu gestalten.« Das scheint selbst manchen Männern recht altbacken. So beschwerte sich ein »Olaf« auf dem Neonazi-Portal »Altermedia«: »Oh jeh, nichts gegen die Edda Schmidt persönlich, aber mit dem Frauenbild, das sie verkörpert, bleibt der RNF ein Häkelverband. Wieso hat man nicht eine Manuela Kokott zur Vorsitzenden gemacht?«

Der RNF feiert den Bundeskongress in Halberstadt als Erfolg. Anwesende Sympathisantinnen sollen sogleich in den RNF eingetreten sein. RNF-Strukturen bestehen außer in Baden-Württemberg in Sachsen, Rheinland-Pfalz, Berlin, Sachsen-Anhalt, Niedersachsen und Brandenburg sowie ansatzweise in Hessen, Bayern, Mecklenburg-Vorpommern, Schleswig-Holstein und Nordrhein-Westfalen. Meist fallen Regionalgruppen durch Aktionen zu sozialpolitischen Themen in der Öffentlichkeit auf.

Neben »Volksrente statt Altersarmut« bewegt den RNF besonders die Forderung nach einem »Müttergehalt« und die Absage an Gender Mainstreaming. Zu beiden Themenfeldern hat der RNF Flyer und Aufkleber herausgebracht. Ihre Aktionen für ein »Müttergehalt« haben die RNF-Frauen als Kampagne angelegt. In dem Flyer »Mütter verdienen ein Gehalt« äußern sie grundsätzliche Kritik am Kinderbetreuungssystem ebenso wie an der sich differenzierenden Rollenverteilung von Vätern und Müttern. »Jene, die sich voll und ganz für ihre Kinder engagieren, werden in Deutschland benachteiligt und genießen kein Ansehen. Alleinerziehende Mütter sind zudem quasi automatisch arm.« Mit seinen Ausführungen folgt der RNF ganz der Familien- und Frauenpolitik der NPD und übernimmt deren Forderung nach einem »sozialversicherungspflichtigen monatlichen Müttergehalt von 1000 Euro für deutsche Mütter«. Dem RNF wie der NPD geht es aber nicht bloß um das Mutterglück deutscher Mütter. »Letztlich ist es eine Frage des Überlebens für uns Deutsche.« Edda Schmidts Mahnung an die Frauen des RNF, für den »Fortbestand unseres Volkes« zu sorgen, wird verallgemeinert. Die freie Entscheidung der Frau und der Familie für oder gegen ein Kind wird so zu einer politischen Entscheidung. Abtreibung durch eine »deutsche Mutter« kann als Volksverrat gebrandmarkt werden.

In dem Flyer »Gender Mainstreaming – Ungleiches gleich zu behandeln ist ungerecht« prangert der RNF jegliche Form des Feminismus an. Der RNF, der selbst betont »antifeministische

Antworten« geben zu wollen, lehnt Gender Mainstreaming vehement ab. »Bei dem Thema wird Frau Schüßler im Landtag immer recht energisch«, sagt Kerstin Köditz von der Landtagsfraktion Die Linke in Sachsen. Schüßlers Konterfei ziert auch den Flyer, in dem hervorgehoben wird: »Die verschiedenen Pflichten ergeben sich aus den unterschiedlichen angeborenen Fähigkeiten, die ihren biologischen Sinn haben.« Gänzlich unsinnig und widernatürlich erscheint also dem RNF die Intention des Gender Mainstreaming, die Gleichstellung der Geschlechter auf allen gesellschaftlichen Ebenen anzustreben. Den Begriff diskutierte erstmals die 3. UN-Weltfrauenkonferenz 1985. Im Amsterdamer Vertrag, 1997 beschlossen und 1999 unterzeichnet, wurde die Gleichstellungspolitik für die Europäische Union als offizielles Ziel festgeschrieben. Ein Erfolg des Feminismus, so der RNF, denn »dahinter steckt die feministische These, es gäbe kein ›typisch männlich‹ und ›typisch weiblich‹, sondern nur durch Umwelt und Erziehung begründete Verhaltensunterschiede zwischen den Geschlechtern«. Dass das »Soziale« stärker sein könnte als das »Biologische«, mögen sie nicht glauben. Heidrun Walde muss gar nicht direkt auf Gender Mainstreaming angesprochen werden, sie sagt von sich aus gleich: »Außerdem erkennen wir die natürlichen Unterschiede zwischen Mann und Frau an und wehren uns gegen das Gender-Prinzip der Gleichmacherei.« Im Flyer wird davor gewarnt, dass »diverse Interessengruppen sexueller Minderheiten« Gender Mainstreaming dazu »missbrauchen«, um »traditionelle Familienstrukturen zu unterwandern, eine Frühsexualisierung unserer Kinder zu forcieren und herkömmliches Rollenverhalten zu diskriminieren«. Kurz: »Gender Mainstreaming ist also ein gigantisches Umerziehungsprojekt«; die schon »zu beobachtenden Folgen sind die Aufwertung von Homosexualität und die Abwertung von Familie und Mutterschaft«.

In einem Interview mit dem extrem rechten »Netzradio Germania« erklärte Ricarda Riefling offen, dass sie Homosexualität als »widernatürlich« betrachte und Toleranz ihr gegenüber gänzlich unpassend finde: »Es gibt auch Länder wie Amerika, da steht das unter Strafe. Da hätten sie den jetzt [gemeint war Berlins Bürgermeister Klaus Wowereit, SPD] an die Wand gestellt«, sagte sie am 4. Juli 2010 im Gespräch mit dem Szeneprojekt. Für die junge RNF-Pressesprecherin und stellvertretende Bundesvorsitzende ist »eine Schwulenehe« unnatürlich, und so spricht sie sich auch gegen Adoptionen durch Homosexuelle aus. Die Wiedereinführung eines »Schwulenparagrafens« fände sie angebracht, der sexuelle Handlungen unter Männern als Straftat wertet.

Die Aussagen zu Gender Mainstreaming sind deutlich: Für den RNF ist der Gedanke der Gleichstellung ein Angriff aufs Volk: »Unser Volk sollte nicht aussterben, weil verantwortungslose Gender-Strategen die Geschlechter abschaffen wollen.« Solche Worte erstaunen Rena Kenzo nicht. »Emanzipation und Feminismus sind für die NPD und den RNF ›Totalangriffe‹ auf ihre Grundlagen für das Leben in der ›Volksgemeinschaft‹«, konstatiert die Journalistin und Autorin vom Forschungsnetzwerk Frauen und Rechtsextremismus und erinnert an das Papier »Gleiche Rechte, verschiedene Pflichten« von Gitta Schüßler. In diesem Papier aus dem Jahr 2007 hatte die NPD-Landtagsabgeordnete geschrieben: »Für uns national denkende rechte Frauen steht Volk und Heimat an erster Stelle. Und zwar das deutsche Volk und das deutsche Vaterland. [...] Was ihm schadet, lehnen wir ab. Feminismus schadet, Gender auch. [...] Feminismus in seiner radikalen Form ist kinderfeindlich und damit schädlich für unser Volk. [...] Man könnte auch sagen, der Feminismus negiert grundlegende Naturgesetze, diesen Fehler [...] sollten wir nicht machen. Im Interesse unsere eigenen Art.« Hier ist die ehemalige RNF-Vorsitzende Schüßler ganz eins mit der amtierenden RNF-Chefin Schmidt: »Wir wollen weder Emanzen noch ›Quotenfrauen‹ sein, sondern den naturgegebenen Unterschied zwischen Mann und Frau auch in unserem Tun verwirklichen.«

In Halberstadt auf dem Bundeskongress beschloss der RNF laut Tagesordnung keine neue politische Ausrichtung. Auf dem Kongress in dem Szenetreff zeichneten sie allerdings erstmals die »Frau des Jahres« aus. Ihre Wahl fiel »einstimmig« auf Ursula Müller. Sie leitet seit 1991 die *Hilfsorganisation für nationale politische Gefangene und deren Angehörige e.V.* (HNG), die sich um inhaftierte Kameraden kümmert.

Im September 2010 führte das Bundesinnenministerium bei Funktionären und Anhängern der HNG in neun Bundesländern Durchsuchungen durch. Ein Jahr später verbietet das Bundesinnenministerium die HNG wegen der eindeutigen »Ablehnung des demokratischen Rechtsstaates und der Verherrlichung des Nationalsozialismus«.

Gut drei Monate nach dem Kongress tauchte ein alter Vorwurf gegen die NPD Mecklenburg-Vorpommerns erneut auf: Der Landesverband sei eine »Männersekte«. Am 20. November 2010 hatte der Landesparteitag die NPD-Landesliste zur Wahl in Mecklenburg-Vorpommern 2011 beschlossen. Doris Zutt, wohl nicht anwesend, beschwerte sich kurze Zeit später. »Mir wurde versprochen, dass ich einen vorderen Listenplatz erhalte. Dieses Wort wurde jedoch gebrochen«, erklärte die gebürtige Hanauerin, Jahrgang 1955, auf »Altermedia«. Ihre Beschwerde hatte einiges Gewicht, denn Zutt, die der NPD seit 1982 angehört, ist nicht irgendwer in der Partei. Vor zweieinhalb Jahren zog sie mit ihrem Mann Alfred von Ehringshausen im Lahn-Dill-Kreis ins mecklenburgische Waren. Ihr Sohn betrieb dort einen Laden für die Szene. Ganz wie die Eltern, die in der hessischen Gemeinde einen der ersten Szeneläden, »Zutts Patriotentreff«, eröffnet hatten. Doch nicht bloß um der Familie willen waren sie umgezogen: Im Westen seien die Leute durch die »alliierte Reeducation« eingeschüchtert, sagte Doris Zutt. Und Alfred Zutt meinte über den neuen Wohnort: »Da seh ich keine Türken.« An der politischen Gesinnung der Zutts dürfte die Nichtaufstellung also kaum gelegen haben. Auch nicht an mangelnder kommunalpolitischer Erfahrung: In ihrer früheren hessischen Gemeinde holten Zutts einst gar 22,9 Prozent, in ihrem neuen Wohnort sitzt Doris Zutt wieder im Kreistag. Hier wettert sie nach wie vor über die »Misere«, die vor allem die »einfachen Leute« durch Streichungen im »sportlichen und sozialen Bereich« treffe, und fordert, den »Schuldkult« nicht weiter zu finanzieren. Alles ganz auf der Parteilinie der NPD, die versucht, soziale Themen mit ihren politischen Positionen zu verweben. Für »feministische Anfälle« ist Zutt auch nicht bekannt. Die gelernte Altenpflegerin erklärte schon vor Jahren: »Wir haben unsere Männer, die an vorderster Stelle das Recht auf Arbeit haben. Wenn ich auf die Frauenpolitik gehe, dann sage ich, die Männer gehen arbeiten, die Frauen bleiben zu Hause. Wir bekommen die Kinder. Wir müssen die Zukunft sichern.«

Auf »Altermedia« verlor Zutt nach der ersten Kritik nicht viele weitere Worte. Eine wie sie will nicht durch zu große öffentliche Beschwerden der Partei schaden. Ihre Sätze wirkten aber. Der auf dem Landesparteitag wiedergewählte Landesvorsitzende Stefan Köster musste sich verhalten. Auf der NPD-Landeswebsite antwortete er in einem Interview auf die Frage: »Wo sind eure

Frauen?«, dass diese Frage »typisch BRD« sei, wo »Personen nicht an ihrer Persönlichkeit gemessen werden, sondern an ihrem Geschlecht«. Köster versicherte: »Wir haben in Mecklenburg-Vorpommern viele vorzeigbare Frauen«, und sie hätten auch mit vielen Frauen über eine Kandidatur gesprochen. Die meisten Frauen in ihrem Verband hätten aber Kinder, und für die stünden »die Kinder noch im Vordergrund und nicht die Politik in Parlamenten«. Damit war Zutts Frage, warum sie nicht aufgestellt wurde, von Köster nicht beantwortet worden. Ihm dürfte klar sein, dass der erwachsene Zutt-Sohn längst aus dem Haus ist. Im Interview wurde aber nicht nachgefasst.

Dennoch schien der NPD-Landesführung deutlich geworden zu seien, dass sie mit ihrer Entscheidung eventuell nicht nur weibliche Wähler aus der Szene verprellt haben könnte. Eine Frau sollte nun retten, was zu retten war: Marianne Pastörs. Dass ihr Verzicht auf ein Kreistagsmandat für Ludwigslust Gitta Schüßler zu einer Solidaritätsbekundung für sie veranlasst hatte, schien vergessen. Auf der Landeswebsite erklärte die Frau des Fraktionschefs und Spitzenkandidaten Udo Pastörs in einem Interview wie zuvor schon Stefan Köster: »Tatsache ist, dass die weitaus größere Mitgliederzahl der NPD im Lande von Männern gestellt wird und die weiblichen Mitglieder meist ihre Aufgabe zunächst hauptsächlich in der Betreuung und Erziehung ihrer Kinder sehen.« Die NPD-Stadtvertreterin in Lübtheen, selbst Mutter einer Tochter, betonte: »Dies unterscheidet die familienpolitische Grundausrichtung der meisten Frauen in der NPD wohltuend von der nicht selten widernatürlichen Sichtweise der sogenannten etablierten Parteien.« Obwohl sich Marianne Pastörs lange um den Aufbau des *Rings Nationaler Frauen* bemühte, störte sie die Tatsache, dass im neu gewählten Landesvorstand nur Herren vertreten sind, anscheinend wenig. Im Interview äußerte sie sich dazu aus eigenem Antrieb nicht. Stattdessen begegnete sie der Frage nach der Präsenz der Frauen mit dem Hinweis, dass eine »Quote« immer eine Art »Zwang« sei, und dagegen sträube sich in ihrem »Innersten instinktiv etwas«. Unterstützende Worte für Doris Zutt fand Marianne Pastörs nicht. Eine Reaktion des RNF blieb aus. In der Öffentlichkeit möchte die Frauengruppe den Herren der Partei nicht widersprechen.

»Front der Frauen« –
die *Gemeinschaft Deutscher Frauen* (GDF)

Ricarda Riefling: junge Multifunktionärin der Szene –
Ideologische Ziele der *Gemeinschaft Deutscher Frauen* –
Skingirlfront Deutschland und *Skingirl Freundeskreis Deutschland* – Die GDF in Berlin und Brandenburg – Frauen mit
Doppelleben – Soldatische Kindererziehung und national-
sozialistische Ideologie bei der *Heimattreuen Deutschen Jugend* –
Schaffung einer »Nationalen Gegenkultur« – Ein Ausflug
der NPD-Oberweser

»Ulrike Meinhof ist eine Frau, die ich bewundernswert finde«,
schwärmt Ricarda Riefling. Ihr Gegenüber ist sprachlos. Ausgerechnet mit der Mitbegründerin der »Rote Armee Fraktion« als
Vorbild seiner jungen Interviewpartnerin scheint der behäbig wirkende Moderator vom neonazistischen »Netzradio Germania«
nicht gerechnet zu haben. Als Christian von der Heide* sich Anfang August 2010 mit der Chefin des NPD-Unterbezirkes Oberweser eine der rührigsten jungen Funktionärinnen der extrem
rechten Szene in Norddeutschland ins Studio einlud, kannte er
zuvor nur vertraute Kameraden als Gesprächspartner für seine
knapp zweistündige Interetshow. Bereits beim Frage-und-Ant-
wort-Spiel zur Auflockerung am Beginn der Sendung fand er keinen richtigen Zugang zur langjährigen Aktivistin und Ehefrau
eines vorbestraften Kameradschaftsanführers aus der Nähe von
Hildesheim. Die vierfache Mutter entspricht keinem Klischee. Sie
entgleist ihm, bringt den rechten Hobby-Radiomann ins Stot-
tern. Riefling offenbart neben einem reaktionären Weltbild und
rassistischen Ansichten immer wieder auch Tendenzen, die den
Moderator irritieren. Nur widerwillig lässt sich die Blondine mit
dem arglosen Mädchengesicht in die Schubladen seiner starren
völkischen Philosophie pressen. »Ulrike Meinhof, oha, oha!«,
rutscht es von der Heide dann endlich laut heraus. Aufstöhnend
beim Gedanken an die zuhörenden, sehr wahrscheinlich empörten Kameraden. Als Ricarda Riefling nachlegt, sich vorsichtig
von den Gewalttaten und politischen Ansichten Meinhofs distanziert, jedoch deren Auftreten als »Überzeugungstäterin« positiv
hervorhebt, hat von der Heide die Waffen bereits gestreckt.

Der Moderator von »Netzradio Germania« scheint – stellvertretend für die Szene – inhaltliche Auseinandersetzungen mit Frauen wenig gewöhnt. Auch scheint ihn die radikale Power der Kameradin zu verstören. Schnell wendet er das Interview in harmlosere Bahnen, fragt vertraulich: »Möchtest du jemanden grüßen, Ricarda?« Als die Neonazistin sofort euphorisch »den Nationalen Widerstand« und »die Jungs von der NPD in Hildesheim« aufzählt, punktet der ältere Rechte hämisch: »Und deine Familie?« »Ja, meine Familie auch.« Nicht zuletzt dieses stundenlange holprige Miteinander beim Internetradio offenbart, wie schwer sich die männliche Neonazi-Szene im Umgang mit politisch denkenden Kameradinnen tut. Emanzipation, feministische Ansichten oder gar machtorientiertes weibliches Streben stoßen auf wenig Gegenliebe. Ricarda Riefling repräsentiert nicht unbedingt das Gros aktiver Neonazistinnen. Doch sie ist eine ihrer Wortführerinnen, ein Vorbild, und verkörpert das erstarkende weibliche Selbstbewusstsein innerhalb der sogenannten NS-Bewegung. Dabei sind sie und ihre Mitstreiterinnen nicht weniger extrem als die Männer. Auf die Moderatorenfrage »Du bist jetzt alleiniger Herrscher in Deutschland, du hast drei Wünsche frei, was würdest du sofort verändern?« antwortet Riefling wie aus der Pistole geschossen: »Rückführung der Ausländer, Mutterschaft fördern« und »Wege ebnen« für eine homogene »Volksgemeinschaft«.

Als Chefin eines Unterbezirkes der NPD einstimmig wiedergewählt worden zu sein scheint den Männern für ein mehrstündiges Sologespräch über nationale Politik kaum eine ausreichende Qualifikation. Wohl um ihre Einladung zu rechtfertigen, erwähnt der »Germania«-Moderator mehrmals beiläufig, seine 1983 in Peine geborene Gesprächspartnerin habe ihr Abitur tatsächlich mit der Abschlussnote 1,5 bestanden. Es klingt, als wolle er sagen: Die ist jung, aber nicht dumm, mit der können wir reden. Tatsächlich will sich Ricarda Riefling nicht mit ihrer Ausbildung zur Sozialassistentin für Haus- und Familienpflege zufriedengeben. Irgendwann möchte sie studieren, doch die Pläne müssen warten. Zurzeit ist sie »mit Leib und Seele Mutter und Hausfrau«.

Frauen in der NPD seien heute nichts Besonderes mehr, sagt Riefling. Der Zulauf zur nationalen Bewegung werde allgemein größer: »Es kommen immer mehr, was auch absolut zu begrüßen

Ricarda und Dieter Riefling, Organisatoren des neonazistischen »Tages der deutschen Zukunft«, beim Aufmarsch in Peine im Juni 2011.

ist.« Doch ein Aufstieg im braunen Milieu verläuft nicht immer so steil wie im Fall der jungen Niedersächsin. Aufstrebende Newcomerinnen müssen sich ihre Stellung meist hart erkämpfen. Immer scheinen sie auf das Wohlwollen ihres männlichen Umfeldes angewiesen zu sein, benötigen Schutz von oben vor Anfeindungen von unten. Auch gegen weibliche Ressentiments müssen sie sich wappnen, sich die Kameradinnen zu Verbündeten machen. Kein Wunder, dass die Ehrgeizigsten von ihnen – auch zum eigenen Schutz – die NPD-Unterorganisation *Ring Nationaler Frauen* (RNF) aufbauen. Die bundesweit aktive Frauengruppe wurde im Herbst 2006 initiiert, um die kommunalpolitische Verankerung voranzutreiben. Ricarda Riefling gehört dazu.

Während der RNF immer wieder die Öffentlichkeit sucht, sich nach außen demokratisch geriert und kleinere öffentliche Statements zu nationaler Frauenpolitik abgeben darf, stellt eine andere Gruppierung die radikale »Front der Frauen« im Hintergrund. Die *Gemeinschaft Deutscher Frauen* (GDF) ist die älteste Organisation ihrer Art. Ihre Anhängerinnen zählen zum Inner Circle der elitären neonazistischen »Volksgemeinschaft«, einer angestrebten homogenen Gesellschaftsform, die an das »Dritte Reich« angelehnt ist. Deren Ehemänner oder Partner gehörten zu militanten und verbotenen Gruppen wie der *Freiheitlichen Deutschen Arbeiterpartei* (FAP) oder wurden 1994 sogar einem »bewaffneten Haufen« im Berliner Stadtteil Wedding zugerechnet.

Drei Attribute kennzeichnen die Handlungsweise der GDF: konspirativ, rassistisch und radikal. Journalisten werden als »Systemvertreter« und politische Feinde verortet. Dank zugespielter interner Schulungsmaterialien und brisanter Insider-Infos kann dennoch ein Einblick in die verschworene Gemeinschaft dieser »150-prozentigen« Frauen gewährt werden. Anders als der *Ring Nationaler Frauen* will die GDF kein Sprachrohr nach außen sein, sondern die »Frauenkameradschaft« nach innen stärken und so zur Stabilisierung der ersehnten nationalsozialistischen Bewegung beitragen. Die GDF hat große Ziele. Sie möchte die Frauen für den Kampf wappnen, ihnen das nötige »Rüstzeug geben«, wie es im Sonderheft »Frauentum« heißt, um damit die »Kampfkraft« der gesamten Bewegung zu stärken. Die Organisation will mit der Propagierung eines »natürlichen Frauenbildes« und den Vorstellungen von der »Volksmutter« langfristig auch nach außen wirken, auf die »zweiten 50 % des Volkes«.

Die Frauen der GDF wähnen sich in einer »schlechten Zeit«. Mantragleich beklagen sie die Zerstörung des klassischen deutschen Familienbildes oder die »recht vermischte Blutsuppe« einer multikulturellen Gesellschaft und beschwören die Gefahren durch den demografischen Wandel, der wie ein »Damoklesschwert über unserer Zukunft« hänge. Die Zeitschrift »Unsere Zukunft« dient als Periodikum der bundesweiten Anhängerschar. So erfahren die Berlinerinnen und Brandenburgerinnen, dass ihre niedersächsische Kameradin Ricarda Riefling im Juni zu einem »Spargelessen gegen Überfremdung« geladen hat oder die sächsischen Frauen dem Vortrag des »Zeitzeugen« Reinhold Leidenfrost, einem unbelehrbaren Altnazi, wehmütig gelauscht haben. In Artikeln huldigen sie der äußerst konservativen ehemaligen NDR-Moderatorin Eva Herman als »Prophetin einer neuen Zeit« und bedauern, dass die gestylte Blondine »nicht den Mut« finde, um »sich vollständig von den Fesseln des Mainstreams zu lösen«. Ansonsten würde sie ihr Weg, so die einhellige GDF-Meinung, »einzig und allein zu uns führen«.

In ihrem Bekenntnis zum »Frauentum« sind sich jüngere Neonazistinnen wie Ricarda Riefling und Ältere wie Edda Schmidt aus dem baden-württembergischen Bisingen einig. Sie sehen sich als die Hüterinnen »der nordischen Seele«. Auf der Homepage der GDF heißt es: »Obwohl der Mann im heutigen nationalen Widerstand überproportional bei der Fahne steht«, sei den »weiblichen Landsleuten« beim Wiederaufbau für Volk und Heimat ebenso viel Wert beizumessen. So sei der Mann »Wegbereiter«, während die Frau »Hüterin, Walterin des nie versiegenden Bornes deutschen Volksgutes« sei. Die GDF-Frauen schwärmen von den »Arteigenheiten« der Geschlechter und propagieren im Sinne eines nationalistischen Volksstaates die »Überwindung von Klassen«.

In der Praxis tritt die elitäre GDF, die sich selbst als »größte Frauenorganisation im nationalen Lager« bezeichnet, als »Kampfgemeinschaft« auf. Anfang Oktober 2010 feierte die wohl nicht einmal 100 Mitglieder zählende Vereinigung ihr zehnjähriges Bestehen heimlich in einem Saal in der Region Berlin-Brandenburg. In Festreden beklagten sie die vielen »Turbulenzen, Verleumdungen und Angriffe« und bedankten sich brav bei ihren Partnern für die Zeit, die sie uns »für unsere Frauenarbeit zugestehen«. »Wir wissen, unsere Gemeinschaft ist einzigartig im nationalen Lager«, hieß es in der Begrüßungsrede zum Jubiläum. Selbstkritisch wurde eingeräumt, dass durch »geradlinige Haltung und Wertvorstellungen« viele Frauen verlorengegangen seien. Sie wüssten vom »Vorwurf der Engstirnigkeit« in den eigenen politischen Kreisen und kritisierten die Abtrünnigen, die sich »einfach nicht fügen konnten«. »Radikale Schnitte« und anstrengende interne Auseinandersetzungen hätten zum Ausscheiden ganzer Regionen sowie Abspaltungen geführt. Viele nationale Frauen hätten dennoch an anderer Stelle, in anderen Gruppen weitergewirkt oder eigene Zirkel nach GDF-Vorbild gegründet. Somit seien sie »nicht wirklich verloren«.

An ihrer Intention hält die GDF so auch fest: Sie will eine große »Frauenkameradschaft« zur »Stärkung unserer nationalen Bewegung durch charakterfeste, selbstbewusste und gebildete Frauen« werden. Das Bundesamt für Verfassungsschutz geht von knapp 30 000 gefestigten Rechtsextremisten in der Bundesrepublik aus, Männern und Frauen. Das ist das ideologische Spektrum, das die GDF im Visier hat. Die Organisation präsentiert sich mit Infoständen und kleinen Fotoausstellungen. Sie nutzt dazu Veranstaltungen und Quartiere von »Freien Kräften« oder auch mal ein Haus wie das von der extrem rechten »pflichtschlagenden« Burschenschaft *Danubia* in München. Die Internetpräsenz der Frauen ist gut verlinkt im gesamten bundesweiten Neonazi-Spektrum. Die Homepage wird ständig aktualisiert. Beschwörend heißt es dort: »Germanische Frau und Mutter, bekenne dich zum Erhalt und Fortbestand der eigenen Art! [...] Denn nur Gleiches zu Gleichem bringt Mehrung und Ungleiches zu Ungleichem Zerstörung!«

Es geht dabei nicht nur um die »richtige« Partnerwahl, sondern auch um das Bekenntnis zum Vollzeitjob als deutsche Mutter. So heißt es in der theoretischen Grundsatzschrift der GDF: »Unter Umständen ist mit der richtigen Erziehung von drei bis fünf Kindern politisch mehr erreicht«, als wenn Frauen in einer Organisation tätig würden. Verweigert sich eine deutsche Frau jedoch den »eigenen, naturgegebenen Pflichten« als Mutter, »dann macht sie sich im schwersten Maße mitschuldig am Untergang des eigenen Volkes«.

Es dauerte einige Zeit, bis die Aufsteigerin Ricarda Riefling in den handverlesenen Reihen der GDF zur Regionalleiterin für das südliche Niedersachsen avancieren konnte, jetzt ist sie auch noch für die Kameradinnen in Nordrhein-Westfalen zuständig. Die Bundesführung der Frauenorganisation wird geheimgehalten. Maßgeblich beteiligt zu sein scheint Bettina Rauch, genannt Bino, aus Bayern. Sie ist im NPD-Kreisverband Dillingen und in der GDF sehr aktiv. Rauch ist anders als die Mehrheit innerhalb ihrer Gruppierung bisher nicht verheiratet und »noch« kinderlos. Die GDF sei »ein fester Teil« ihres Lebens geworden, schreibt sie ihren Gefährtinnen. Sie lobt die »Gruppendynamik« untereinander und scheint für die Koordinierung von Arbeitsgruppen zuständig.

Aufgeteilt in regionale Sektionen, liegen die Schwerpunktgebiete der rechten Frauengemeinschaft im Raum Berlin-Brandenburg, Schleswig-Holstein, Bayern und Niedersachsen. Die GDF will »weder Unterhaltungsverein noch Kaffeeklatsch-Runde« sein, ihre Mitglieder sind überzeugte Nationalistinnen. Von denen wird Disziplin und Respekt erwartet, denn »wir investieren viel Zeit, Arbeit und Geld in die Gemeinschaft«. Ihre Anhängerinnen werden nicht nur zur politischen Betätigung in den eigenen Reihen ermuntert, sondern auch dazu, »ihrer Bestimmung zu folgen und Mutter zu werden«.

Ein Großteil dieser weiblichen Kadertruppe ist mit Anführern aus dem Spektrum der »Freien Kameradschaften« liiert, eher wenige haben einen direkten Draht zur NPD. Einer Parteiarbeit stehen manche von ihnen kritisch gegenüber. »Heiliges Ziel« ist Deutschland. Auch die Kameradschaft unter den »Mutterfrauen«, wie sie sich nennen, soll gefördert werden. »Hast Du erst begriffen, dass freiwillige Unterordnung und Dienst Deiner Gemeinschaft, Deinem Volk, also auch Dir und Deinen Kindern dient, dann wirst Du zur Tat schreiten, ohne zu murren und zu fragen!«, heißt es auf der Homepage der Organisation, und weiter: »Liebe GDF-Frauen. Ihr wollt dienen und damit unserem geliebten deutschen Volk (ob es noch schläft oder nicht) helfen.«

Ihren Ursprung hat die *Gemeinschaft Deutscher Frauen* in einer Gruppe, die sich vor 20 Jahren unter dem Namen *Skingirlfront Deutschland* etablierte. Diese galt als erste von den Männern unabhängige Frauenorganisation innerhalb der extremen Rechten nach 1945. An Silvester 1990 trafen sich einige junge Szene-Frauen in Berlin, unter ihnen Silvia Berisha, heute verheiratete Kirschner. Sie nannte sich damals »Stevie«, stammte aus Lüneburg. Im nationalen Spektrum hatte sie sich bereits einen Namen gemacht. Mit ihren Fanzines »Irmgard« und »Mitgard« versuchte sie andere junge Frauen zu politisieren. Nach Recherchen des Düsseldorfer Wissenschaftlers Christian Dornbusch beteiligten sich zwischen 50 und 70 Frauen an den Treffen der *Skingirlfront*. Bundesdeutsche Skingirls aus der rechten Szene bezeichnen sich mitunter auch als Renees. Der Begriff scheint allerdings szeneintern umstritten, da er vor allem auch in Großbritannien abfällig mit »Schlampe« gleichgesetzt wird. Erkennungszeichen der Skingirls ist die als Feather-Cut (Federschnitt) bezeichnete Frisur: ein glatt rasierter Hinterkopf umrahmt von einem Kranz aus dünnen, oft gefärbten Haarsträhnen. Viele der nationalen Mädelglatzen standen wie Kirschner der NPD nahe. »Stevie« gab 1994 im Interview mit dem Fanzine »Hass Attacke« die Richtung vor: »Wir wollen auch Frauen sein und keine Kerle mit Rock. Allerdings machen wir uns auch mehr Gedanken als nur darüber, ob Lippenstift nicht verschmiert ist.« Vordergründig sollten die »Tugenden der deutschen Frau« in die martialische Szene getragen werden, hintergründig wurde auch der männlichen Meinung entgegengewirkt, Renees seien bloße Objekte für Skinheads.

Damals fanden sich in den speziellen Fanzines Artikel über rechte Konzerte und Interviews mit Szenebands, aber auch Texte zum Weltbild des Nationalsozialismus. Von einer »frauenbewegten Zielsetzung« konnte nach Expertenmeinung damals nicht die Rede sein, vielmehr unterschieden die Frauen zwischen »guten« und »schlechten« Renees, die nichts anderes im Kopf hätten, als ihre »Kameraden zu verführen«. »Stevie« und ihre Mitstreiterinnen vernetzten sich mit politisch ambitionierten nationalistischen Skingirls bundesweit. In dem Interview mit »Hass Attacke« erklärte sie, dass die *Skingirlfront* für Kameradschaft stehe und sich von »Schlampen und Schlägerinnen« distanziere. Manche von ihnen blieben der politischen Sache bis heute treu. Nur die Rollen wechselten: von der Provokateurin aus dem subkulturellen rechten Skinhead-Milieu hin zur volkstreuen Mutter inmitten einer bürgerlichen Gesellschaft. Die Mitbegründerin der Nachfolgeorganisation *Skingirl Freundeskreis Deutschland* Silvia Berisha sollte später, als achtfache Mutter, mit Wohnsitz auf einem heruntergekommenen Bauernhof im tiefsten Thüringen, wo sie mit Pferden pflügt und ihren täglichen Wasserbedarf aus dem Brunnen schöpft, zu einer Verfechterin völkischer Blut-und-Boden-Ideologie werden.

Vordergründig gaben sich neonazistische Skinheads und deren Freundinnen – sei es bei Rechtsrock-Konzerten, in Alltagscliquen, bei Aufmärschen oder vor Gericht – aggressiv gegenüber ihrer Umwelt. Mit der Einrichtung von »National befreiten Zonen« vor Bahnhöfen oder in Innenstädten wollten sie ihre Macht aufzeigen und einschüchtern. Skingirls machten gern mit. Oft zettelten sie Streitereien an. Doch immer galt das Milieu auch als äußerst gewaltbereit nach innen, insbesondere gegenüber jungen Frauen. In den 1990er Jahren war es geprägt von Alkohol, Brutalität und sexistischen Übergriffen. Fachleute wie der Braunschweiger Präventionsexperte Reinhard Koch von der Arbeitsstelle Rechtsextremismus und Gewalt sprechen vom »Mythos Kameradschaft«. Solidarität untereinander schien kaum vorhanden.

Aussteigerin Lisa war Ende der 1990er Jahre in der rechten Skinhead-Szene in Thüringen aktiv. Anders als andere junge Mädchen war sie politisch interessiert. Es nervte sie, dass es den meisten Skins aus ihrer Clique nur ums Feiern ging: »Frauen wurden dort nur weitergereicht. Von Kerl zu Kerl.« Während sie sich dann der NPD annäherte, wurden die Freundinnen der Kameraden immer jünger. »Das war damals eigentlich ein einziger Swingerclub«, erinnert sie sich heute widerwillig. Sie berichtet von den zahllosen Schlägereien, an denen auch die Mädchen sich beteiligten. »Manchmal waren die fast aggressiver als die Männer«, sagt die Frau, die heute ein anderes Leben führt. Die Skingirls seien zwischen 15 und 20 Jahre alt gewesen und hätten sich vor allem »wegen der Kerle« geschlagen. Eine von ihnen, Isabell, habe damals mitgemacht, als ein Flüchtlingsheim angezündet wurde. »Sie wollte sich hervortun«, urteilt Lisa, »und bezahlte mit Knast.«

Nationalsozialistische Ideologie schwang auch im subkulturellen Kameradschaftsmilieu immer mit. Das war nicht ungewöhnlich, stammten doch viele der jungen rechten Aktivistinnen ohnehin aus »Sippen« genannten rechten Familienverbänden. Wie bereits Großmütter oder Mütter dem »Dritten Reich« nachhingen, vertraten auch sie das Geschlechterverständnis der nationalsozialistischen Ideologie. Die Töchter wollten nicht emanzipiert sein, sondern sahen sich höchstens als politisch denkende Partnerinnen an der Seite der Männer.

1995 gab sich die *Skingirlfront* den weniger aggressiv klingenden Namen *Skingirl Freundeskreis Deutschland* (SFD). Als Freundeskreis wollten sie sich auch verstanden wissen. Man gab sich einen familiäreren Touch. Die Organisation wurde Teil eines internationalen Netzwerks rechter Skingirls. Verbindungen bestanden zum *Women for Aryan Unity* (WAU) sowie einer Schwestergruppe der Ku-Klux-Klan-Abteilung *Aryan Resistance Movement* in den USA und Kanada. In den 1990er Jahren existierte eine Sektion der äußerst militant ausgerichteten WAU in der Bundesrepublik. Vom nordrhein-westfälischen Recklinghausen aus wurde das Fanzine »Volkstreue« vertrieben. »We must secure the existence of our people and a future for White children« – nach dieser unter dem Schlagwort »14 words« weltweit bekannten rassistischen Prämisse agieren diese »Arier« noch heute. Ableger soll es aktuell noch mit Schwerpunkten in der Ukraine und in Kalifornien geben. In ihrem alljährlich herausgegebenen Kalender huldigt die WAU braunen Ikonen. Im Kalender von 2010 werden Porträts verstorbener Hitler-Anhängerinnen wie Florentine Rost van Tonningen, genannt »die schwarze Witwe«, aus den Niederlanden oder hingerichtete NS-Verbrecherinnen wie die Auschwitz-Aufseherin Irma Grese präsentiert. Magda Goebbels, besessene Ehefrau des Reichspropagandaministers, die ihre sechs Kinder wenige Stunden vor dem Ende des »Dritten Reiches« im »Führerbunker« in Berlin vergiftete, zählt dabei ebenso zu den Vorbildern junger Neonazistinnen wie Eva Braun, die sportliche Gattin von Adolf Hitler.

Viele aus dem *Freundeskreis* der Skingirls blieben zwar nicht den Freunden, doch dem braunen Milieu verhaftet. Das Erscheinungsbild der Frauen wandelte sich. Vom Bürgerschreck zur Bürgerlichen. Die meisten Skingirls heirateten, gründeten Familien. Allzu auffällige Tattoos verschwanden unter biederen Kleidern. Wurden ersetzt durch symbolischen Silberschmuck mit keltischen Motiven, Thorshammer oder Lebensrune. Bei Frauen besonders beliebt ist die »Schwarze Sonne«, ein Symbol aus der Ordensburg der SS, auch als zwölfarmiges Hakenkreuz bekannt. An den Autos mancher Neonazistin prangt heute dezent ein Adler-Fisch-Aufkleber. Eigentlich war es das Zeichen der heidnisch-rassistischen *Artgemeinschaft – Germanische Glaubensgemeinschaft,* einer bundesweit aktiven ariogermanischen Sekte des 2009 verstorbenen NPD-Chefs Jürgen Rieger aus Hamburg, der viele Frauen angehören. Der germanisch anmutende Adler trägt den Fisch, das Symbol des Christentums, in seinen Klauen. Die Gesinnung der Kameradinnen zeigt sich heute bei genauerem Hinschauen auch durch T-Shirts oder Haarschmuck in Schwarz-Weiß-Rot. Die Farben sind Bekenntnis zum Deutschen Reich, Absage an die demokratische Republik.

Für die Homepage des SFD übernahm Stella Palau aus Berlin die Verantwortung. Palau heißt heute Hähnel. Seit jeher ehrgeizig, mischte sie als junge Frau, ebenso wie Silvia Berisha, früh an den politischen Schaltstellen mit. Schnell fiel den anderen Mädchen auf, dass die Berlinerin Palau mehr wollte, denn die Kameradin besuchte nebenher eifrig Rhetorikkurse an der Volkshochschule, um ihren Auftritt zu verbessern. Allmählich vollzog sich damals, so die GDF-Frauen im Rückblick, ein »Wandel von ›konzertgeilen‹ Renees zu kulturliebenden Frauen«. Der Höhepunkt neonazistischer Skinhead-Kultur war vorüber. Als es schließlich zur Selbstauflösung des *Skingirl Freundeskreises Deutschland* kam, hatte sich Stella Palau bereits neu orientiert.

Im Jahr 2000 gründete sich die *Gemeinschaft Deutscher Frauen* als direkte Nachfolgeorganisation des *Freundeskreises.* In den ersten Jahren hielt sich die Frauentruppe wie andere Organisationen bedeckt, um nicht in den Sog eines möglichen NPD-Verbotes zu geraten. Zwei Jahre lang prüfte das Bundesverfassungsgericht ein Verbot der Neonazi-Partei, bis es schließlich im März 2003 zur Einstellung aus Verfahrensgründen kam, nachdem bekannt geworden war, dass die NPD mit V-Leuten der Verfassungsschutzbehörden durchsetzt war. Danach erhielt die Szene einen Aufschwung. Selbstbewusst gelang es der NPD-Führung 2004, Wahlabsprachen mit der konkurrierenden Deutschen Volksunion (DVU) zu treffen. Beim sogenannten Deutschland-Pakt teilten sich die beiden Neonazi-Parteien die Wahlgebiete in der Bundesrepublik untereinander auf. Parallel dazu kam es zur verstärkten Öffnung der ehemaligen Altherrenpartei für die Anhänger der weitaus radikaleren »Freien Kameradschaften«. Glatzköpfige Anführer aus den Reihen militanter Gruppen wie den *Hammerskins* oder der vier Jahre zuvor verbotenen Untergrundstruktur *Blood & Honour* gewannen an Einfluss, passten sich aber äußerlich immer mehr an. Mit ihnen erschienen auch jüngere Frauen auf der politischen Bildfläche.

Auch das Themenspektrum der extrem Rechten wandelte sich in dieser Zeit. Vordergründig spielten Fragen wie Arbeitslosigkeit, Migration oder Rentensorgen eine immer größere Rolle, soziale Themen – Ängste und Sorgen der Menschen –, die die Szene mit ihren politischen Positionen verweben konnte. Intern wurde natürlich weiterhin der Glaube an eine deutsche Elite, das »Dritte Reich« und militante Kampfeskraft gepflegt. Innerhalb der GDF gab es die nationalsozialistisch geprägte Sippenideologie, wonach die Frau als treue Kameradin auftritt und gemeinsam mit Mann und Kindern als Hort eines deutschen Familienlebens nationalistische Politik stützt. Die Frauen sahen sich also in einer Mehrfachrolle, als Kämpferin kombiniert mit deutschem Muttertum. Eine Aufweichung der Trennung von Politik und Familie schien dabei längst durch weibliches Engagement offensichtlich.

Zu den elementaren Zielen der rechten »Bewegung« gehört die Schaffung einer gemeinsamen, nationalen Lebenswelt. Großveranstaltungen wie das »Pressefest« der »Deutschen Stimme« mit Tausenden von Teilnehmern dokumentieren den Generationswandel und Strategiewechsel innerhalb der NPD, offenbaren sie doch ein bunteres Treiben. Völkische Familien in Trachten feiern neben Glatzköpfen, ehrgeizige Studentinnen neben Frauen in Lack und Leder. Die Bewegung duldet mehr kulturelle Freiheit. Zeitweilig gewannen Wissenschaftlerinnen wie Renate Bitzan vom Forschungsnetzwerk Frauen und Rechtsextremismus den Eindruck, im Inner Circle der von »rassistischen Trennlinien« abgeschotteten Szene könne ein Freiraum entstehen, in dem das Geschlechterverhältnis modernisiert werde. Zudem könne eine mögliche »Vielfältigkeit der lebbaren Frauenbilder« die neue Attraktivität rechter Gruppierungen ausmachen.

Tatsächlich fühlten sich junge Neonazistinnen aus den neuen Bundesländern wie Stella Palau von der Entwicklung angesprochen. Die Berlinerin schien lange genug auch über Kontakte zu militanten Strukturen zu verfügen, wollte aber raus aus der Schmuddelecke. Sie hatte gemeinsam mit Kameradinnen aus dem Westen wie Christine Bocksrocker oder Christiane Dolscheid die *Gemeinschaft Deutscher Frauen* gegründet und war jetzt bereit, sich öffentlich stärker einzubringen und außerhalb der gewohnten Organisationsstrukturen Aufgaben und Posten zu übernehmen.

Die Ehe von Stella Palau mit dem bulligen Berliner Kameradschaftsanführer Oliver Schweigert war gescheitert. An einem Kult-Feiertag der braunen Szene, Hitlers Geburtstag, hatte die gelernte Bankkauffrau Palau 2000 den Wehrsportler geheiratet. »Mein Ex-Mann hatte die Idee, am 20. April zu heiraten«, erzählte sie acht Jahre später dem Berliner »Tagesspiegel«, »das ist natürlich eine Provokation gewesen.« Stella Palau liierte sich danach mit dem »Nationalen Liedermacher« Jörg Hähnel, einem schmächtigen Mann mit Scheitel und ernster Miene, aber gutem Draht in die Bundeszentrale der NPD in Berlin-Köpenick. Ebenso ehrgeizig wie sie. Der gelernte Landschaftsgärtner aus Frankfurt an der Oder studierte in Berlin Gesellschafts- und Wirtschaftskommunikation. In der NPD übernahm er später das Amt Neue Medien, war zeitweilig wissenschaftlicher Mitarbeiter der NPD-Landtagsfraktion im Schweriner Schloss. Hähnel sorgte im Mai 2007 für Schlagzeilen, als er einen 40 Zentimeter langen Teleskopschlagstock mit in den Landtag nehmen wollte. Er entschuldigte sich für das »Versehen« mit der Ausrede, er würde die Waffe aus »Selbstschutzgründen« immer bei sich tragen. Von 2006 bis 2011 saß Jörg Hähnel als gewählter Volksvertreter in der Bezirksverordnetenversammlung in Berlin-Lichtenberg, sein angegebener Wohnsitz ist identisch mit der Parteizentrale der NPD.

Im Jahr der Gründung der *Gemeinschaft Deutscher Frauen* wurde Stella Palau in den Landesvorstand der NPD Berlin-Brandenburg gewählt. Nachdem 2003 ein eigenständiger Berliner Landesverband gebildet worden war, wurde sie Beisitzerin im Vorstand und fungierte als Landespressesprecherin. Im Januar 2008 gab sie der Parteispitze ihre Namensänderung in Hähnel bekannt, »der Jörg und ich haben nämlich geheiratet«. Spontan und »im Kleinen«, wie sie in der Mitteilung betonte. Ihr Nachsatz, zur Namensänderung »habe ich mich überreden lassen«, zeugt von Stolz und einer Portion moderner Attitüde. Die erste Tochter war bereits geboren, zwei Kinder sollten folgen. Das Paar hatte Berlin verlassen, war zunächst in eine nationale Wohngemeinschaft nach Hohen Neuendorf gezogen, später in ein Haus im brandenburgischen Landkreis Teltow-Fläming. Sie gehörte zu diesem Zeitpunkt zunächst als eine von zwei Frauen dem Bundesvorstand der NPD an und war häufige Interviewpartnerin in den Medien, vor allem als Pressesprecherin des *Rings Nationaler Frauen*. Ihren hohen Ansprüchen entsprechend, wollte Hähnel als vorbildliche Mehrfachmutter Erziehung, Familie und nationalistische Politik unter einen Hut bringen – und dabei auch noch das malträtierte Image der Gesinnungsgemeinschaft mit weiblichem Selbstbewusstsein aufpolieren. Nicht zuletzt wegen ihres eifrigen Einsatzes rückte die NPD-Frauenorganisation mehr in den Vordergrund. Mit Jasmin Apfel, Gitta Schüßler, Judith Rothe und Katrin Köhler hatte sie politische Weggefährtinnen gefunden, die es gemeinsam wagten, aus dem Schatten der braunen Herren herauszutreten. Unter den wachsamen Blicken der Parteiführung in Berlin gaben sie Pressemitteilungen heraus oder schulten Kameradinnen, die sich zumeist noch sehr schüchtern für die NPD zur Wahl stellten.

Als freundliche »Mütter von nebenan« verbinden die RNF-Aktivistinnen seither Politisches mit Privatem. Dem Zurück-zur-Natur-Trend innerhalb der Szene entsprechend, kaufen sie im Ökoladen ein, wenn der Geldbeutel es zulässt. Sie leihen den Nachbarn Zucker aus, fahren die Kinder zum Schwimmunterricht oder halten ein Pläuschchen am Gartenzaun. Stella Hähnel, damals noch Palau, brachte ihren Nachwuchs bis Anfang 2007 ins Familienzentrum in Hohen Neuendorf im Landkreis Oberhavel. Hilfsbereit sprang die Neonazistin dort auch schon mal ehrenamtlich beim Familiencafé ein. Der Redakteur einer

Lokalzeitung erkannte sie auf einem Foto beim Kaffeeausschenken. »Sie hat sich hier stets als engagierte Mutter präsentiert«, empörte sich Astrid Mollenhauer vom Familienzentrum gegenüber der »tageszeitung«. »Es gab keinen Punkt, an dem wir misstrauisch geworden wären.« Erst durch die Zeitung erfuhren die Mitarbeiter des Familienzentrums vom extrem rechten Background ihrer freiwilligen Helferin. Die Betroffene selbst gab sich gelassen. Ein Hausverbot aufgrund eines Parteibuchs sei »selbstverständlich vollkommen daneben«, aber nicht überraschend »in dieser Demokratie«, zitierten Medien die Neonazistin. »Wenn Sie bei einer RNF-Versammlung wären, würden Sie 90 Prozent der Frauen rein vom Äußeren her nicht als national einstufen. Die meisten Frauen würden Sie nicht erkennen«, erklärte Hähnel einem Redakteur vom »Tagesspiegel« schnippisch. Eine lokalpolitische Betätigung wollte die damals 35-Jährige nicht mehr ausschließen: »Vielleicht kommt mir die plötzliche Popularität ja noch zugute.« Vor dieser Entwicklung warnt Gabriele Schlamann vom Mobilen Beratungsteam in Brandenburg seit Jahren. »Das ist das Ziel der Rechtsextremen: erst sich in der Mitte der Gesellschaft etablieren, dann die Ideologie auspacken.«

Im September 2008 kandidierte Stella Hähnel erfolglos bei den Brandenburger Kommunalwahlen für die NPD im Landkreis Oberhavel. Wohl ein Rückschlag für die verwöhnte Neonazistin. Noch im selben Jahr beklagte sie sich scherzhaft bei den Parteikollegen, dass sie nun vergesslicher werde, denn ihr Gehirn arbeite »durch die Kinder wohl nur auf 10 %«. Des Nachwuchses wegen soll das Ehepaar aufs Land gezogen sein. Auch dort versuchte sich die Neonazistin schnell vor Ort zu integrieren, ließ für das Dorffest auch schon mal eine Parteiveranstaltung sausen, wie es heißt.

Neben ihren vielfältigen Parteifunktionen blieb die nationale Karrierefrau der *Gemeinschaft Deutscher Frauen* immer treu. Mit alten Weggefährtinnen wie Michaela Zanker aus Dahlwitz baute sie die Gruppe im Speckgürtel von Berlin auf. Für den »Medienstar« der NPD, Stella Hähnel, dient die alte »Frauenkameradschaft« der *Gemeinschaft Deutscher Frauen* scheinbar immer wieder als Rückzugsort. Im Sommer 2009 nimmt sie am Bundestreffen der GDF im »Märker Land« auf einem von der Neonazi-Szene genutzten Gelände in Biesenthal teil. Hinter Schrottplätzen gelegen, abgeschirmt von hohen Maschendrahtzäunen, liegen die verlassenen Gebäude eines ehemaligen Asylbewerberheimes. Die Frauen der GDF errichten das weiße Basiszelt, dann bauen sie die grauen Igluzelte am Rand einer heruntergewirtschafteten Halle auf. Es ist kalt und regnerisch an diesem Wochenende, die meisten tragen warme Winterkleidung. Fast ist es, als wolle das Schmuddelwetter die braunen Kameradinnen hinsichtlich des selbstgewählten Mottos des Lagers – »Überleben in der Krise« – auf die Probe stellen.

Zwei Tage wollen sie abseits der Zivilisation mit Schulungen und kameradschaftlichem Beisammensein »in der Natur« verbringen. Gekocht wird über dem offenen Feuer, geschlafen auf Feldbetten oder Luftmatratzen. Etwas lustlos schaut Hähnel in weißer Bluse, die Hände in die Hüften gestemmt, den Aufbauarbeiten zu. Als Schwangere bleibt sie von allzu harten Arbeiten verschont. Junge Mädchen und Frauen sitzen an den hölzernen Biertischen, schälen Äpfel und Möhren. Einige Kinder hocken vor den beiden Kochstellen. Töpfe hängen an Dreibeinen über dem Feuer. Michaela Zanker aus Berlin, in Jeans und weißem Hemd, sammelt fröhlich Reisig. Andere zerlegen größere Holzstücke. Die Neonazi-Frauen wollen hier lernen, die richtigen »Vorbereitungen auf die Krise« zu treffen. Innerhalb der völkischen Szene kursiert die feste Überzeugung, das Land stehe kurz vor einem Zusammenbruch, Terroranschläge würden zu bürgerkriegsähnlichen Zuständen führen, und nur die zähesten Deutschen könnten überleben. Ganze Familien erlernen in Survival-Camps das Phasenmodell ihres rechten Vordenkers Michael Winkler. Von ihm bekommen sie Hinweise, wann das Ersparte schleunigst von der Bank geholt werden sollte, wie vor allem Frauen sich im Haushalt von technischer Abhängigkeit lossagen und Lebensmittelvorräte langfristig angelegt werden können. Das Szenario ist gespenstisch. Eine Kameradin mahnt: »Man muss auch in großen Zeiträumen denken können.« Das Credo dieses GDF-Schulungswochenendes lautet sinngemäß: Zurück zur Natur, Verzicht auf moderne Errungenschaften – so kann das deutsche Volk, dank den Frauen, überleben. Tief im Inneren muss es ein Graus für Städterinnen wie Hähnel gewesen sein. Vom nationalen Überlebenskampf zu predigen ist eine Sache – rote Bete einzukochen und Kühe mit der Hand zu melken, eine andere. Doch sie wird geschwiegen haben.

Die Sektion Berlin-Brandenburg ist eine der zahlenstärksten und aktivsten Regionalgruppen der GDF. Die Frauen sind zwischen 17 und 38 Jahre alt, die meisten sind in der Öffentlichkeit nicht bekannt. Unter den Älteren stammen einige aus den alten Bundesländern und nahmen bereits als Teenager an den Zeltlagern der militanten *Wiking-Jugend* teil. Die meisten lernten ihre Lebenspartner bei Neonazi-Veranstaltungen kennen. Ihre Hauptaufgabe sehen die GDF-Frauen in der Schulungsarbeit. Nebenher organisieren sie Veranstaltungen wie den »Tanz in den Mai« mit, den »Märkischen Kulturtag«, Kinderturnen, Brauchtumsfeiern oder soldatische Gedenkveranstaltungen. Vorsichtig kommunizieren sie über Spitznamen oder germanische Pseudonyme.

Alle drei Wochen setzen sich die Berliner und Brandenburger Frauen zusammen und bearbeiten politische, soziale oder historische Themen. Regionale Treffen finden meistens in den Wohnungen oder Häusern ihrer Mitglieder statt, so können die Kinder mitbetreut werden. Im Alltag fallen die Frauen der GDF eher auf als die meisten aus den Reihen des NPD-nahen *Rings Nationaler Frauen*. Wie ihre Vorbilder aus germanischen Vorzeiten und dem »Dritten Reich« tragen sie ihre Haare sehr lang, oft zu Zöpfen oder Haarkränzen geflochten. Auch zu Hause kleiden sie sich altmodisch, in einfachen Blusen und langen wallenden Röcken, mögen Dirndl. Nachbarn halten sie nicht selten für »Ökos«, versponnen, aber harmlos. Diejenigen wie Michaela Zanker aus Berlin, die berufstätig sind, passen sich eher der Umwelt an, geben sich moderner. Die Arzthelferin ist bei der GDF für den Bereich »Technik« zuständig. Sie gehört ebenso wie Hähnel zu den wenigen Frauen, die sich auch direkt bei der NPD einbringen.

Bei einem Regionaltreffen an einem Sonntag im November 2009 trifft sich die Gruppe zur Mittagszeit im Berliner Stadtteil Pankow. »Michi« Zanker soll ihren Vortrag über den nationalen Tiroler »Freiheitshelden« Andreas Hofer halten. Die anderen haben eine Hausaufgabe zum Thema »Inhaltsstoffe in Nahrungsmitteln« bekommen. Zudem steht Tagespolitik auf der Agenda. Individuelle Buchvorstellungen sowie Begriffsbestimmungen zum Absolutismus lauten die strengen Vorgaben bei einer weiteren sonntäglichen Zusammenkunft. Die thematische Bandbreite, die sich die jungen Nationalistinnen vornehmen, wirkt enorm. Die Auswahl reicht von Energiepolitik und Konzernverflechtungen über ihre Verehrung der preußischen Königin Luise bis hin zum

Runhild Köster, Ehefrau des NPD-Landesvorsitzenden von Mecklenburg-Vorpommern, trägt beim Wahlkampfauftakt 2006 in Lübtheen ein T-Shirt der *Gemeinschaft Deutscher Frauen*.

»Zerfall des Reiches«. Manchmal scheuen sich die Damen, dann muss Linda Neubauer ermahnen: »Folgendes Referat ist immer noch nicht vergeben: Greife anhand der Person Blücher die Modernisierung Preußens auf.« Streng fordert sie von den Kameradinnen, sich auch mal »technisch mit Messengern wie Skype« auseinanderzusetzen. Neubauers Ziel ist eine kostenlose Telefonkonferenz, »die würde einiges einfacher machen«.

Überzeugte Frauen wie Neubauer wissen zu motivieren. Dem Abenteuer nicht abgeneigt, offenbart sie: »Ich würde gern mal Paintball mit euch spielen.« Auch der Spaß soll bei der GDF nicht zu kurz kommen. Wer mochte, konnte im Februar mit Liane Romrod zum Fasching in ihre vorpommersche Heimat reisen. Michaela Zanker feiert Karneval seit Jahren lieber in Berlin. Während sie ein weißes Brautkleid trägt und sich vertraulich an einen Kameraden schmiegt, zeigt der sich wenig originell: Er hat eine militärische Kampfuniform an und in den Händen eine Attrappe eines Maschinengewehrs.

Im Frühjahr tanzen braune Paare dann traditionell in den Mai. Die konspirative Veranstaltung findet ungestört statt. Euphorisch berichtet Linda Neubauer in der GDF-Schrift »Unsere Zukunft« über die Kür zur Krönung des Maipaares am 30. April letzten Jahres in Berlin. »Mit lustigen Wettspielen wie Erbsen mit einem Strohhalm ansaugen und über eine Distanz bringen, Nägel auf Zeit in einen Holzblock schlagen oder Kartoffelschälen haben sich das geschickteste Mädel und der schlagkräftigste Junge aus der Gruppe der Anwärter und Anwärterinnen herauskristallisiert.« Sie schwärmt: »Schön, dass die beiden bereits tatsächlich ein Paar sind.«

Zeit für Sentimentalitäten gibt es auch beim gemeinsamen vorweihnachtlichen Kranzbasteln »in einem gemütlichen Kellerraum (mit Kamin)« Ende November 2010 im Berliner Stadtteil Pankow. Oder beim Erlernen von »Handwerkstechniken« auf dem familienfreundlichen Reiterhof bei Ahrensfelde, auf dem eine der Kameradinnen als Stallmeisterin arbeitet. Die Kinder ihrer Kameradinnen erhalten dort Rabatt. Bei Antritt der Reiterferien werden sie »nach Weltanschauung und Reitkenntnissen« eingeteilt.

Muttersein kann ausgrenzen. »Volksfrauen« mit Kinderschar finden sich oft isoliert wieder. Als ehemalige Aktivistinnen können sie nicht mehr wie gewohnt an Schulungen, Aufmärschen oder kulturellen Veranstaltungen teilnehmen. In dieser Zeit werden die monatlichen Frauentreffen und vor allem das Internet zum wichtigsten Kommunikationsmittel. Nachts, wenn die Kinder schlafen, sitzen sie am PC, tauschen sich als »Siglinde«, »Landerun« oder »Osiris« bei virtuellen Treffpunkten, wie dem nationalen »Thiazi«-Forum, über Erziehungstipps und Alltagsprobleme aus. Silvia Kirschner, die sich »Skadixx« nennt, schwärmt dann von den Zeiten, als es noch die *Skingirlfront* gab und sich viele Renees bei ihr gebrauchte Dirndl gekauft hätten. Ganz eigene Ideen lebt »Osiris«, Gastwirtin aus Thüringen, im Internet aus. Sie träumt von einem nationalen Kochstudio. In ihrem Gasthaus in der Nähe der bayerischen Grenze möchte sie Wochenendseminare anbieten und dabei der Frage nachgehen: »Deutsches Essen? Was ist deutsches Essen?« In der Anonymität des »Weltnetzes«, wie das Internet in der völkischen Szene eingedeutscht bezeichnet wird, geben Frauen schon mal Ängste preis. »Ili« aus Fürth erzählt von der Gewalt in ihrer Ehe. Demnach hat sie schon des Öfteren »kurz davor gestanden, in ein Frauenhaus gehen zu müssen«. Doch immer habe jemand sie und ihre Kinder rechtzeitig aufgenommen, schreibt sie. Im Neonazi-Forum müsse sie vorsichtig sein, um nicht das Sorgerecht für den Sohn zu verlieren. Ihr Exmann, weiß die virtuelle »biologische Kriegsführerin« aus Franken, wolle für ihn das Sorgerecht beantragen und habe dafür einige ihrer Beiträge aus dem internen »Frauenwerk«-Forum kopiert, um sie vor Gericht »anzuschwärzen«. Verbittert erzählt »Ili« ihren Leidensgenossinnen des Nachts davon, dass der Vater ihrer Kinder »sich nicht gescheut« habe, auch Kameraden aus ihrem nahen Umfeld in den Streit mit einzubeziehen. »Siglinde«, die sich im Netz als »Volkspädagogin« beschreibt, äußert sich zur Forumsfrage »Frauen schlagen«: »Mein Ex hat mich absolut beherrscht, ohne mich schlagen zu müssen.« Ihrer Meinung nach geht es einer Frau »ja auch nicht darum, zu gewinnen, sondern zu spüren, dass der Mann stärker ist«. Sie erinnert sich, wie ihr damaliger Ehemann zu ihr sagte, »als ich mit unserem 2. Kind schwanger war: Das mit den Kindern sei ein Lebensversprechen, und wenn ich das durch Untreue oder sonstiges Verhalten brechen würde, würde er mich totschlagen.« Später habe er sie verlassen.

Schwächen werden im extrem rechten Patriarchat vor allem bei Frauen gesucht. Eine Aussteigerin aus Berlin bringt es auf den Punkt: »Jedes Recht an eigenständigen Aktionen muss erkämpft werden.« Ihr sei es eine Zeitlang gelungen: »Selbstbewusstes Auftreten schafft Freiräume.« Mit diesen Problemen hatte sich bereits vor Jahren die Frauengruppe der NPD in Hannover auseinandergesetzt. Mit Jasmin Langer war dort eine sehr engagierte junge rechte Mutter aktiv. Langer heiratete später den NPD-Fraktionschef Holger Apfel, lebt heute in Sachsen und gehört zum Vorstand des *Rings Nationaler Frauen.* Kritische Worte sind heute selten von ihr zu vernehmen. 2005 forderte sie in der NPD-Zeitung »Deutsche Stimme« eine »weibliche Note« für die Partei, »und zwar ohne die übliche Anmache«. Probleme mit der Herabwürdigung ihrer politischen Arbeit und mit Sexismus schienen ihr damals nicht fremd. Ihr Kommentar klang bitter: »Wer sich unter Frauenbeteiligung in der Politik nur ›aktive Bevölkerungsmaßnahmen‹ vorstellen könne, sei nicht minder dämlich als mancher politische Gegner.«

Fürsorglich gehen selbst die volkstreuen »Mutterfrauen« nicht immer miteinander um. Gern wird auch übereinander gelästert. Exponierte Frauen wie Stella Hähnel geraten schnell in die Schusslinie. Schwachstellen sprechen sich herum. Hähnels Ehemann Jörg gilt bei vielen Kameraden als verbohrt, ist nicht bei allen beliebt. Seinen Posten als Berliner Parteivorsitzender hat er wieder räumen müssen, weil er den Landesverband »an die Wand gefahren habe«, heißt es intern. Hähnels politischem Einfluss in der Parteispitze hat es nicht geschadet. Über ihn, seine umtriebige Gattin und das engste völkische Umfeld wird hinter vorgehaltener Hand gelästert. So spräche der »Hähnel-Klan« mit »doppelter Stimme im Parteivorstand«, heißt es von weiblicher Seite. Sein »Frauchen« habe zwar Posten, falle aber nicht auf. Unter ihrer Obhut verkomme der RNF in Berlin zum »Kaffeekränzchen«.

Stella Hähnel gilt – sosehr sie sich auch nach außen hin exponiert – als unnahbar. Über private Probleme scheint die inzwischen 38-Jährige auch heute, als dreifache Mutter, ungern mit den Kameradinnen zu reden. Neonazistinnen wie sie haben sich eine harte Schale zugelegt. Ihre ausgewählten germanischen Kampfnamen passen dazu. Hähnel nennt sich intern »Sintgund«. Der Name soll Stärke ausstrahlen. Sie scheint sich in einem Milieu schützen zu wollen, in dem allzu ehrgeizige Frauen von beiden Geschlechtern argwöhnisch betrachtet werden. Spötter warten nur darauf, dass eine Kameradin an ihrem Ziel, Politik und Großfamilie harmonisch zu verbinden, scheitert. Wenn sie die vollmundig propagierte Rolle als Kämpferin und deutsche Übermutter nicht unproblematisch erfüllt, kann das sogar zum persönlichen und politischen Burn-out führen. Nichts davon soll aber nach außen dringen. Vorzeigefrauen, in der Szene hoch gelobt, die an ihren extremen politischen Ideologien und am eigenen nationalen Umfeld zerbrechen, werden dann gern unter Verschluss gehalten.

Im Sommer 2010 sorgten sich einige Frauen aus den Berliner und Brandenburger GDF-Reihen um die Gesundheit von Stella Hähnel. Unter ihnen: Liane Romrod. Sie soll wie Hähnel zum Führungskern der »Volksfrauen«-Schar gehören. Romrod stammt aus Ueckermünde, zählte dort einst, nach internen Behördeninformationen, als eine der wenigen Frauen zum Umfeld der National-Germanischen Bruderschaft, einer im Verborgenen agierenden Kameradschaft. Kontakte in die Heimat an der Ostsee bestehen. Heute organisiert sie die Aktivitäten der GDF mit und betreibt nebenher an ihrem neuen Wohnort eine »Wichtelkiste« mit Spielzeug und Kleidung für die Kleinsten.

Stella Hähnel wirke sehr erschöpft, wird berichtet. Die Frauen befürchten, dass es mit diesem Arbeitspensum bei ihr nicht mehr lange gut gehen könnte. Es ist nicht nur die Sorge um die Kameradin, die die Angehörigen der GDF umtreibt. Hähnel ist ein Aushängeschild, eine die auch als Sprachrohr dient, die andere antreibt. Wer könnte ihre Rolle übernehmen, wenn sie ausfallen sollte? Untereinander wird demnach beratschlagt, wie der Angeschlagenen zu helfen sei. Selbstkritisch sehen sie die starke politische Inanspruchnahme der Multifunktionärin und Mutter. Für Referate, Schulungen und Treffen werde sie frequentiert, hinzu komme die Arbeit für die Partei.

Es entstand offenbar eine heikle Situation. Intern diagnostizierten die Frauen der langjährigen Vorkämpferin eine Art Burn-out-Syndrom. Sie mussten einräumen, dass es bei allem Enthusiasmus selbst für überzeugte Nationalistinnen Belastungsgrenzen gibt. Ihrer Ideologie entsprechend wurde auch registriert, dass Hähnel zu den älteren Müttern zählt. Die idealen »Richtwerte« zum Kinderbekommen liegen in der Vorstellung rechter Frauen zwischen etwa »23 und 30 Jahren«. Die Kameradin muss geschont werden, im Auftrag der nationalen Sache. Eine solche Gratwanderung zwischen möglicher Einmischung ins Private und politischer

Solidarität überfordert die GDF-Sektion scheinbar. Bald wird erwogen, sie als Teil der Bundesführung zu entlasten.

Diese interne Problemsituation verdeutlicht das Selbstverständnis der GDF als elitäre politische Frauentruppe. Ihre Anhängerinnen sehen sich weniger als enge Freundinnen oder private Vertraute. Die Zusammenarbeit hat einen professionellen Charakter. Vornan steht der gemeinsame Kampf. Private Probleme machen angreifbar. Kritiker müssen in den eigenen Reihen zurückgepfiffen werden. Sprüchen wie »Hat sie sich denn überall ›hineindrängen‹ müssen?« muss entgegengewirkt werden. Hier greift die strenge Sozialisation in einer Frauenkameradschaft. Die Notwendigkeit weiblicher Verantwortung wird energisch hervorgehoben.

Doktrin und Wirklichkeit sind oft weit voneinander entfernt. Auch bei der GDF offenbaren sich hinter den Kulissen Diskrepanzen. So gehen das beginnende 21. Jahrhundert, Konsum und zivilgesellschaftliche Einflüsse nicht spurlos an den »Volksfrauen« vorüber. »Zur Zeit vermischen sich traditionelle Lebensentwürfe mit fortschrittlichen Kombinationen von Berufstätigkeit, Partnerschaft, politischer Aktivität und Mutterschaft«, fassten die beiden Wissenschaftlerinnen Kerstin Döhring und Renate Feldmann vom antifaschistischen Forschungsnetzwerk bereits 2002 ihre Studien zusammen.

Folgende Beispiele sind nicht die Regel, offenbaren aber Brüche in der harten Linie der völkischen Frauen. So werden, wie selbstverständlich, »Anja und Cem« in der GDF-Zeitschrift zum dritten Kind beglückwünscht. Vorname und Nachname des Ehemanns einer führenden bayerischen GDF-Aktivistin klingen nicht deutsch. Die gemeinsamen Kinder tragen germanische Namen, die Haarfarbe des ehemaligen Profigewichthebers ist blond, und das rechte Elternpaar ist in Vereinen ihres Heimatortes aktiv.

Wenn auch führende Aktivistinnen wie Ricarda Riefling immer wieder betonen, keinen Fernseher zu besitzen und auch gut darauf verzichten zu können, so genießen andere durchaus schon mal US-amerikanische TV-Serien oder machen sich ab und an über einen fettigen Burger aus einem verhassten Fast-Food-Restaurant her.

Selbst wenn dem Nachwuchs frühzeitig beigebracht wird, dass das Internet »Weltnetz« und T-Shirts »T-Hemden« heißen, nutzen »Schimpfwort«-Strafen für den Gebrauch englischer Wörter nicht immer. Irgendwann entwachsen auch völkisch erzogene

Kinder Wollwesten und zünftigen Lederbüxen, verlangen nach Jeans und iPod oder hören doch »entarteten« Hip-Hop aus den Kehlen farbiger Sänger. Manche deutsche Volksmutter wird sich dann mit dem Gedanken trösten, dass der Sprössling die früh erlernten Texte aus dem Repertoire der Hitlerjugend irgendwann schon wieder trällert. Mit solch irdischen Problemen müssen auch sie sich auseinandersetzen. Die Frauen helfen sich dabei gegenseitig über ihre Versagensängste hinweg. So berichtet eine achtfache Mutter, dass ihr ältester Sohn ausgezogen sei, weil ihm »unser Leben ein Grauen« war, und klagt, »überhaupt, gegen den ganzen Mainstream anzuerziehen, wird immer schwieriger, umso älter die Kinder werden«.

Nicht selten eckt die harte Linie der GDF an. Manche junge Frauen innerhalb der extrem rechten Szene fühlen sich durch antiquierte Attitüde und die offene Verehrung des Bundes Deutscher Mädel (BDM) abgeschreckt. Zwar gefallen auch ihnen »mutige Vorkämpferinnen« des »Dritten Reiches« wie Leni Riefenstahl oder »Hitlers liebste Pilotin« Hanna Reitsch. Doch sie tragen bevorzugt schwarze Sportkleidung, dunkle Sonnenbrillen und Basecaps, wollen genauso cool wie die jungen Männer auftreten. Sie machen mit bei rechten Agitprop-Aktionen und reihen sich bei Aufmärschen dichtgedrängt und versteckt hinter Transparenten des nationalen »Black Blocks« ein. Sie sind im aktionsorientierten Umfeld von »Autonomen Nationalisten« oder »Freien Kameradschaften« beheimatet. Diese Mädchen haben wenig gemein mit heimattreuen Heimchen.

Trotzdem gibt es eine gemeinsame Parole, die eint: »Nationalismus ist auch Mädelsache!« Bei zentralen Demonstrationen wie dem Neonazi-Gedenkmarsch in Bad Nenndorf folgen sie demselben Lockruf – und bleiben doch getrennt. Eine der führenden Vertreterinnen der völkischen Sache, Edda Schmidt, Jahrgang 1948, ging im August 2010 ohne Gruß an der tonangebenden Aktivistin der »Autonomen Nationalisten« aus dem Ruhrgebiet, Anne-Marie Doberenz, vorbei. Man hat wenig Berührungspunkte. Die kleine Gruppe der *Gemeinschaft Deutscher Frauen* mit ihrem traurigen Banner wurde freundlich behandelt, aber die meisten der anwesenden jungen Frauen wollten bewusst aggressiver auftreten. Aussteigerin Johanna, die jahrelang zur *Mädelgruppe* der 2005 verbotenen *Kameradschaft Tor Berlin* gehörte, erinnert sich an die »differenzierten Vorstellungen« im Hinblick auf das

Weltbild der GDF. »In unserer Gruppe haben wir versucht, unter den Frauen Themen zu erarbeiten, auch mit der Grundlage, dass Frauen in der Lage sein sollten, sich den Männern gegenüber durchzusetzen«, betont sie trotzig. Sie wollte nicht einfach nur »Ja und Amen« sagen. Johanna bevorzugte cooleres Outfit, geeignet zum »Straßenkampf«, sie wollte »dabei sein«. Nur bei besonderen Feiern oder historischem Gedenken trug auch sie schon mal einen schwarzen Rock mit weißer Bluse. Hinter vorgehaltener Hand gilt die GDF bei Jüngeren als ein Zusammenschluss von Frauen, der in erster Linie dem »Dritten Reich« nachtrauert. Das kommt in den weniger ideologisch gefestigten, Lifestyle-betonten Reihen nicht immer gut an.

Doch Mädchen, die der Szene verhaftet bleiben, ändern ihre Meinung. Wie in der Vergangenheit rechte Skingirls den Weg zur GDF fanden, begeistern sich auch junge Nationalistinnen wie Ricarda Riefling oder Tanja Steinhagen aus Mölln für die völkische Sache. Das Vergangene soll in der Gegenwart mitschwingen, der Anachronismus wird Mittel zum Zweck. Die *Gemeinschaft Deutscher Frauen* will nicht jede Frau für sich gewinnen. Während die Ideologie von der deutschen »Volksmutter« durchaus innerhalb der gesamten Bewegung Verbreitung finden soll, achten die Frauen sehr genau darauf, wer in ihre Gruppe aufgenommen wird und wer nicht. »Jemand, der kommen und gehen tut, wann er möchte, und sich nie einbringt in die Gemeinschaft, auf den verzichten wir gern!«, heißt es in einem internen Schreiben aus dem Jahr 2004. Auch mag man keine »mannstollen Weiber« oder »Modepüppchen«. Die GDF sieht sich eben als »Kampfgemeinschaft«. Im Sonderheft »Frauentum« wird die »Frauenarbeit nach unseren Vorstellungen« propagiert.

Viele der Mitglieder, vor allem aus der Sektion Berlin-Brandenburg, waren auch in der soldatisch geprägten Erziehungsorganisation *Heimattreue Deutsche Jugend* (HDJ) aktiv. Manche überließen ihren Nachwuchs auch nur an den Wochenenden und in den Ferien der HDJ. Dieser in Kiel eingetragene, bundesweit mit rund 500 Mitgliedern aktive Verein wurde im März 2009 vom Bundesinnenministerium aufgrund seiner »mit dem Nationalsozialismus wesensverwandten Ideologie« verboten. Bis es dazu kam, vergingen lange Jahre, in denen nach Meinung eines Polizeiermittlers Tausende von Kindern und Jugendlichen ungestört im

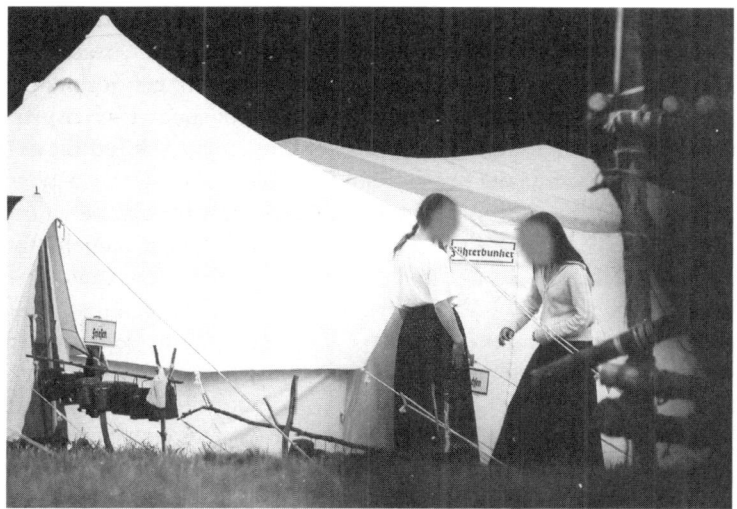

Teilnehmerinnen des Sommerlagers der *Heimattreuen Deutschen Jugend* nahe Detmold im Sommer 2008 vor einem Zelt mit der Aufschrift »Führerbunker«.

Gelände mit Frühsport und Gewaltmärschen, bei Schulungen mit germanischen Ritualen und Parolen von SS-Dichtern gedrillt werden konnten. Mädchen und Jungen mussten Mut- und Messerproben bestehen. Nachdem Fernsehberichte bei »Cosmo-TV« vom WDR und beim ARD-Magazin »Panorama« schockierende Bilder von den »Ferien im Führerbunker« gezeigt hatten, forderten im Sommer 2008 alle Bundestagsfraktionen das Verbot des Vereins. Verfassungsschutzämter mussten eilig Versäumtes aufholen. Die gefährliche Organisation gehörte bis dato, in den meisten Bundesländern, nicht zu den beobachteten Objekten. Inzwischen ist das Verbot rechtskräftig. Die Berliner Behörde wies der HDJ nach, dass deren Bekenntnis zu gemeinnütziger Jugendarbeit und zum Grundgesetz nur »Fassade« gewesen sei. Die eigentliche Zielsetzung habe demnach in der »Heranbildung einer neonazistischen Elite« bestanden, Kinder seien durch Verbreitung »völkischer, rassistischer, nationalistischer und nationalsozialistischer Ansichten im Rahmen von vorgeblich unpolitischen Freizeitangeboten« ideologisch beeinflusst worden. GDF-Frauen und deren Partner organisierten in Sektionen wie der »Einheit

Preußen« mit. Schon die ganz Kleinen wurden mit »Kamerad« angesprochen und mit »Heil Dir« begrüßt. Gedichte von NS-Dichtern wie Kurt Eggers und Heinrich Anacker gehörten zum Pflichtlernstoff. Mütter brachten den Mädchen Flötenspiel, Handarbeit und altgermanische Runenschrift bei. Vorbild für die HDJ war nicht nur die Hitlerjugend, sondern auch die 1994 verbotene *Wiking-Jugend,* die rund 42 Jahre lang den Nachwuchs mit NS-Ideologie indoktrinieren konnte. Nach eigenen Angaben seien rund 15 000 Kinder und Jugendliche durch deren militärische Lager gegangen. Viele der älteren GDF-Frauen haben ihre Ehemänner bei Schulungen der *Wiking-Jugend* kennengelernt, die jüngeren zog es dann zur HDJ.

Die Erziehung der Kinder nach »soldatischen Idealen« zu »Kämpfern von fanatischer Besessenheit« wurde von einer heimattreuen Führungsclique aus Berlin und Brandenburg koordiniert. Sebastian Räbiger, Dachdecker aus Reichenwalde, war bis zum Verbot Bundesführer der *Heimattreuen Deutschen Jugend.* Seine Ehefrau zählt heute zum Umfeld der *Gemeinschaft Deutscher Frauen.* Nationale Ansiedlungen entstanden längst. Gleich gegenüber Räbigers Haus wohnt der Pressesprecher der NPD und Landeschef in Brandenburg, Klaus Beier, mit seiner Familie. Auch die ehemalige Bundesmädelführerin der HDJ, Holle Böhm, wohnt in der Metropolenregion. In ihrer »nationalen Hausgemeinschaft« lebt mit Sebastian Richter ein führender Aktivist der *Jungen Nationaldemokraten* in Brandenburg. Dessen Ehefrau sowie eine weitere Mitbewohnerin, Mutter von fünf Kindern, werden zum GDF-Umfeld gezählt. Ebenso taucht in den völkischen Frauenreihen auch wieder der Name der ehemaligen HDJ-Anführerin Hildegard Nothdurft auf. Auch Hilke Ridderskamp, die auf dem Titel des HDJ-Blattes »Funkenflug« posierte, gehört zu den Frauen, die sich danach mit Stella Hähnel und anderen trafen. In Hohen Neuendorf im Landkreis Oberhavel, in Birkenwerder, im Landkreis Barnim oder in Märkisch Buchholz haben sie sich in kleinen Gruppen niedergelassen. Einige der Ehemänner nehmen Führungsaufgaben in der NPD wahr, leiteten zum Beispiel den Kreisverband Spreewald oder schützten wie Andrew Stelter als Ordner eine Kundgebung der Partei 2010 in Berlin-Schöneweide. Auch Jörg Hähnel, Gatte von Stella, betreute bis 2009 den Nachwuchs in der »Einheit Preußen«. Fotos zeigen ihn in Aufstellung mit Kindern.

In der Verfügung des Bundesinnenministeriums heißt es unmissverständlich, eine Fortführung der HDJ dürfe es nicht geben. Doch Verbote werden umgangen. Heimattreue Mütter haben noch die GDF. Mädchen und Jungen sind mit der *Interessengemeinschaft Fahrt und Lager* der *Jungen Nationaldemokraten* an den Wochenenden unterwegs oder schlüpfen in kleinen Ersatzzirkeln unter dem Deckmantel von Volkstanz oder Brauchtum unter.

Für das Jahr 2010 hatte sich die *Gemeinschaft Deutscher Frauen* viel vorgenommen. Auf dem internen Schulungsplan lautete das Hauptthema: »Der deutsche Vormärz«. Viel historisches Wissen sollte erarbeitet werden, entsprechend dem Motto »Wer die Vergangenheit nicht kennt, kann in der Gegenwart die Zukunft nicht lenken!« Um aber allen Ansprüchen gerecht zu werden, standen auch der Dokumentarfilm »Plastic Planet« oder das Thema »40 Jahre RAF« auf der Tagesordnung.

Eine solche Vielfalt wird insbesondere Ricarda Riefling erfreuen. Abends, wenn die Kinder im Bett sind, liest die junge Frau oft bis Mitternacht oder sitzt am Computer. Sie paukt nicht mehr nur für sich, sondern gleich mit für die zehn Frauen, mit denen sie sich alle drei Wochen trifft. Dem Journalisten Birk Meinhardt, der für die »Braunschweiger Zeitung« über Riefling berichtete, erzählte sie: »Wir lernen alles: Sonnensystem, Osteinsatz des BDM, Gilden, Zünfte, Hildegard von Bingen.« Hinzu kommen Spiele zur Stärkung von Rhetorik und Argumentationsfähigkeit. Das sieht dann so aus: Da werfen sie kleine Zettel mit politischen Begriffen in ein Körbchen auf dem Tisch. Dann würfelt jede Frau. Die mit der höchsten Zahl zieht den Themenzettel, und wer die niedrigste Zahl gewürfelt hat, muss einen kurzen Vortrag zum jeweiligen Begriff halten. »Derzeit bin ich Schreibtischtäter«, betonte Ricarda Riefling 2010 im Interview mit dem neonazistischen »Netzradio Germania«. Ihrer vier Kinder wegen geht sie kaum zu politischen Veranstaltungen.

Vor fünf Jahren im Winter organisierte Riefling als neues GDF-Mitglied gemeinsam mit den *Nationalen Kräften Hildesheim* eine Zeitzeugenveranstaltung mit dem Altnazi Reinhold Leidenfrost. Sie hatte sich vorher informiert, historische Bücher gelesen. Auf der GDF-Homepage schwärmte sie nachher: »Herr Leidenfrost motivierte uns, machte uns Mut, weiter für ein freies Land zu kämpfen.« Nebenher lobte sie auch das gut funktionierende »Nationale Netzwerk« in Niedersachsen. Vom Anführer der Kameradschaft *Snevern Jungs* aus der Lüneburger Heide erhielt die völkische Frauengruppe im Namen »des Großen Stammtisches im Norden« eine Geldspende. Im Sommer 2008 hatte Rieflings Sektion dort ein GDF-Treffen organisiert. Es gab Frühsport mit Kindern, und am Nachmittag ging es in drei verschiedenen Gruppen durch den Wald. Eine Kameradin verletzte sich, die anderen halfen ihr durch einen Fluss, wird berichtet.

Ricarda Riefling ist inzwischen aus dem langen Schatten ihres als gewalttätig geltenden Ehemannes herausgetreten. Die junge Mutter führt den NPD-Unterbezirk Oberweser namentlich an, während er sie unterstützt. Sie sind ein politisches Gespann. Riefling hat im Herbst 2010 auch Hähnels Posten als Pressesprecherin des *Rings Nationaler Frauen* übernommen. Pressemitteilungen, Berichte und politische Verlautbarungen lassen sich von zu Hause aus koordinieren.

Dass die nationalen Frauen ebenso wie die männlichen Kameraden zu Übertreibungen neigen, ist nicht selten. »Um Kameradschaft und Gemeinschaft untereinander« zu stärken, forderte Ricarda Riefling mit einer fröhlichen, bunten Einladung Kameraden und Kameradinnen aus dem Südwesten Niedersachsens mit ihren Kindern zum Ausflug auf.

Treffpunkt am 1. August 2010 ist der Bahnhofsvorplatz in der Kurstadt Bad Pyrmont. Ricarda, in blauer Sommerbluse mit Puffärmeln und knielangem Rock, unterhält sich mit zwei Frauen. Glatzköpfige Männer tragen dunkle Kleidung, aber ohne auffällige Insignien. Nur bei einem steht in großer Schrift »Miesling« auf der Brust – der Spitzname von Dieter Riefling. Der kleine rothaarige Mann genießt in der Szene Kultstatus, nicht zuletzt weil er in Goebbels-Manier seine Reden laut herausbrüllt. Auch gehörte er der seit 2000 in der Bundesrepublik verbotenen internationalen Terrororganisation *Blood & Honour* an. Inzwischen kandidiert Riefling wie seine Frau für die NPD.

Vom niedersächsischen Bahnhof geht es im Autokonvoi zum abgelegenen Schiedersee, einem beliebten Ausflugsziel im nordrhein-westfälischen Teil des Weserberglandes. Auf einem Parkplatz in der Nähe der Staumauer werden die Fahrzeuge abgestellt, und die jüngeren Teilnehmer wandern langsam in Richtung

Anlegestelle eines Ausflugsdampfers. Gemeinsam kümmert sich das Ehepaar Riefling um ihre kleinen Jungen. Dieter Riefling unterhält nebenher die Kameraden. Die haben keine Kinder dabei. In der Nähe der Uferpromenade mit den Imbissbuden liegt die Freizeitanlage Funtastico, mit ihren zahlreichen kostenlosen Attraktionen: Riesenrutsche, Schwimmbad, Klettergeräte, Hüpfburg. Doch Rieflings ein Dutzend Mitglieder starke Truppe steuert gezielt einen Imbisspavillon an. Die Männer bestellen sich Bier, die Frauen sorgen für Wurst und Pommes frites. Ein Pärchen ist mit sich beschäftigt, die hübsche junge Frau in lila Bluse scheint Rieflings nicht bekannt.

Währenddessen schimpfen die NPD-Anhänger an den beiden Biertischen über die kalten Pommes am Stand und erzählen sich Anekdoten aus ihrer Schulzeit, als einer die Englischlehrerin ärgerte. Kurz vor drei Uhr bewegt sich die Gruppe dann die 50 Meter hin zum Anlegesteg des Ausflugsdampfers. Vor dem Einstieg wird ein Gruppenfoto gemacht, mit denen, die sich ablichten lassen möchten. Das Foto wird später als Beweis für einen fröhlichen Ausflug der NPD im Internet dienen. Unter Deck warten Kaffee und Kuchen auf die erwachsenen Neonazis und die drei kleinen Kinder. Von Ausgelassenheit ist wenig zu spüren, auch Ricarda Riefling wirkt gestresst. Später im Internet wird sie dann nichtsdestotrotz euphorisch vom »gelungenen Tag« mit »vielen« Kindern berichten. Die hätten sich auf dem Abenteuerspielplatz so richtig »ausgetobt«.

Von den »schönen Erlebnissen« als nationale Politikerin berichtet Ricarda Riefling der einschlägigen Hörerschaft von »Netzradio Germania« gern. Zum Ende des langen Interviews kommt Moderator Christian von der Heide* auf das Outing von Ricarda Riefling im Jahr 2007 zu sprechen. Damals füllte ihr Name zeitweilig die norddeutschen Medienspalten. Die Überschriften lauteten von »Neonaziaktivistin gibt Schwimmunterricht« über »Die sanfte Seite des Rechtsextremismus« bis hin zu »Hexenjagd« gegen Nationalisten. »tageszeitung« und NDR-info hatten herausgefunden, dass die Neonazistin als stellvertretende Spartenleiterin im Schwimmverein in Coppengrave ehrenamtlich tätig war. Gemeinsam mit Hobby-Moderator Christian von der Heide* erinnert sie sich drei Jahre später an diese aufreibende Zeit, als ihr Gesicht in den Zeitungen auftauchte und ihr Name in erster Linie als Ehefrau eines gewaltbereiten, vorbestraften Neonazis genannt worden sei. Ihre Älteste ging damals in den Schwimmverein. Sie hatte sich ein Jahr zuvor, als der Verein personelle Engpässe aufwies, angeboten, Kinder auf das Seepferdchen-Schwimmabzeichen vorzubereiten. Gerade als sie erneut schwanger wurde und ihr Ehrenamt kündigen wollte, berichteten die Medien. Erst auf öffentlichen Druck hin distanzierte sich der Vereinsvorstand von Ricarda Riefling. Im Neonazi-Interview lacht sie darüber: »Man hat es dabei belassen, dass ich zurücktrete und mein Amt niederlege. Vereinsmitglied bin ich immer noch!« Gegenüber dem neonazistischen Internetforum »Altermedia« hatte sie sich 2007 beklagt: »Haben die Medien immer noch nicht begriffen, dass ein Nationalist in seinem Wohnumfeld selbstverständlich sozial eingebunden ist? Was ist daran so ungewöhnlich, dass eine Mutter von zwei Kindern ehrenamtlich den örtlichen Sportverein unterstützt?« Ebenso wie Stella Hähnel zeigte Ricarda Riefling kein Verständnis für die öffentliche Empörung.

Seitdem die junge Frau über Schulfreunde in die rechte Szene gerutscht war, hatte sich viel ereignet. Sie hatte sich geschult, wurde an der Seite ihres Ehemannes Teil der Kameradschaften. Sie sei »immer radikaler« geworden. Journalisten gegenüber äußerte sie als 23-Jährige: »NPD, das ist ja schon was Demokratisches.« Es klang verächtlich, notierte der Zeitungsredakteur für die »Braunschweiger Zeitung«. Ob sie denn auch gegen die Demokratie sei, fragte er die junge Frau. »Natürlich. Da wird ja nur gestritten. Ich bin für eine Einheitspartei. Eine Linie.« Dann erfolgte ihr Outing, sie wurde eine öffentliche Neonazistin. Riefling folgte ihrem Ehemann daraufhin offensiver in die Partei, dachte: »Ich trete an!« Sie kandidierte auf der Liste der NPD zu den Landtagswahlen Anfang 2008. Die heiße Wahlkampfphase konnte sie jedoch nur aus der Entfernung erleben, da kurz zuvor ihr viertes Kind geboren wurde. Sie schrieb von zu Hause aus Wahlkampfberichte oder richtete auch mal einen Salat für die Helfer an. Vom Ergebnis war sie »absolut enttäuscht«: Sie habe »2500 Stimmen« und »1,6 Prozent« erzielt. In Hildesheim lag die NPD mit rund 1,8 Prozent Stimmenanteil aber über dem Landestrend.

»Man hängt sich rein und macht und tut«, erinnert sie sich gegenüber Moderator von der Heide. Doch sie machte weiter, übernahm Aufgaben im *Ring Nationaler Frauen* und in der *Gemeinschaft Deutscher Frauen*. Der hölzern wirkende, altmodische Moderator kann sich jetzt nicht länger zurückhalten, stellt endlich die Frage, die ihm schon so lange auf der Zunge zu liegen scheint: »Leidet deine Familie nicht manchmal unter deinen vielen Aktivitäten?« Aber Riefling lässt sich nicht beirren. Sie erläutert, dass es in der Bewegung viele Bereiche gebe, die von Männern gestaltet würden. Es gebe aber auch Themen, wie die Familienpolitik, »da macht sich eine Frau besser«. Denn die könne als »Hüterin der Familie« aus Erfahrung sprechen. So würden Frauen die einseitige Sichtweise der Kameraden ergänzen und eine »ganzheitliche Politik« garantieren, erklärt sie der Zuhörerschaft ernst. Für die Kameradinnen, die sich in »irgendwelche Männerdomänen« einbringen würden und dann mehr als die leisten müssten, hat sie keinerlei Verständnis. »Ich sag mal: Selber schuld!« »Ich habe mein Thema Familie« innerhalb der Partei gefunden, resümiert Riefling nicht ohne Stolz und setzt fast trotzig hinzu: »Das ziehe ich durch.«

Eine mädchenhaft klingende Stimme, Höflichkeit und die Erwähnung ihrer vier Kinder können nach einem langen Gespräch mit Ricarda Riefling nicht darüber hinwegtäuschen, dass die 27-Jährige sehr wohl genau weiß, wovon sie spricht. Sie steht ihren männlichen Kameraden an Überzeugungseifer in nichts nach. So unterstützt sie die NPD-Forderungen nach Kindergeld »nur für Deutsche ohne Migrationshintergrund« und spricht sich gegen die Förderung ausländischer Mütter aus. »Natürlich können wir die hier nicht auf den Straßen verhungern lassen«, sagt sie im Radio-Interview kalt und ergänzt: »Weil man uns das ja immer vorwirft.« Mit der Regierungsarbeit von Bundeskanzlerin Angela Merkel ist die Neonazistin, die die Demokratie ohnehin ablehnt, nicht einverstanden, vielleicht fehle der Frau, so Riefling, »einfach Mutterglück«.

Wie viele ihrer Kameradinnen verehrt auch sie den vorbestraften Sänger der verbotenen Band *Landser*, Michael Regener alias Lunikoff. Nach eigenen Angaben hat sie ihn im April 2010 bei der Jahreshauptversammlung der Knastorganisation *Hilfsorganisation für nationale politische Gefangene und deren Angehörige e. V.* im Raum Würzburg getroffen. Der *Landser*-Song »Arisches Kind« gilt als Kultlied auch unter Müttern der braunen Szene. Der Text lautet: »Deine Augen, die sind blau wie der weite Ozean und so unergründlich tief, dass man drin ertrinken kann. / Deine Haare, die sind blond wie ein reifes Weizenfeld, und sie schimmern fast wie Gold, wenn ein Sonnenstrahl drauf fällt. / Der liebe dicke Mond schaut in dein Bettchen rein, passt immer auf dich auf, sollst nie alleine sein. / Und der braune Teddybär sitzt tapfer auf der Wacht, wenn die Untermenschen kommen durch die rabenschwarze Nacht. / Du weißt noch nichts davon, nicht alle Menschen, die sind gut. / Gut ist immer nur ein Mensch mit reinem Blut. / Und dein Blut ist rein, dafür hassen sie dich, doch du kannst sicher sein: Sie bekommen dich nicht.«

Frauen wie Ricarda Riefling kommen erst auf den zweiten Blick radikal daher. Die *Gemeinschaft Deutscher Frauen* bietet Rückzugsraum. Von der Öffentlichkeit und auch den Behörden wird die nationalistische Frauenorganisation kaum wahrgenommen. Dabei besitzt sie durchaus einen bedrohlichen Charakter, der nationale Kampf ist Dauerthema. Die schleswig-holsteinische Aktivistin Tanja Steinhagen aus Mölln berichtete begeistert von Angriffen gegen politische Gegendemonstranten beim 1.-Mai-Aufmarsch im Hamburger Stadtteil Barmbek 2008. Im NS-Sprachduktus schilderte sie das Erlebte: »In aktiver Selbsthilfe säuberten die Kameraden den Bahnhof von Linken.«

Einen lauen Sommerabend 2011 verbringt die Frau mit der Reneefrisur in Jamel. Gemeinsam mit ihrem Ehemann und einer befreundeten Erzieherin nimmt sie an einem Solidaritätskonzert für den wegen Waffenbesitz und Hehlerei verurteilten Sven Krüger teil. Ordner tragen rote Shirts mit der Aufschrift: »Jamel bleibt deutsch«. Der größte Teil der Gäste des äußerst konspirativ organisierten Events sind Anhänger der *Hammerskin Nation* (HSN). Diese international agierende rassistische Bruderschaft kauft zur Zeit im gesamten Bundesgebiet Immobilien für nationale Treffpunkte, veranstaltet Konzerte und unterhält Szeneläden. Anders als bei der HSN in den USA steht bei den europäischen Einheiten nicht »White Power« als Doktrin im Vordergrund, sondern die Idee der »völkischen Identität«. Manches haben sie von den Motorradgangs kopiert, so neben Kutten, Militärrängen, Probezeiten für Anwärter und Emblemen auch den internen Gruß »HFFH« (Hammerskins Forever – Forever Hammerskins).

Auch Rieflings Faible für politische Überzeugungstäterinnen wie Ulrike Meinhof scheint nicht bloß Jungmädchen-Schwärmerei. So findet sich zum Beispiel auf der GDF-Homepage, unauffällig zwischen harmlosen Themen wie »Girlie-Kratie« und »Die

Mutter als naturverbundene Ärztin«, eine wohlwollende Buchbesprechung über »Die weibliche Seite des Terrorismus«. Während das Werk unter Wissenschaftlern als umstritten gilt, klingt aus der Rezension der Neonazistinnen fast eine gewisse Begeisterung heraus, wenn da steht, es gebe »Beispiele, wonach Männer einen Moment zögern, bevor sie schießen, Frauen jedoch nicht«. Eine Buchbesprechung, die nachdenklich macht.

Gangstyle und Brauchtum – Frauen bei »Freien Kräften« und »Autonomen Nationalisten«

Aussteigerinnen aus dem Spektrum der »Freien Kameradschaften« – »Autonome Nationalisten« – Die *Mädelgruppe*
der *Kameradschaft Tor Berlin* – Der *Frontbann 24* und seine
Anführerin – Rückblick: Frauen im »Freien Widerstand« –
Arbeitskreis Mädelschar, Düütsche Deerns, Leineleefken
und andere – Brauchtum und »Heimatschutz« – Skingirls
in Thüringen

»Scheiße, das ist ja fast mein halbes Leben gewesen!« Anna*
kann es immer noch nicht richtig fassen. Mit 13 kam das Mädchen über ihren Freund zu den radikalen thüringischen Kameradschaften. Sie blieb sieben Jahre dabei, wurde »Autonome Nationalistin«. Erst 2009 machte sie Schluss mit den Neonazis. Der
Berlinerin Johanna* geht es fast ebenso: Sie lernte als 14-Jährige
Leute aus dem »Freien Widerstand« der Hauptstadt kennen. Begeistert baute sie mit Kameradinnen eine der berüchtigtsten »Mä-
delgruppen« auf, erlebte brutale Gewalt und verließ die Szene
vor einigen Jahren. Beide Frauen verkörperten das moderne Bild
einer jungen Neonazistin: selbstbewusst, intelligent, überzeugt.
Sie waren alles andere als harmlose Mitläuferinnen. Mutig geste-
hen sie: »Die Bewegung« habe ihnen alles bedeutet.

»Burn Israel Burn!« stand auf szenetypischen Buttons, wie sie
die »Autonomen Nationalisten« in Thüringen trugen. »Ich fand
die rassistischen Sprüche völlig richtig«, gesteht Anna. Die heute
21-Jährige erinnert sich, dass sie damals glaubte, »Ausländer leben nur auf unsere Kosten hier«. »Deutsche zuerst!« oder »Wir
schützen Volk und Vaterland« – diese Parolen kamen bei ihr an.
»Bratwurst statt Döner« sei peinlich, erzählt sie, »aber wir lebten das«. Je öfter sie zu den Kameradschaftstreffen kam, umso
mehr wurde ihr das Gedankengut vertraut. Sie war keine große
Rednerin, bereitete aber Märsche vor, telefonierte die Kameraden verbindlich zusammen, bestellte Reisebusse oder organisierte
Flugblattverteilungen. Die NPD war der Neonazistin damals zu
lasch. Sie plante, eine Frauenkameradschaft zu gründen. »Doch
die meisten Mädels hingen nur ab, weil ihre Freunde dazuge-

hörten«, berichtet sie über die Stimmung in ihrer thüringischen Stadt. »War die Beziehung zu Ende, waren auch sie weg.« Anna erlebte, dass junge Mädchen in den Kameradschaften vor allem als Sexobjekte angesehen wurden. »Die sind auch selbst schuld gewesen, schnelle Nummer auf dem Klo und so«, erinnert sie sich bitter und fügt hinzu: »Politisch waren die dumm.« Ein älterer Kader beauftragte sie, die anderen jungen Frauen von Bomberjacken und Springerstiefeln wegzubekommen, ohne viel Erfolg. Anna selbst trug unauffällige Kleidung, verteilte harmlos erscheinende Wochenblätter der Neonazi-Szene und verwickelte interessierte Jugendliche in Gespräche. Später kleidete sie sich schwarz. Nahm an vielen Demonstrationen teil. Einmal schlug Anna auf einen »Bullen« mit dem Megaphon ein. Sie machte weiter. Doch es entgingen ihr nicht die Gegenproteste. Sie begann, sich kritische Fragen zu stellen: »Warum nehmen uns die Ausländer die Arbeitsplätze weg, wenn doch hier kaum welche leben?« »Wieso ist ein Deutscher mehr wert als ein Türke?«

Emilys Weltbild ist düster und unangepasst. Kontakt zu anderen Menschen hat sie kaum, auch kein Bedürfnis danach. Sie ist ein 13-jähriges Mädchen mit dunklen Haaren, schwarzem Minikleid, ihre Beine stecken in schwarzen Strumpfhosen, dazu trägt sie weiße Schuhe. Immer ist ihr Gesichtsausdruck traurig bis böse. Niemals ein Lächeln. »Emily the Strange« ist eine Pop-Art-Figur der US-amerikanischen Künstlergruppe »Cosmic Debris«. Das eigenwillige Comic-Mädchen ziert seit Jahren weltweit T-Shirts und Plakate. Emilys Symbolkraft durch Verweigerung gefiel auch der *Mädelgruppe* der neonazistischen *Kameradschaft Tor Berlin*. Johanna war dabei, als sich 2004 die Berliner Neonazi-Frauengruppe gründete. Sie möchte heute nichts beschönigen: »Der Gedanke zu kämpfen war unser Antrieb!« Die Gymnasiastin wollte mit den Kameraden auf die Straße, suchte »Stress mit den Cops« und »Adrenalinkicks bei irgendwelchen Auseinandersetzungen mit Antifaschisten«. Bis zum Verbot durch den Berliner Innensenator 2005 schmückte das düster-zerbrechliche Comic-Mädchen mit einer Zwille in den Händen deren Homepage. Poppig und cool sollte die Außenwirkung sein. Eine Kombination aus modernem Gangstyle und rückwärtsgewandter Ideologie prägte die Aktionen der rechten *Mädelgruppe*. Leben nach dem Prinzip: Wir bauen uns die Welt, wie sie uns gefällt!

Die selbstbewussten jungen Frauen und Männer der *Kamerad-schaft Tor Berlin* experimentierten früh mit dem Begriff »Autonome Nationalisten Berlin«, bildeten als Kameradschaft den ersten »Schwarzen Block«. Auch die *Mädelgruppe* brachte Schwung in die braune Bewegung, räumte mit ewiggestriger »Braunhemd- und Skinhead-Ästhetik« auf und prägte so die Veränderungen im gesamten Lager der »Freien Nationalisten« mit. »Alles, was für Nervenkitzel sorgte, stand bei der *Kameradschaft Tor Berlin* und ihren »Mädels« auf der Tagesordnung. »Wir waren eine der ersten radikal agierenden Frauengruppen auf der Straße«, erinnert sich Johanna. Seitdem sie die Neonazi-Szene verließ, setzt sie sich kritisch mit ihrer politischen Vergangenheit auseinander. Öffentliche Auftritte meidet die intelligente junge Frau, manches ist ihr peinlich. Doch sie möchte aufklären und warnen. Wiedergutmachen. Immerhin galt sie mal als eine der Vorreiterinnen aggressiver weiblicher »Pop-Neonazis«.

Einige Jahre zuvor hatten die Neonazis Thomas Wulff, Christian Worch und Thorsten Heise als Reaktion auf zahlreiche Verbote neonazistischer Kleinstparteien damit angefangen, zwischen 1992 und 1995 ein Netzwerk »Freier Kameradschaften« aufzubauen. Getreu dem Motto »Organisierter Wille braucht keine Partei« riefen sie dazu auf, kleine kameradschaftliche Zirkel zu bilden, die informell eng vernetzt agieren sollten. »Freie Kräfte« sollten eine größere Resistenz gegen staatliche Repressionen entwickeln. Über 200 »Freie Kameradschaften« waren bzw. sind seit 1996 bundesweit aktiv, sie wechseln häufig Namen und Logos, agieren dynamischer als Parteien. Seit 2004 kooperieren die meisten mit der NPD, Doppelmitgliedschaften sind keine Seltenheit. Bekannte Kameradschaftsanführer rückten bundesweit in den Parteivorstand auf wie Thorsten Heise von der *Kameradschaft Northeim* oder Claus Cremer, ehemals Anführer des *Freien Widerstands Wattenscheid*. Für den politischen Nachwuchs eine »devote« Haltung, die nicht ohne Kritik blieb. Aus Protest traten junge Aktivisten aus dem Spektrum der »Freien Kräfte« verstärkt unter dem Label »Autonome Nationalisten« auf. Die Journalisten Jürgen Peters und Christoph Schulze bezeichnen sie in ihrer Schrift »Autonome Nationalisten« als »Strömung innerhalb des militanten Neonazismus«. Insbesondere 16- bis 26-Jährige würden von der politischen Vorstellung angezogen, dass die NS-Zeit nicht mehr als alleiniger Maßstab gilt, so Peters und Schulze. Dabei pflegten auch »Autonome Nationalisten« mitunter die »typische nostalgische Sehnsucht« nach »Kampfzeit« oder »Heldentaten«, leben aber nach Erkenntnis der beiden Autoren betont im »Hier und Jetzt«. Die *Kameradschaft Tor Berlin* machte es politisch und in privaten Wohngemeinschaften vor. So gab es in WG-Zimmern nicht nur regelrechte Schreine mit Hitler-Büsten und Hakenkreuzfahnen, sondern daneben eben auch CD-Sammlungen mit Hip-Hop der Plattenfirma »Aggro Berlin«. »Musik mit schwarzen Ursprüngen und wahnhafter NS-Kult, Opposition gegen die Szeneautoritäten und offensiver Führerkult gingen bei der *Tor* Hand in Hand«, so die Experten. Sie kommen zu dem Fazit: »Autonome Nationalisten sind wandelnde Widersprüche.«

Cooler Style geht vor Ideologie. Heute kommen zu fast allen Neonazi-Aufmärschen Gruppen in schwarzer Kleidung. In der Szene, vor allem in den größeren Städten, müssen Gestus und Habitus stimmen. 2002 trugen die ersten Kameradschaften das neue Outfit, etwa zwei Jahre später kristallierten sich nach eigenem Selbstverständnis die »Autonomen Nationalisten« heraus. Im August 2008 erschien die erste Ausgabe von »an.schlag – Das Handbuch der Autonomen Nationalisten«. »Wir leben in einem Land, in dem die Interessen der Wirtschaft mehr zählen als Menschenleben, in dem Hilfe suchende deutsche Bürger in menschenunwürdige Heime gepfercht werden und unter der Armutsgrenze leben müssen«, heißt es darin. Und: »Ob du Hip-Hopper, Rapper oder sonst irgendwas bist, ob du Glatze oder lange Haare hast: Völlig egal! – Hauptsache du bist gegen das herrschende System!« Klingt offen, klingt modern. Internationalismus wird suggeriert, verpflichtet fühlen sich die »Autonomen Nationalisten« aber nur den »deutschen Bürgern«. Sie schreien vielleicht nicht sofort prollig »Ausländer raus!«, meinen es aber.

Von Berlin verbreitete sich der neue braune Style in den Westen, vor allem in die nordrhein-westfälischen Metropolen. Rund 400 »Autonome Nationalisten« soll es bundesweit geben. Es dauerte, bis die Verfassungsschutzbehörden die »Autonomen Nationalisten« immerhin als »militante Randerscheinung« registrierten. Ideologisch sind Nationalismus und Sozialismus die Schlagworte. Ein »politischer Partisan« soll sich laut dem Selbstverständnis der »Autonomen Nationalisten« anonym in der von ihm abgelehnten Gesellschaft bewegen, um sie »gezielt im

Sinne der nationalen Revolution« zu unterwandern. Ihre Positionierung innerhalb des radikalen Spektrums erfolgte zunächst konträr zur Parteiarbeit. Bei aller anfänglichen Ablehnung haben sich jedoch insgesamt die Ränder zwischen »Autonomen Nationalisten«, »Freien Kameradschaften« und der NPD aufgeweicht. In einigen Regionen konnten altgediente Kameradschaftskader sogar ihren Führungsanspruch in beide Richtungen festigen.

Vor allen anderen griffen die Aktivisten der *Kameradschaft Tor Berlin* den autonomen Organisationsgedanken auf und kopierten linke Symbolik und Styles. Während andere Kameradschaften noch gelangweilt an Tankstellen oder auf Bahnhofsvorplätzen herumhingen, organisierte die 2000 gegründete Berliner Kameradschaft, benannt nach der Gegend um das Frankfurter Tor, bereits nationalen Agitprop. Spontandemonstrationen, Provokationen mit Graffitis, das Ausspähen politischer Gegner gehörten zum politischen Repertoire. Ihre Aktionsschwerpunkte lagen in den Stadtteilen Lichtenberg und Friedrichshain. Die Truppe zählte zum harten Kern der Berliner Szene. Gemeinsam mit der Kameradschaft *Berliner Alternative Süd-Ost* (BASO) organisierten die *Tor*-Anhänger eine Kampagne zur Schaffung eines nationalen Jugendzentrums im Osten Berlins. Über das Internet veröffentlichten Mitglieder mehrmals Steckbriefe von Antifaschisten und auch persönliche Daten von Beamten einer Spezialeinheit der Polizei.

Fünf Frauen aus den Reihen der *Tor* entschlossen sich vier Jahre nach der Gründung zum Aufbau einer internen *Mädelgruppe*. Im Kern hoben sie sich nicht von anderen Neonazi-Frauenorganisationen ab. In einem Aufruf wurde betont, wie wichtig ihre Arbeit »für den nationalen Widerstand« sei. Sie distanzierten sich von »unfähigen Emanzen«, orientierten sich dagegen an den hart arbeitenden, »stolzen Frauen« in der deutschen Vergangenheit. Treffen fanden nur im kleinen Kreis statt, hieß es, da man »noch nicht so viele Mädels und Frauen« aufweisen könne, »wie wir das gerne hätten«. Doch sie seien ja noch am Anfang. Die *Mädelgruppe* mahnte: »Dieser Kampf ist kein Spiel! Er verlangt sehr viele persönliche Opfer, nur diesen Preis zahlen wir für unsere Nachfahren gerne. Schließlich können wir, wenn der Sieg unser geworden ist, dann mit ruhigem Gewissen sagen, dass unsere Kinder und Kindeskinder in Freiheit leben werden.«

Mit der Rolle als treusorgende Frau an der Seite eines nationalen Kämpfers wollte Johanna sich nie identifizieren. Bei den »Autonomen Nationalisten« der *Kameradschaft Tor* sah sie die Chance, dem bloßen Klischee von der »natürlichen Verpflichtung als Mutter« zu entgehen. Schwarzes Outfit bei Männern und Frauen, Basecaps, Sonnenbrillen und schweres Schuhwerk gefielen ihr. Sie konnte sich in Berlin relativ frei und unerkannt im Alltag bewegen. Fiel nicht sofort als Kameradschaftsaktivistin auf. Die selbstbewusste junge Frau wollte niemals nur »Anhängsel« sein. Gemeinsam mit gleichgesinnten jungen Frauen suchte sie eine Position am Rand des extrem rechten Mainstreams. »Der Gedanke, für die nationale Sache zu kämpfen, hat uns angetrieben, und der Hass gegen das System und gegen Antifaschistinnen hat uns blind gemacht«, berichtet Johanna, und man merkt ihr an, dass sie noch heute, rund drei Jahre nach ihrem Ausstieg, nicht begreifen kann, wie sie so lange hat mitmachen können.

Johanna war in der 8. Klasse, als sie über eine Freundin rechte Jugendliche kennenlernte. Ihr familiäres und schulisches Umfeld bezeichnet sie als »subkulturell sehr links geprägt«. Die neuen Freunde und ihre nationale »Anti-Haltung« stießen dort sofort auf totale Ablehnung. »Für mich hatte das etwas Rebellisches, ich wollte anders sein«, erinnert sie sich, »die Ausgrenzung in meiner Schule gab mir die Bestätigung.« Das Mädchen war immer schon politisch interessiert, las viel. Die NPD und ihre steife Parteiarbeit reizten sie nicht, ihre Chance sah sie eher im Spektrum der autonomen Neonazis. Doch den Kontakt zur Außenwelt verlor sie nie ganz. Sie hatte viele Hobbys, versuchte sich einen Grad an Unabhängigkeit immer zu bewahren.

Zunächst hatte die junge Frau das Gefühl, ihre Meinung sagen zu können, sah eine Chance, ihre politischen Vorstellungen zu verwirklichen, und fühlte sich akzeptiert. Die *Mädelgruppe* sollte ihnen Raum genug bieten, um sich unabhängig von den männlichen Kameraden eigenständig politisch zu schulen. »Mein Anspruch war es, mich nicht irgendwelchen Autoritäten zu unterwerfen«, betont sie, niemals wollte sie »fremdbestimmt« sein. Ihr lag der Umgang mit den »entspannten« jungen Leuten. Es wurde weniger über Adolf Hitler oder das »Dritte Reich« als über konträre Begriffe wie Individualismus und homogene deutsche »Volksgemeinschaft« diskutiert. Johanna strebte nationale Elite und Geborgenheit, aber auch das Recht auf eigenständiges

Handeln an. »Wir sind in Berlin etwas Besonderes«, glaubte sie damals. Es gab keine strengen Vorschriften, unterschiedliche Meinungen wurden geduldet. Johanna genoss den bundesweiten Status der *Kameradschaft Tor Berlin*, die Gruppe galt szeneintern als »sehr arrogant«. Als junge Aktivistin bildete sie sich ein, die Ungleichbehandlung der Geschlechter würde durch praktizierte Kameradschaft ersetzt. Sie sollte bald eines Besseren belehrt werden.

»Unsere Losung war: Der Nationalsozialismus soll zukunftsorientiert und nicht nach hinten gerichtet sein«; sie glaubte daran, Politik mitzugestalten. Auffällig an der *Kameradschaft Tor Berlin* war nicht nur der offensive Umgang mit linken Symbolen, vor allem die uneingeschränkte Verwendung von Anglizismen und moderner Street-Art brachte ihnen szeneintern viel Kritik ein. Wenn sie bei Aufmärschen Ska- oder Hip-Hop-Songs spielten, empörten sich ältere Anführer. So soll es zum Beispiel im Dezember 2004 zur aggressiven Auseinandersetzung zwischen der konventionellen Kameradschaft *Nationaler Widerstand Berlin-Brandenburg* und der *Tor* gekommen sein.

Bereits im Mai des Jahres hatten sich eine Handvoll Anhängerinnen der *Mädelgruppe* der *Kameradschaft Tor Berlin* an einer Störaktion gegen das jährliche Gedenken zum Sieg der Alliierten am sowjetischen Ehrenmal beteiligt. Während die männlichen Kameraden sich in der Nähe der Feierlichkeit am Treptower Park aufstellten und provokativ eine Fahne in den Farben des Deutschen Reiches schwenkten, um anwesende Beamte des Bundesgrenzschutzes abzulenken, mischten sich die jungen Frauen unter die Gäste der Gedenkfeier. Schnell sammelten sie sich, zogen Trillerpfeifen und ein Transparent mit der zynischen Aufschrift »Tötet alle Deutschen« aus der Tasche. In ihrer internen Nachbetrachtung freute sich die *Mädelgruppe* in erster Linie über die Verwirrung, die sie gestiftet hatten. Stolz hieß es im Bericht: »Schließlich passten wir keineswegs in das übliche Klischee.« Auch die Androhung eines Strafverfahrens sowie die erkennungsdienstliche Behandlung in den Räumen der Polizei ließen sie demnach an sich abprallen. Belustigt hätten sie auf die Frage eines Beamten, ob sie nun rechts seien oder nicht, geantwortet: »Wir sind eigentlich wir.«

Mit Schlagworten wie Zusammenhalt, Provokation und Kollektivverweigerung gegenüber Gesellschaft und Staat lässt sich

Junge Frau zwischen »Autonomen Nationalisten«, die eine Fahne in den Farben des Deutschen Reichs trägt, Lübeck im März 2009.

die Ideologie der *Mädelgruppe* beschreiben. »Autonom, militant – Nationaler Widerstand!« lautete so eine Parole. Gern spielten sie auch mit Stereotypen in den eigenen Kreisen. So wunderten sich nicht wenige, als ausgerechnet die jungen Frauen und Männer der *Tor Berlin* beim Rudolf-Heß-Marsch in Wunsiedel 2004 durch straffe Aufstellung in Dreierreihen und einheitliche Uniformierung in altmodischer schwarz-weißer Kleidung auffielen. »Wir haben uns sittsame weiße Blusen und lange Röcke angezogen, gerade weil es niemand von uns erwartete«, erinnert sich Johanna und fügt hinzu: »Das Ganze war für uns ein Spaß.«

Bereits Ende 2004 nahm das Landeskriminalamt in Berlin Ermittlungen wegen Volksverhetzung gegen die *Kameradschaft Tor* und ihre weibliche Suborganisation auf. Beamte waren auf Transparente aufmerksam geworden, auf denen stand: »Fremdkulturen entgegentreten‹, darunter war eine Figur gezeichnet, die gegen einen Davidstern, einen Halbmond und ein US-Dollar-Zeichen trat. Wenige Monate später fanden mehrere Hausdurchsuchungen auch bei vier Anhängerinnen der *Mädelgruppe* statt.

»Die *Kameradschaft Tor Berlin* und ihre *Mädelgruppe* betreiben ›Anti-Antifa-Aktivitäten‹ und kämpfen in aggressiver Weise gegen den Staat und politische Gegner«, hieß es im Verfassungsschutzbericht des Landes. Zudem würden die Anhänger versuchen, »politische Gegner unter Druck zu setzen und ein Klima der Einschüchterung und der Angst zu erzeugen«. Der Berliner Verfassungsschutz warnte: »In Rhetorik, Symbolik und Aktionen verdeutlichen sie kontinuierlich einen kämpferischen Impetus und Gewaltbereitschaft.« Fachredakteure wie Frank Jansen vom »Tagesspiegel« wurden von der *Kameradschaft Tor Berlin* als »Presseschmierer« beschimpft. Unverhohlen drohten sie: »Journalisten haben Namen und Adressen, kein Vergeben, kein Vergessen!« Der Aufruf der Kameradschaft endete mit: »… wir lassen uns nicht verbieten … wir sind die Bomben in diesem Käfig voller Narren …«

»Es gab Frauen in der Szene, die waren deutlich fanatischer und gewaltorientierter als die Männer«, erinnert sich Johanna, einige hätten regelrecht »körperlich zurückgehalten« werden müssen. Für einige Anhängerinnen der *Mädelgruppe* schien es durchaus legitim, Gewalt zur Durchsetzung ihrer Ziele anzuwenden. Sie glaubten an einen neuen »Führerstaat«, zu ihren Vorbildern zählte die rhetorisch begnadete »Reichsfrauenführerin« Gertrud Scholtz-Klink, eine überzeugte Hitler-Anhängerin. Johanna distanzierte sich von grober Radikalität, hielt sie aber dennoch für einen Teil rechter Gleichberechtigung. Auf ihrer Homepage hatten die Mädchen als Ziel das »Erkämpfen eines neuen Deutschlands« propagiert. Dementsprechend sollte Frauen ihre »ureigenste Art« zurückgegeben werden, und sie sollten sich befreien von »den liberalistischen Fesseln der Gleichberechtigung, Unabhängigkeit und Selbstverwirklichung, die eine vermeintliche Freiheit versprechen, doch letztendlich nur Trugbild« seien.

»Im Umfeld der *Mädelgruppe* gab es sehr unterschiedliche Frauen«, erzählt Johanna. Die älteren sagten: »Macht mal euer Ding.« Manche Jüngere aus der »Brauchtumsfraktion«, wie Johanna die nannte, begannen sich vornehmlich darauf vorzubereiten, »ordentliche deutsche Mütter« zu werden. Sie lernte Berliner Frauen aus anderen Gruppen wie Michaela Zanker oder Stella Hähnel kennen. Organisationen wie die *Heimattreue Deutsche Jugend* oder die *Gemeinschaft Deutscher Frauen* hätten dabei immer einen »sektenhaften Eindruck« auf sie gemacht. Johanna wollte lieber auf die Straße. Rena Kenzo, Mitherausgeberin des Buches »Braune Schwestern?« und Wissenschaftlerin im Forschungsnetzwerk Frauen und Rechtsextremismus, vermutet, dass ein Kreis wie die *Mädelgruppe* an anderen Standorten als Berlin so nicht hätte funktionieren können. »Einerseits gab es Bemühungen, sich zu emanzipieren«, erklärt Kenzo, »andererseits bediente die *Mädelgruppe* aber auch alte Klischees.«

Aufkleber mit den Worten »Nationaler Sozialismus geht auch uns was an. [...] klagt nicht, kämpft! Mädelgruppe der Kameradschaft Tor« wurden verteilt. Die Anhänger der *Tor* beteiligten sich an Auftritten als »Schwarzer Block«. Nachdem es bei einer NPD-Demonstration in Berlin zu Ausschreitungen gegenüber Polizeibeamten aus dem Block heraus gekommen war, hieß es in einem mit »Mädelgruppe KS Tor« unterzeichneten Bericht stolz, dass »aus unseren Reihen die ersten Flaschen flogen« und versucht worden sei, »die Bullenkette [...] zu durchbrechen«. In diesem Schreiben, das in einem Forschungsbericht der Fachhochschule für Verwaltung und Rechtspflege, Fachbereich Polizeidienst 2006 zitiert wurde, wird deutlich, dass es noch eine weitergehende Gewaltbereitschaft gegeben hat, denn die »Mädel« schrieben: »Am Anfang war gut Schwung drin. Wäre schön gewesen, wäre es länger dabei geblieben. [...] Wäre weiterhin mehr Druck ausgeübt worden, wären wir wahrscheinlich auch weiter gekommen. Hoffentlich beim nächsten Mal!«

Neben der »Aktionsdynamik« reizte Johanna vor allem die Gratwanderung zwischen »Abenteuerlust« und reaktionärem Frauenverständnis. Fassungslos reagierte sie auf rohe Gewalt ihrer Freunde. Bei einer Großdemonstration in Dresden gegen die alliierte Bombardierung der Stadt 1945 war es einem Trupp von Berliner Neonazis gelungen, aus dem von der Polizei abgesicherten Aufmarschzug auszubrechen. Unbeobachtet von Einsatzkräften überfielen sie in den Nebenstraßen ahnungslose Gegendemonstranten. Gemeinsam mit einer Kameradin versuchte sie, Passanten, »die teilweise am Boden lagen«, aufzuhelfen, erinnert sie sich mit leiser Stimme. Die Männer seien durch die Gegend gerannt und hätten »wahllos« Menschen angegriffen.

Anfang März 2005 verbot Innensenator Ehrhart Körting die *Kameradschaft Tor Berlin* sowie deren *Mädelgruppe*. Deren verfassungsfeindlicher Betätigung konnte nur in Form eines Verbotes im Sinne des Vereinsgesetzes wirksam entgegengetreten werden, hieß es von Seiten der Behörden. Der braune Kult schien vorüber, doch die Idee hatte längst Verbreitung gefunden. Johanna machte zunächst bei anderen »Autonomen Nationalisten« weiter. Einige wenige aus den Reihen der *Tor* wechselten zu den *Jungen Nationaldemokraten*, der radikalen Jugendorganisation der NPD. Anfang 2006 setzte bei ihr ein Umdenken ein. Längst hatte sie bemerkt, dass Mädchen und Frauen »in diesen Kreisen« doppelt oder dreifach so viel leisten mussten wie die Männer, um »wirklich akzeptiert« zu werden. »Wir prägten die Szene mit«, betont sie, doch schnell sei klar geworden, dass der ungewöhnlich starke Einsatz der *Mädelgruppe* bis zum Verbot und die Bemühungen der jungen Frauen danach vielen männlichen Kameraden immer »ein Dorn im Auge« gewesen seien.

Zum ersten Mal »fremdbestimmt« fühlte sich Johanna, als ihr untersagt wurde, als Frau an einer Demonstration teilzunehmen. »Ich war immer dabei. Auf einmal erhielt ich die unmissverständliche Order, ja zu Hause zu bleiben, weil es gefährlich werden könnte.« Es war dieses Verbot der eigenen Kameraden, das ihr die Augen öffnete, sagt sie heute. Das junge Mädchen begann über ihre Ideologie nachzudenken und beiseitegeschobene Widersprüche »überhaupt erst einmal zu realisieren«. Sie kapselte sich ab, widmete sich verstärkt ihren Hobbys. Es gab Drohungen; ihr wurde ein »Feuerwerk« angekündigt, wenn sie über die Zeit in der *Tor Berlin* reden sollte. »Aussteiger wurden als Verräter beschimpft«, erklärt sie, »die standen in der Hierarchie noch unter Juden und galten quasi als Freiwild.« Johanna jedoch profitierte von der Uneinigkeit in den Reihen ihrer ehemaligen Kameraden darüber, ob Frauen als Aussteigerinnen angegriffen werden dürften. »Es gab da anscheinend eine Hemmschwelle«, glaubt sie. Zudem wollte die Berliner Neonazi-Szene nicht noch mehr negative Schlagzeilen – das war Johannas Glück.

Sie habe aus freien Stücken mitgemacht, betont Johanna im Nachhinein ehrlich. Wie die anderen Kameradinnen war sie überzeugt von der nationalen Sache. Und nur weil sie niemanden verletzt habe, könne sie sich nicht von einer Schuld lossprechen. »Ich habe zwar keinen Menschen körperlich geschädigt, aber ich bin durchaus mitverantwortlich, weil ich viele – vor allem junge Männer – angeworben habe«, gesteht sie, »und die sind teilweise noch dabei.« Heute findet sich der von der *Kameradschaft Tor Berlin* und seiner *Mädelgruppe* propagierte gefährliche Mix aus moderner Symbolik, rassistischem Hegemonialanspruch und rückwärtsgewandter NS-Ideologie vor allem in relativ NPD-unabhängigen Strukturen wie dem sich von Sachsen ausbreitenden *Freien Netz*, den »Autonomen Nationalisten« aus Dortmund, dem Neonazi-Verbund im »Gau Westfalen-Nord« oder dem konspirativen Zusammenschluss *Spreelichter* in Südbrandenburg wieder.

Die braune Szene in der Bundeshauptstadt hat viele Erscheinungsbilder. Ein Teil der Berliner und Brandenburger Kameradschaften prägt noch immer die klassische Subkultur: Glatzköpfe, Tattoos, Lederkleidung oder Bomberjacken. Während sich weibliche und männliche NPD-Kommunalpolitiker gern geschäftsmäßig seriös geben möchten und zu Rüschenblusen, Kostümen oder Anzügen mit Krawatten tendieren, zeigen sich die Jüngeren bevorzugt im Style der »Autonomen Nationalisten«. Wieder andere fallen gar nicht äußerlich auf oder tragen Hip-Hop-Kleidung. Auch von Trachtenjoppen bis zum Öko-Outfit ist alles vorhanden. Extrem rechte Kulturschaffende organisieren Brauchtumsfeiern, Volkstanz oder Veranstaltungen wie den Märkischen Kulturtag. Interne Querelen lähmen von Zeit zu Zeit die politische Arbeit. Der schwache Landesverband der NPD unter Führung von Jörg Hähnel forcierte die Spannungen noch. Allein 2009 verlor die Partei in Berlin nach Angaben des Landesamtes für Verfassungsschutz 40 von 300 Mitgliedern. Die »Freien Nationalisten« profitierten davon. Im Streit traten die NPD-Kreisverbände Marzahn-Hellersdorf und Tempelhof-Schöneberg fast vollständig aus, schlossen sich der Kameradschaft *Frontbann 24* an. Von den elf 2006 in die Bezirksverordnetenversammlungen gewählten Abgeordneten der NPD schmissen drei hin. Bei der Bundestagswahl 2009 blieb die Neonazi-Partei in Berlin mit 1,6 Prozent deutlich unter der Fünf-Prozent-Hürde.

Dennoch raufen sich Kameradschaftsanhänger, »Autonome Nationalisten« und NFD-Anhänger immer wieder zusammen. Das wird deutlich bei der Mitte September 2010 organisierten Kundgebung mit Musikprogramm zum Thema »Überfremdungsgesetz stoppen« am S-Bahnhof im Berliner Stadtteil Schöneweide. »Freie Kräfte« dominieren in dieser Gegend. Immer wieder kommt es rund um den Bahnhof zu rassistischen Pöbeleien oder Angriffen gegen Jugendliche. Die im Februar 2009 eröffnete Gaststätte »Zum Henker« in Schöneweide diente nicht nur als Veranstaltungsort für Rechtsrock-Konzerte und Vorträge, sondern in erster Linie als überregionaler Szenetreffpunkt.

Das NPD-Open-Air am S-Bahnhof Schöneweide gibt auch Aufschluss darüber, dass junge Frauen in allen rechten politischen Lagern mitmischen. Rund 20 Prozent der Parteimitglieder in Berlin sind weiblich. Noch 2008 führten Frauen zwei von acht Kreisverbänden der NPD in Berlin an. Die vom Landesamt für Verfassungsschutz angegebenen 13 Prozent Frauenanteil im »organisierten Berliner Rechtsextremismus« könnten allerdings überholt sein. Während mit Manuela Tönhardt eine Repräsentantin des Landesverbandes der NPD als Rednerin auftritt, lümmeln junge Frauen im schwarzen Outfit der »Autonomen Nationalisten« an der Absperrung herum, um Journalisten und einige Gegendemonstranten zu fotografieren. Allein Tönhardts Parteifreundin Cornelia Berger aus dem Wahlkreis Mitte und zwei bieder wirkende jüngere Kameradinnen lauschen gespannt. Ansonsten bleibt der Platz vor der Bühne leer. Die meisten zeigen wenig Interesse, stehen in Grüppchen an Biertischen oder vor einem Imbiss. Einige rechte Skingirls mit klassischem Renee-Haarschnitt haben sich zu den Männern auf die Bordsteinkante gehockt, sie unterhalten sich und lachen laut. Eher untypische junge Leute, darunter ein Mädchen, stark geschminkt, mit grell pinkfarbenen Haaren stehen in einer Schlange für Bier an. Die prominenteste Neonazistin auf dem Gelände hat der NPD und ihren Rednern den Rücken zugekehrt: Gesine Hennrich. Im Netzwerk »Freier Kräfte« in Berlin ist sie einer der ganz wenigen weiblichen Führungskader.

Nur widerwillig scheint Hennrich Präsenz zeigen zu wollen. Sitzt neben anderen Frauen auf der ungemütlichen Plastikbank einer Haltestelle in einiger Entfernung von der mit NPD-Fahnen geschmückten Bühne. Obgleich ganz in Schwarz gekleidet, hebt sie sich doch im Erscheinungsbild von den Jüngeren ab. Wirkt eher wie eine ehemalige Rockerbraut. Eine schwere Silberkette hängt am Hals der dauergewellten Blondine mit dem etwas verlebten Gesicht. Hennrich scheint gelangweilt. Sie gähnt, hebt dafür nicht mal die Hand.

2007 galt die aus dem norddeutschen Bad Bevensen zugezogene Neonazistin noch als aufstrebende Multifunktionärin der Berliner NPD. Dann legte sie sich mit dem völkischen Hardliner Hähnel an und trat im Februar 2009 überraschend von ihren Ämtern als Landesvorsitzende des *Rings Nationaler Frauen* und als Vorsitzende des NPD-Kreisverbandes Treptow-Köpenick zurück.

Insbesondere der heimattreuen Scheitelfraktion muss die lebensfrohe Aktivistin, sonnenbankgebräunt und stets mit Sonnenbrille im Haar, in die Quere gekommen sein. Schnell kursierten in Kameradenkreisen Fotos einer leicht bekleideten Hennrich. Bizarre »Porno«-Vorwürfe wurden laut, und die engagierte Aktivistin wurde von allen Seiten, auch per Internetaufruf, aus der Partei gemobbt. Welchen Einfluss sie zu diesem Zeitpunkt bereits hatte, zeigt sich daran, dass mit ihr ein Großteil des Kreisverbandes der NPD die Partei verließ und sich der neuen regionalen Kameradschaft *Frontbann 24* anschloss. Die war wenige Monate zuvor, Anfang Oktober 2008, von unzufriedenen ehemaligen Parteimitgliedern gegründet worden und bekam jetzt auffällig viel Zulauf, so dass die Anhängerzahl schnell auf über 60 stieg.

Frontbann 24 gab sich im Gegensatz zur *Kameradschaft Tor Berlin* eher als traditionelle Gruppierung subkultureller Prägung. Das Alter der Mitglieder der am stärksten wachsenden Kameradschaft in Berlin lag mit 30 bis 50 Jahren ungewöhnlich hoch. Mit ihren geschlossenen Auftritten und fast einheitlichen schwarzen Uniformen grenzte sie sich vom Habitus »Autonomer Nationalisten« ausdrücklich ab. Der Name »Frontbann« erinnerte an die gleichnamige überparteiliche Sammelorganisation, die 1924 von Ernst Röhm als Auffangbecken nach dem gescheiterten Hitler-Putsch in München für SA-Leute und faschistische Paramilitärs gegründet worden war. Der »Frontbann« galt als Vorläuferorganisation von Röhms Sturmabteilung, der millionenstarken Schlägertruppe der NSDAP.

Die Gruppe um Gesine Hennrich setzte Reichsadler und Lorbeerkranz den modernen Trends und vor allem der Imitation linker Lifestyles entgegen. Nach Einschätzung der Berliner Behörden schloss *Frontbann 24* die bestehende Lücke zwischen den »Autonomen Nationalisten« und der NPD. Der starke Zulauf spreche für das »passgenaue« Angebot der Kameradschaft, die zum größten Teil aus Glatzköpfen bestand. »Die Gruppe ist als erste nennenswerte Neonazi-Kameradschaft in Berlin seit den Verboten der *Kameradschaft Tor* und der *Berliner Alternative Süd-Ost* in Erscheinung getreten«, vermerkte das Internet-Fachportal »redok«. Das Lokal »Zum Henker« in Schöneweide wurde zum Anlaufpunkt für Hennrichs Gefolgsleute, aber auch für jüngere Anhänger aus den Reihen anderer Kameradschaften. Vor allem Kontakte ins Rechtsrock-Milieu wurden ausgebaut. Das Verhältnis zur NPD blieb angespannt. *Frontbann*-Anhänger beteiligten sich an Aufmärschen und Veranstaltungen, traten sogar als Veranstalter auf. So bei einer Spontanaktion aus Protest gegen die angebliche Vergewaltigung einer Kameradin durch Migranten im August 2009 in Neukölln mit 90 Teilnehmern. Der Vorfall entpuppte sich nach Recherchen der Nachrichtenagentur ddp als frei erfunden – doch das Ziel, in der Öffentlichkeit wahrgenommen zu werden, wurde erreicht. Es folgte im September eine Mahnwache im Ost-Berliner Bezirk Lichtenberg zum Thema »Drogen Nein Danke – Die Schule ist die Schranke«.

Bereits Mitte 2009 wurden Ermittlungsverfahren gegen zehn Männer und eine Frau wegen Verstoßes gegen das Versammlungsgesetz eingeleitet. Bei Hausdurchsuchungen fanden Beamte Uniformteile, Betäubungsmittel, NS-Devotionalien, Waffen sowie Mitgliedsanträge und -ausweise. Mittlerweile galt Gesine Hennrich neben Uwe Dreisch als Führungskader der Kameradschaft. Die Auftritte des *Frontbann 24* seien »gespenstisch« gewesen, berichtete der »Tagesspiegel« Anfang November 2009 und wies erleichtert auf das vom Berliner Innensenator Ehrhart Körting ausgesprochene Verbot der Vereinigung hin. *Frontbann 24* habe sich gegen die verfassungsmäßige Ordnung gerichtet und sei »nach Zweck und Tätigkeit den Strafgesetzen« zuwidergelaufen, hieß es in der Pressemitteilung der Behörde. Auch Gesine Hennrichs Wohnung in Lichtenberg wurde von Beamten durchsucht. Berliner Zeitungen brachten schnell in Erfahrung, dass sie direkt über deren Bett eine Hakenkreuzfahne vorgefunden hätten.

Gesine Hennrich machte weiter. Im Dezember 2009 wurde die 40-jährige Neonazistin in erster Instanz vor dem Amtsgericht Bernau in Brandenburg zu einer siebenmonatigen Freiheitsstrafe ohne Bewährung wegen Volksverhetzung und Verstoßes gegen das Jugendschutzgesetz verurteilt. Das Gericht sah es als erwiesen an, dass Hennrich für eine NPD-Feier im August 2008 im brandenburgischen Biesenthal verantwortlich gewesen war. Diese Party wurde demnach bis zur Auflösung durch die Polizei mit Musik von einschlägigen CDs gestaltet. Die Beamten fanden Tonträger von der als kriminelle Vereinigung verbotenen Berliner Nazirock-Band *Landser* sowie von der WAW-Kampfkapelle (WAW = *Weißer Arischer Widerstand*) mit dem Titel: »Kauft nicht bei Juden«. Während des Prozesses, den Hennrich ohne juristischen Beistand, aber in Begleitung ehemaliger *Frontbann-24-*

Kameraden antrat, wurde auch die Tatsache verhandelt, dass sie ihre minderjährige Tochter zu der Hardcore-Veranstaltung mitgenommen hatte. Gegen das Urteil wurde Berufung eingelegt.

Nach dem Wechsel an der Spitze des NPD-Landesverbandes scheint sich das Klima unter den extrem rechten Berliner Gruppierungen etwas erholt zu haben. Uwe Meenen aus Würzburg, der Hähnel als Vorsitzender ablöste, gilt seit langem als Freund der »Freien Kräfte«. Große Mobilisierung gelingt der Partei wohl auch unter seiner Führung nicht, aber immerhin geben sich die Anführer verschiedener Fraktionen ein Stelldichein. Zur NPD-Kundgebung am Bahnhof in Schöneweide im Herbst 2010 erscheint die nun namenlose Truppe um Hennrich gemeinsam mit rund 250 anderen Neonazis. Feierstimmung will auch beim anschließenden Konzert nicht aufkommen. Die Ex-*Frontbannler* bleiben ebenso zurückhaltend wie ihre Anführerin. Die trägt stolz ihre politische Message in altdeutscher Schrift auf dem Shirt: »Verboten«.

Kontroversen zwischen NPD und »Freien Kameradschaften« werden auch auf dem Rücken der wenigen weiblichen Anführer ausgetragen. Das erlebte nicht nur Gesine Hennrich, sondern auch eine andere Kameradin im Dezember 2010. Die engagierte rechte Multifunktionärin, aktiv bei »Freien Kräften« und NPD, scheint gekränkt. Wohl ohne ihr Wissen hatten die Kameraden aus den Reihen des »Freien Widerstands« in Norddeutschland die Verteilung von Parteimaterial eingestellt. »Auch wenn ich NPD-Vorsitzende bin und mir die Parteiarbeit sehr viel Spaß macht, hänge ich dennoch viel Zeit und Kraft in die KS«, verteidigt sie sich. Innerhalb der Kameradschaft (KS) wird ihr unterstellt, sie habe die Parteiarbeit dem Einsatz für die Kameradschaft vorgezogen. Beleidigt kontert die Aktivistin: »Das ist widerlich! Ich mache so viel und bekomme eine Arbeitsaufkündigung. Prima. Und ich soll mich jetzt noch hinsetzen und mit Herzblut darangehen? Noch ein Flugblatt, inhaltlich und grafisch herstellen, für die KS?« Polternd zählt sie Beispiele für ihren Arbeitseifer auf. Die vierfache junge Mutter fühlt sich übergangen: »Klar ... mit der Dummen kann man das ja machen! Im Gegensatz zu manch anderen gibt es von mir kein Stöhnen, wenn Arbeit anliegt. Obwohl ich selbst zu Hause überfordert bin.« Sie sagt den Kameraden: Solange sie die Zusammenarbeit mit der NPD boykottieren, schränke auch sie ihre Tätigkeit ein: »Ich dachte, wir handeln als [...] Widerstand gemeinsam und stärken uns an allen Fronten. Das war der Grund, warum ich hier den NPD-Vorsitz übernommen habe.« Voller Inbrunst setzt sie sich für ihre politische Überzeugung ein: »Ich mache hier überall an nationaler Arbeit mit. Egal ob Partei oder Freie. Weil es mir um was anderes geht. Schade, dass nicht jeder so denkt!«

In der Regel werden Neonazistinnen in der Öffentlichkeit und den Medien weniger wahrgenommen als die Männer der Kameradschaften. Sie agieren meistens im Hintergrund. Oft sind nicht einmal ihre Namen bekannt. Dabei prägen langjährige Aktivistinnen wie Christiane Dolscheid, Betreiberin des Szenelokals »Club 88« in Neumünster, oder Katja Jarminowski von der *Kameradschaft Dortmund* das Bild seit Jahren durchaus tatkräftig mit. Sie haben keine offiziellen Ämter, organisieren und mobilisieren aber wie fleißige braune Bienen. Frauen spielen in einschlägigen Bands wie *Fight Tonight* aus Sachsen-Anhalt, betreiben Szenefirmen wie einen Tattooladen im Umfeld der *Kameradschaft Höxter* oder führen als »Tattoo Diva« ein Studio im hessischen Nassau. Manche müssen sich vor Gericht verantworten, wie eine junge Neonazistin aus Bad Salzuflen, die neonazistische CDs und selbsthergestellte Buttons mit rassistischen Inhalten verkauft hat. Drei andere stehen im Verdacht, das Internetradio »Irminsul« mitzuverantworten, im Frühjahr 2011 werden ihre Wohnungen durchsucht. Frauen sind dabei, wenn vermummte Angehörige der gewaltbereiten *Kameradschaft Aktionsgruppe Kiel* ein alternatives Zentrum angreifen oder sich ein gefährlicher Mob vor dem Haus eines sogenannten Kinderschänders in Gadebusch bildet und lautstark die Todesstrafe gefordert wird. Längst haben junge Mädchen sich ihren Platz in den Reihen der »Freien Kräfte« erkämpft.

Doch nur wenige wie Verena Jacobus aus Hannover, Elke Weller aus Stuttgart oder die Olsbergerin Daniela Wegener führten sie auch an. Als Ausnahme galt bis vor einigen Jahren die *Kameradschaft Verena,* da sie nicht nur nach einer Frau benannt war, sondern sich auch bei Verena Jacobus an der Limmer Schleuse traf. Die Büroangestellte war weniger Chefin als »Mutter der Kompanie«, die auch schon mal laut werden konnte, wenn einer ihrer knapp 20 Jungens aus dem Ruder lief. Mittlerweile ist sie nach Sachsen-Anhalt verzogen. Als Kopf der *Kameradschaft*

Stuttgart galt lange Elke Weller aus Zuffenhausen. Um sie ist es ruhig geworden. Die heute 36-jährige Daniela Wegener übernahm 1997 eher zwangsläufig die Führung der damaligen äußerst radikalen *Sauerländer Aktionsfront,* nachdem das männliche Führungstrio bei einem Verkehrsunfall ums Leben gekommen war. Insider berichteten damals, dass Wegeners Regiment innerhalb ihres Umfeldes autoritär sei und einige Kameraden ihr sogar »aufs Wort parieren« würden. 2001 wurde sie im Jahresbericht des Landesamtes für Verfassungsschutz in Nordrhein-Westfalen als »Führungsaktivistin« aufgeführt. 2005 kandidierte Wegener dann für die NPD. Mittlerweile ist sie mit dem Landesvorsitzenden der Partei, Claus Cremer, liiert und hat ihre politische Schwerpunktarbeit von Wattenscheid aus eher auf die Betreuung von rechten Straftätern im Knast verlegt. Immer scharte Wegener einen Kreis von weiblichen Getreuen um sich. Zeitweilig soll ihre Schwester die politische Führung im Hochsauerlandkreis übernommen haben, wie ein Aussteiger berichtete. In einem Schreiben an die Kameraden flachste 2003 der damals inhaftierte Anführer der *Kameradschaft Dortmund,* Siegfried Borchardt, genannt »SS-Siggi«, über den weiblichen Tatendrang in der Region: »Falls diese ›gefährliche‹ Entwicklung so weiter voranschreitet, werden wir wohl die erste politische Kraft in unserem Raum sein, die eine ›Männerquote‹ einführen muss.«

Mitnichten eine übliche Tendenz in den alten Bundesländern. Speziell im Westen traten junge Mädchen und Frauen lange Jahre nur an der Seite ihres Freundes oder Ehemannes auf. Diese Entwicklung änderte sich allmählich ab 1989 nach dem Fall der Mauer. Junge Aktivistinnen in Ostdeutschland begehrten auf. Das *Freie Netz Jena* und der *Freie Widerstand Jena* veröffentlichten auf ihrer Homepage einen Text mit dem Titel »Die Frau im Wandel der Zeit – Einige Gedanken einer Aktivistin«. Darin wurden Vorurteile gegenüber Frauen in den eigenen Reihen kurz angesprochen. Dann wurde explizit darauf hingewiesen, dass »auch wir Nationalistinnen uns wehren«, doch nicht nur »gegen ein verächtliches System«, wie es hieß, sondern »gegen den wahren Sexismus, der uns Frauen unsere Natürlichkeit und die Heiligkeit unserer Aufgabe absprechen will«. Deshalb müssten Neonazistinnen aber nicht auf Teilhabe am politischen Kampf verzichten, im Gegenteil, sie übernähmen in »vielen nationalen Vereinigungen führende Positionen« und bauten aktiv das neue *Freie Netz* in Thüringen, Sachsen, Südbayern oder Sachsen-Anhalt mit auf. Die Aktivistin aus Jena betonte, dass sie und ihre Kameradinnen »bewusst aus dem Schatten früherer Männerdominanz« getreten seien, um nun selbst »anzumelden, auszuführen, durchzuklagen, zu kämpfen und zu führen!« Für sie stand fest, dass »wir Frauen in der Bewegung Nationaler Sozialisten« nicht von einer Partei oder Vereinigungen »missbraucht« würden, sondern selbst schon stark genug seien, um »der Bewegung eine Richtung zu geben!«

In dem Theorietext aus Thüringen wird auch auf die historische Entwicklung im Umfeld des Hamburger Neonazi-Anführers und Kameradschaftsvordenkers Michael Kühnen hingewiesen. Der an der Immunschwächekrankheit Aids verstorbene Neonazi-Kader hatte 1977 die berüchtigte *Aktionsfront Nationaler Sozialisten* (ANS) ins Leben gerufen. Dieser Kameradschaftsvorläufer mit Hunderten von Anhängern genoss später Vorbildcharakter. Kühnen zur Seite stand der Ende Dezember 2010 verstorbene Chef der damaligen *Nationalen Aktivisten,* spätere Gründer des *Kampfbundes Deutscher Sozialisten,* Thomas Brehl. Der Hesse hatte sich von seinem belächelten Ruf als »Uniformfetischist« zu einem NPD-kritischen Hintergrundstrategen der »Freien Kräfte« gemausert, der sich auch mit der Rolle der Frau im nationalen Lager beschäftigte. Die Jenaer Aktivistin erinnerte an den frühen Aufbau des *Mädelbundes* in Kühnens ANS sowie dessen Nachfolgerin, die *Deutsche Frauenfront* (DFF), die 1986 als Teil der Kühnen-Bewegung geschaffen worden war. Bereits ein Jahr später kam es zum ersten Zwist, der durch die Frage »Dürfen Mädels an Straßenschlachten teilnehmen?« ausgelöst wurde. Eine zweite Abtrennung fand »analog zur Spaltung der gesamten Neonazi-Szene aufgrund der Homosexualität Michael Kühnens statt«, wie es im Handbuch Rechtsextremismus, herausgegeben von Jens Mecklenburg, heißt. Während die »Kühnen-Treuen« in der DFF blieben und von Ursula Worch, der Exfrau von Christian Worch, angeführt wurden, trennte sich ein konservativerer Teil unter Ursula Müller ab und ging in der *FAP-Frauenschaft* auf, die zur *Freiheitlich-Deutschen Arbeiterpartei* (FAP, 1994 verboten) zählte. Die damalige Kontroverse um Homosexualität in den eigenen Reihen ist nicht vergessen, sie bricht intern auch immer wieder mal auf. Homophobie und die Ablehnung gleichgeschlechtlicher Ehen sind weitestgehend Konsens in den Reihen der »Freien Kräfte«.

Während die damalige *FAP-Frauenschaft* in erster Linie die Parteiarbeit unterstützte, galt für die aus Hamburg gesteuerte, unabhängige DFF, dass Frauen zum Teil die gleichen Funktionen innerhalb der Bewegung übernehmen sollten wie die Männer. Schnell wurde es jedoch ruhig um die beiden zerstrittenen Frauenorganisationen. Nach Kühnens Tod 1991 gehörten auch *Deutsche Frauenfront* und *FAP-Frauenschaft* der Vergangenheit an.

Ideologisch aber geht der Kampf von einst weiter. In den Pamphleten »Der nationale Widerstand« und »Frauen im nationalen Widerstand« schloss sich der behäbige Brehl dem Lobgesang auf seinen frühen Mentor Kühnen an. So habe der ANS-Gründer als einer der Ersten den Versuch unternommen, »Frauen sich selbst organisieren zu lassen«. Das Reaktionäre der braunen Szene offenbarte sich in Brehls Statement von 2008: »Für mich ist eine Veranstaltung nicht weniger wert, wenn sie von einer Frau geleitet wird, und für mich ist eine Demo genauso wichtig und richtig, wenn eine Frau sie angemeldet hat. Wer diese Haltung teilt, der steht wahrhaft in der Tradition des kämpferischen Frauenbildes, wie es im Nationalsozialismus – allen gegenteiligen Propagandamärchen zum Trotz – seine erste, zaghafte Verwirklichung fand.«

Spannend dagegen ist die These, die Brehl als Grund für die Unterrepräsentanz von Frauen angab: Sie sei weniger dem mangelnden Integrationswillen beider Geschlechter geschuldet als der fehlenden Bereitschaft vieler Frauen, »auf Dauer ein antibürgerliches Leben zu führen«. In Einzelfällen lässt sich diese Einschätzung auf jeden Fall widerlegen, denn seit Jahren haben sich junge Frauen mit militanten Zielen solidarisiert, unter anderem in den verbotenen Gruppen *Frauen in der Fränkischen Aktionsfront,* der *Mädelgruppe* der *Kameradschaft Tor Berlin* oder in der *Kameradschaft Süd* in München. Dort beteiligten sich mindestens drei junge Mädchen an den Untergrundaktivitäten der Kerntruppe der später verbotenen *Kameradschaft Süd.* Aus diesem Zirkel heraus war 2003 ein Sprengstoffanschlag auf den Neubau eines jüdischen Begegnungszentrums geplant geworden, der Anführer Martin Wiese saß mehrere Jahre in Haft. Vor Gericht allerdings wurde ihr Anliegen, die gefährlichen Pläne Wieses aktiv zu unterstützen, nicht sonderlich ernst genommen. Die Neonazistin Beate Z. aus dem Umfeld des *Thüringer Heimatschutzes* befand sich ab 1998 gemeinsam mit zwei Kameraden nach der Entdeckung von vier Rohrbomben in Jena jahrelang auf der Flucht.

Auch die überzeugte Nationalsozialistin Ursula Haverbeck aus Vlotho, mehrfach wegen Holocaust-Leugnung verurteilt, sowie die extrem rechte Anwältin Silvia Stolz aus Ebersberg, die sich bis zum Frühjahr 2011 in Haft befand, verzichten aus politischem Fanatismus auf ein wohlbehütetes Leben in der sogenannten Mitte der Gesellschaft. Jüngere Aktivistinnen aus dem völkischen Lager sammeln sich in Wohngemeinschaften oder Ansiedlungen, um sich bewusst in der gutbürgerlichen Peripherie neu zu organisieren. Auch »Autonome Nationalistinnen« widersetzen sich mit Parolen wie: »Fight the system – fuck the law«. Für sie gilt der Brehl'sche Aufruf: »Eine revolutionäre Bewegung braucht revolutionäre Frauen!«

Zum bundesweiten Kameradschaftsnetzwerk zählen heute einige aktive Frauengruppen. Die wirken vor allem nach innen und lassen sich ungern in die Karten schauen. Eher selten outen sich Anhängerinnen mit Transparenten bei Demonstrationen, einer eigenen Internetseite oder einfach nur gemeinschaftlicher Kleidung mit dem Aufdruck des Namens ihrer Gruppe wie Hamburger *Arbeitskreis Mädelschar, Düütsche Deerns, Leineleefken, Sternberger Nazissen, Nationaler Frauenkreis Rheinhessen* oder *Bund Volkstreuer Mädel Westhavelland.*

Unter ihnen sind weibliche Veteranen wie Inge Nottelmann aus Schleswig-Holstein. Die Gründerin des *Arbeitskreises Mädelschar* stieß zwar erst mit über 20 Jahren »zum braunen Haufen« in der Hansestadt Hamburg, wheimatschie ein ehemaliger Insider berichtet, doch gilt sie als angesehenes Urgestein der »Freien Kräfte«. Gemeinsam mit ihrem Freund baute die ehemalige Geschichtsstudentin das einflussreiche, überregionale *Aktionsbüro Nord* auf. Ehrfürchtig beschreiben Jüngere die 41-jährige Hardlinerin als »unantastbare Person«, der niemand gerne widerspreche. Insbesondere weil Nottelmann »so wenig für die Partei übrig« haben soll, wird ihr unterstellt, dass sie seit Jahren darauf einwirke, aus der Hamburger NPD eine »streng revolutionär neonazistische Truppe« zu machen. Tatsächlich stehen dort mit Thomas Wulff, Torben Klebe und Jan Steffen Holthusen drei ihrer engsten politischen Gefährten mittlerweile an der Spitze. Sie selbst hat sich bisher nicht namentlich für die NPD exponiert. Dagegen gehen auf ihr Konto zahlreiche Kampagnen der »Freien Nationalisten« in ganz Norddeutschland, nationales

Straßentheater in Bergedorf, Großaufmärsche wie in Wunsiedel oder unzählige Schulungen und politische Stammtische. Die unauffällige Neonazistin hat sich intern einen Namen gemacht, obwohl sie weder als Referentin noch als Rednerin auftritt, sie ist anerkannte Macherin im Hintergrund. Ihre Befehle gibt sie leise. Für Interviews steht Inge Nottelmann nicht mehr zur Verfügung, nur ein Mal hatte sie sich vor Jahren leutselig einer Frauenzeitung anvertraut.

Gerade wegen ihrer harten Tour findet sie auch bei den größten Machos der Szene Gehör. Ihr jüngstes Projekt ist eine Trommlergruppe bestehend aus Mädchen und Jungen, die bei großen Aufmärschen wie in Bad Nenndorf mit rund 1000 Teilnehmern die rhythmische Vorhut bildet. In einigen anderen Bundesländern wie Mecklenburg-Vorpommern scheint solch ein gemischtgeschlechtliches Projekt unvorstellbar. Dort soll die Trommlergruppe aus historischen Gründen Männern vorbehalten bleiben. 2007 kam es zu »einem kleinen Eklat«, als eine junge Frau aus dem Umfeld des *Nationalen Frauenkreises Rheinhessen* (NFK) zur Trommel greifen wollte. Es wurde ihr untersagt. Die Kameradinnen des NFK mussten sich für ihr Benehmen entschuldigen. Nottelmann dagegen öffnet Tore. Ein ehemaliger Neonazi charakterisiert die norddeutsche Neonazistin als hartnäckig, intelligent, rhetorisch begabt und zählt sie zu den »Reine Lehre«-Nazis, deren Weltanschauung nationalsozialistisch sei. Nicht auszuschließen, dass ihre 1999 gegründete *Mädelschar Deutschland* eher politische Symbolfunktion hat, wie der Aussteiger behauptet. Eigenständig aktiv sei die Gruppe wenig.

Im Saal 10 des Amtsgerichts Hamburg-Barmbek zeigt Inge Nottelmann, warum sie in der Szene so sehr geschätzt wird. Zwei ihrer Kameraden, Michael A. und Marco N. im Alter von 34 und 44 Jahren, müssen sich am 22. September 2010 wegen gefährlicher Körperverletzung verantworten. Bei einer Flugblattverteilung ein Jahr zuvor hatten sie auf Carl S. eingeschlagen. Der Familienvater erlitt zwei Rippenbrüche, Hals- und Augenverletzungen. Inge Nottelmann war dabei, als der Mann, der mit Frau und Kind zum Bäcker wollte, von den beiden angegriffen und von einem Dritten mit Pfefferspray zusätzlich verletzt wurde. Als Zeugin versucht sie vor Gericht, ihre Kameraden zu schützen. Ruhig und sachlich führt Nottelmann aus, dass alles ganz anders gewesen sein soll. Erleichtert und vertrauensvoll schauen die Angeklagten die Frau mit den zum Zopf gebundenen dunklen langen Haaren an, soll sie doch ihre große Entlastungszeugin werden. Sie verspricht sich nicht, stottert bei Nachfragen nicht rum. Rhetorisch kampferprobt, führt sie aus, dass vielmehr der dunkle Mann von »null auf hundert« auf einen der Angeklagten losgegangen sei. An jenem Tag, so Nottelmann, sei sie nicht zur Verteilung von Flugblättern für die damals anstehende Bundestagswahl vor Ort gewesen, sondern sei zur »Beobachtung« eingeteilt gewesen. »S. hat zwei jungen Frauen ein Flugblatt weggenommen und zerrissen«, behauptet die Neonazistin und: »Er ging Herrn A. gleich an.« Aussagen, die A. und N. ein wohlwollendes Kopfnicken entlocken. Dann will die eifrige Zeugin gesehen haben, wie S. angeblich selbst verschuldet mit A. und N. in der Bäckerei weiter aneinandergeriet. Nur eines will sie nicht gesehen haben, wer der Dritte aus ihrer Gruppe war, der in dem Geschäft den schon verletzten S. mit Pfefferspray besprühte.

Nottelmanns Auftritt gefällt insbesondere jenen Besuchern des Prozesses, die aus »Solidarität« zu den Beschuldigten gekommen sind. Er festigt wieder mal den Respekt vor dieser Frau. Fast hätte ihre Aussage erreicht, aus Tätern Opfer und aus einem Opfer den Täter zu machen. Doch Gericht und Staatsanwaltschaft glauben ihr kaum. Der zuständige Richter betont, dass Nottelmanns Ausführungen zu der Auseinandersetzung vor und in der Bäckerei »sehr schwer mit dem in Einklang« zu bringen seien, »was wir bisher gehört haben«. Ihre Aussagen weichen auch von dem ab, was sie vor einem Jahr bei der Polizei zu Protokoll gegeben hatte. Die Staatsanwältin legt sogar den Verdacht auf Falschaussage nahe. Sorge vor einer möglichen Strafverfolgung deswegen scheint Inge Nottelmann nicht zu haben. Sie nimmt nichts zurück. Fest steht sie im Kampf gegen das »System BRD«. Ihr Auftreten strahlt in der Szene aus.

Nottelmanns politische Selbständigkeit könnte für die *Mädelschar* noch größeren Reiz haben als ihr Engagement. Ihre Kritikfähigkeit wie aber auch die unbedingte Loyalität scheinen sich in der Ideologie der *Mädelschar* widerzuspiegeln. Früh wurde dort beanstandet: »Um das Frauenbild in der Bewegung ist es nicht gerade gut bestellt.« Auch gab die Hamburger *Mädelschar* bekannt, dass sie nicht nur klassische Frauenthemen wie Gefängnisbetreuung oder Familienpflege besetzen wolle, sondern auch selbstbewusst eine umfangreiche politische Mitgestaltung einfordere. Seither schulen sich junge Mädchen in Themen wie »Dein Recht bei Polizeieinsätzen«. Auf Kinderflohmärkten und Kleiderbörsen in der Region Hamburg werden nach eigenen Angaben Flugblätter mit Texten zu Kinderarmut oder Konsumrausch von Jugendlichen verteilt. Wiederum weniger die *Mädelschar* als Anführerin Nottelmann selbst sorgten 2008 für Schlagzeilen und Empörung. »Die braune Inge bringt den Hass nach Hamburg«, titelte die »Hamburger Morgenpost« nach den Krawallen am 1. Mai. Als Anmelderin des äußerst aggressiven Aufmarsches wurde sie für brutale Übergriffe von Neonazis in den Medien mitverantwortlich gemacht.

Weitaus präsenter als die *Mädelschar* sind die *Düütschen Deerns* aus der Lüneburger Heide, sie firmieren mit unter dem Dach der *Nationalen Sozialisten Niedersachsen*. »Deutsche Frauen, deutsche Sitte, walten stets in dieser Mitte!« lautet eine Parole auf den Transparenten der umtriebigen Frauengruppe. Der volkstümliche Name »Düütsche Deerns« ist in plattdeutscher Sprache formuliert, heißt sinngemäß deutsche Mädchen vom Lande. Die seit rund sechs Jahren aktiven *Düütschen Deerns* können als weibliches Pendant zur wohl bekanntesten niedersächsischen Kameradschaft, den *Snevern Jungs*, angesehen werden. Seit Jahren warnen die Behörden vor den Aktivitäten dieser Gruppe, die demnach durch »selbstbewusstes und provokantes Auftreten« eine hohe Reputation in der bundesweiten Neonazi-Szene genießt. Mittlerweile finden auch die *Düütschen Deerns* im jährlichen Verfassungsschutzbericht Erwähnung. Tatsächlich ist Mitbegründerin Jessika Keding mit dem Anführer der Schneverdinger Kameradschaft *Snevern Jungs*, Matthias Behrens, liiert. Beide haben auch in der NPD führende Funktionen übernommen. Behrens ist seit 2009 stellvertretender Landesvorsitzender in Niedersachsen, Keding leitet als Stellvertreterin den Unterbezirk der NPD in Lüneburg mit. Ihr bei den Kommunalwahlen errungenes Stadtratsmandat in Schneverdingen nimmt jedoch Behrens wahr. Die »Freien Nationalisten« in der Lüneburger Heide sind äußerst aktiv. Sie nehmen an Skatturnieren teil oder an Volksläufen wie beim Heideblütenfest, geben sich bürgernah und gehen regelmäßig öffentlichkeitswirksam zum Blutspendetermin des Deutschen Roten Kreuzes oder beteiligen sich tatkräftig an der Müllsammelaktion »Sauberes Schneverdingen«. Sie fallen im Alltag kaum auf, bekleiden bürgerliche Berufe, gehören dem Mittelstand an. Gekonnt treiben sie seit Jahren die kommunalpolitische Verankerung der Neonazi-Szene mit voran.

Im heimeligen Ambiente feiert der NPD-Unterbezirk Lüneburg »im Herzen der Heide« mit Kameradschaftsaktivisten und Parteigängern Mitte Dezember 2010 den politischen Jahresabschluss. Brav bedanken sich die Herren bei ihrem Vorstandsmitglied Jessika Keding für die gelungene Organisation in einer urgemütlichen Gastwirtschaft mit Kaminzimmer. Im Privatleben bevorzugen die Neonazistin und ihr Partner an manchen Wochenenden im Sommer ungewöhnliche Kleidung. Der selbständige Finanzberater schlüpft dann in ein weißes Leinengewand, geschnürt, ohne Knöpfe. Im Burgfräuleinstil wirkt Jessika Keding niedlich mit Zöpfen und hellblauem Kleid. Sie haben ihre Zeltstatt neben Verkaufsständen mit Schwertern, Schmuck und Pfannen beim alljährlichen Mittelalterspektakel »Racesburg Wylag«, mitten in Ratzeburg am See errichtet. Die rechte *Deern* hilft anderen Frauen in altmodischer Tracht bei Filzarbeiten mit Kindern. In Sichtweite liegt ein großes hölzernes Wikingerschiff. Freundschaftlich plaudert der Anführer der *Snevern Jungs* im Nebenzelt mit Tore, dem kettenbehangenen Tätowierer aus Hamburg, einem der Sponsoren des » Racesburg Wylag«. Seit Jahren ziehen erlebnisorientierte Spektakel, Schwertkämpfe, nordische »Stämme- und Völkertreffen« oder Kulturfeste wie die »Wikingertage« in Schleswig auch Neonazis magnetisch an. Die bundesweite Kameradschaftsszene ist antichristlich geprägt, vermischt immer offensichtlicher Nord-Kult und Heidenglauben. Religionsersatz auch für Jüngere bietet verstärkt die ariogermanische *Artgemeinschaft* des verstorbenen Neonazi-Anführers Jürgen Rieger. Deren Anhänger gelten als Stammgäste bei Germanen- und Wikingerevents. Voller Sorge beobachteten engagierte Mitglieder des Bündnisses gegen Rechts Ratzeburg, dass Neonazis wie Keding und Behrens mit ihrer ungestörten Präsenz andere Neonazis nach sich ziehen. Glatzköpfige Familienväter in Szenekleidung mit Kinderwagen trafen sich auch in diesem Jahr beim »Wylag«. Unauffällig wurden neue Kontakte geknüpft. Um einer möglichen Unterwanderung Einhalt zu gebieten, sprach der Veranstalter nach eingehender Beratung mit Stadtvertretern ein Platzverbot für *Düütsche Deern* und *Snevern Jung* aus. Widerwillig mussten beide Neonazis ihr Zelt auf der Schlosswiese abbauen.

Anhängerinnen der *Düütschen Deerns* aus der Lüneburger Heide im Juni 2010 in Hildesheim.

Einige der *Deerns* standen auch der als gewaltbereit geltenden Kameradschaft *Celle 73* nahe, die sich 2010 auflöste und unter dem Namen *Freie Kräfte Celle* weiterbesteht. Eine 26-Jährige aus der Residenzstadt wurde 2006 wegen Anstiftung zur Jagd auf zwei Kurden zu einer Geldstrafe verurteilt. Rund 30 angetrunkene Neonazis, darunter ihr Freund, der Chef der Kameradschaft, hatten zur gewaltsamen Hatz geblasen, nachdem die schlanke junge Frau aus dem Umfeld der *Düütschen Deerns* behauptet hatte, angegriffen worden zu sein. »Was willst du, du Kanake«, soll sie nach Angaben der »Celleschen Zeitung« ein Opfer beschimpft haben. Einsatzkräfte der Bundespolizei mussten schließlich den örtlichen Beamten noch zur Hilfe eilen, als die gegen den rechten Pöbel vorgehen wollten und ebenfalls angegriffen wurden.

In ihrer Außendarstellung predigen die neonazistischen *Düütschen Deerns* »deutsche Tugenden«: »Aufrichtigkeit, Pflichtbewusstsein, Zuverlässigkeit, Disziplin, Gradlinigkeit, Treue [...] sind unser Lebenspfand.« Sie kümmern sich um deutsche Kultur, »leben Kameradschaft und kämpfen gemeinsam für eine Sache«. Nach eigenen Angaben steckt die Gruppe um Keding »voller Tatendrang und Ideen«. Zusammen mit den männlichen Gruppen organisieren die *Düütschen Deerns* Sonnenwenden, Konzerte oder auch einen »Arbeitseinsatz« auf dem Hof eines NPD-nahen Landwirtes am Finkenberg in Eschede. Zum internen »Erntefest« im September 2010 gestalteten die Neonazistinnen eine bunte Einladung, warben volkstümlich mit germanischem Wettbewerb, Baumstammweitwurf und Strohsackkämpfen. Offiziell wurde vom Landesverband der NPD Niedersachsen geladen. Aber durchgeführt wurde die Brauchtumsfeier mit knapp 200 Teilnehmern von den üblichen Kameradschaftsakteuren, die teilweise in Personalunion Parteiämter bekleiden. Bereits für die alljährlich zelebrierte heidnische Sommersonnenwende Mitte Juni hatten die *Deerns* das Gelände in Eschede mit Erntekrone und Strohfiguren geschmückt. Zur Stärkung einer »nationalen Gegenkultur« sind Rituale wichtig. »Unter Trommelwirbel und mit schwarz-weiß-roten Fahnen vorweg zogen nun die anwesenden Kameraden im Fackelschein auf den Festplatz und bezogen Aufstellung um den Feuerstoß«, beschrieb einer der Anwesenden das gespenstische Szenario später im Internetforum »Thiazi«. Auch von Frauenwettkämpfen war die Rede, bei denen einer der Anführer stolz verkündete, seine Freundin habe den ersten Platz errungen. »Unsere Gemeinschaft lebt von regelmäßigen Treffen«, werben die *Düütschen Deerns*.

Seitdem sich die engagierten Neonazistinnen aus der Lüneburger Heide intensiv in die politische und kulturelle Arbeit einbringen, registrieren auch die Bündnisse für Demokratie – Netzwerke gegen Rechtsextremismus in Celle und der Region eine verstärkte Beteiligung von Kindern. Ganz selbstverständlich schwadronierten die Neonazis 2009, »ein 4-jähriger Kamerad« habe bei einem der Brauchtumsfeste einen »Tischspruch« gehalten. Da das Gelände in Eschede abgelegen zwischen mehreren Waldstücken am Ende einer Sackgasse liegt, können die »Blut-und-Boden«-Rituale zum Wohle nationaler Kultur und deutschen Bauerntums zumeist ungestört über die Bühne gehen. Auch interessiert es die zuständigen niedersächsischen Behörden bisher scheinbar wenig, dass immer häufiger der verängstigte Nachwuchs, hinter abgedunkelten Scheiben von seinen Kindersitzen auf der Rückbank aus, zusehen muss, wenn Polizeibeamte bei der Anfahrt die Fahrzeuge ihrer oft als gewaltbereit bekannten Eltern filzen müssen. Was dann wirklich auf der braunen Scholle am Finkenberg in Eschede an diesen Wochenenden abläuft, wird kaum bekannt.

»Das Private ist politisch«, erklärt ein ehemaliger Neonazi aus Ostwestfalen. Genau erinnert er sich an einige Kameradschafts-abende im niedersächsischen Weserbergland und an den allein-erziehenden Vater in Kniebundhosen. Oft brachte der seine damals neunjährige Tochter mit. Konstanze wuchs zu Hause zwischen Wehrmachtsbildern an den Wänden und Neonazi-Zeit-schriften im Wohnzimmer auf. »Sehr kindgerecht war das nicht«, erinnert sich der Aussteiger. Unwohl wird ihm bei der Erinne-rung an die Wochenenden mit Konstanze. Aus dem Stegreif sang das Mädchen »Ein junges Volk steht auf, zum Sturm bereit«, ein Lied aus dem Repertoire der Hitlerjugend. Besser als die Älte-ren habe Konstanze die Texte beherrscht. Sie habe ihm schon damals leidgetan. Die Kleine sei wohl einsam gewesen, denkt er heute. Der Vater habe ihr viel abverlangt, richtig stolz sei er erst gewesen, wenn die Grundschülerin fehlerfrei aus »Mein Kampf« rezitierte.

An einer Vernetzung rechter Frauengruppen scheint es noch zu mangeln. Informell verlinkt sind die *Düütschen Deerns* aus der Lüneburger Heide mit der Sektion Nordrhein-Westfalen der *Ge-meinschaft Deutscher Frauen* und den *Leineleefken* aus Hannover. Im Friesischen bedeutet »Leefken« sinngemäß »Liebchen«, die Neonazistinnen sind folglich die Liebchen von der Leine, dem Fluss, der durch die niedersächsische Landeshauptstadt fließt. Ebenso wie die *Deerns* scheinen sie vor allem »erdverwachsene«, norddeutsche Traditionen aufzeigen zu wollen. Die kleine Gruppe um Alexandra Risch bezeichnet sich als »Frauen- und Mädchen-verband für Heimatschutz und Kulturerbe«, ihr politisches Selbst-verständnis lautet: »Wir sind eine Gruppe deutscher Frauen aus Hannover, welcher die deutsche Kultur so sehr am Herzen liegt, dass wir uns täglich dafür einsetzen, dass diese nicht ausstirbt.« So sei das Germanentum »einst hier zu Hause« gewesen und viel zu sehr »in Vergessenheit geraten«. Die Sozialpädagogin Risch, Mutter mehrerer Kinder, leitete zeitweilig ein »kleines Familien-unternehmen« im sozialen Servicebereich mit. Politisch agierte sie unter dem Pseudonym »Stadtteilpatriotin«. In einem Beitrag vom Juli 2009 suchte »Stadtteilpatriotin« »tatkräftige Kamerad-schaftshilfe« beim Umzug, wenige Monate später zitierte sie ein Lied aus der NS-Zeit und riet: »Egal ob mit freien Kameraden oder für die Partei. Für eine bessere Zukunft für das deutsche Volk, für ein besseres Deutschland.«

Weiter östlich, in einem mecklenburgischen Naturseengebiet nahe Grevesmühlen liegt die Kleinstadt Sternberg mit ihren 4500 Einwohnern. Schmucke Häuser, frisch restauriert. Der Marktplatz neu hergerichtet. Die Stadt setzt auf Tourismus. Über 13 Prozent ihrer Bewohner sind arbeitslos. Sternberg ist keine Neonazi-Hochburg, doch 268 ihrer Bürger wählten bei den letzten Kommunalwahlen die NPD – das entspricht 4,5 Prozent der Stimmen. Einen Parteigänger hievten sie ins Rathaus. Der ließ sich nach Recherchen der »tageszeitung« einige Male das Catering im Wahlkampf von einer Gruppe junger Mädchen aus dem Ort ausrichten. Sie nennen sich *Sternberger Nazissen.* Den Namen tragen sie auf ihren Shirt zusammen mit dem SS-Symbol der Schwarzen Sonne.

Eine der wichtigsten Aktivistinnen der Region stammt ebenfalls aus Sternberg: Julia Thomä. Inzwischen lebt die Blondine, die den »Autonomen Nationalisten« ebenso nahesteht wie NPD und *Jungen Nationaldemokraten,* in Schwerin. Kurzzeitig versuchte sie sich als Sängerin einer regionalen Rechtsrock-Band. Sie organisiert ab und an Infostände, beteiligt sich an Demonstrationen und hat einmal einen Aufmarsch in der Kreisstadt Parchim angemeldet, der kurz darauf wieder abgesagt wurde. Sie sei sehr umtriebig, heißt es vonseiten der Behörden. In Sternberg und Umgebung ist davon wenig bekannt.

Dort erinnern sich manche höchstens empört an den Sonntagmorgen Anfang 2010, als Unbekannte eine große Hakenkreuzfahne vom Glockenturm der Sternberger Stadtkirche herunterhängen ließen. Mindestens ein verdächtiger Neonazi war durch eine Tür in die Sakristei eingebrochen. Die Hakenkreuzfahne wehte stundenlang weithin sichtbar. Von »Besudelung« und »Schändung« einer Kirche war die Rede, doch von den bestehenden Neonazi-Strukturen wollte kaum jemand etwas wissen. Als der Name der *Nazissen* fiel, bezeichnete der Schweriner Polizeisprecher Niels Borgmann sie als »lose Gruppe« von etwa zehn Personen. Eine Kameradschaft sei das nicht, betonte er, ordnete sie aber dem »subkulturellen Rechtsextremismus« zu.

Öffentlicher Wahrnehmung entging bislang auch Stefanie Vogt und ihre kleine Neonazi-Frauengruppe aus dem Havelland. 2006 nahm die Rathenowerin an einer Veranstaltung der inzwischen verbotenen *Kameradschaft Hauptvolk* teil. Ein Jahr später wurde die gelernte Kindergärtnerin Vorsitzende des *Bundes Volkstreuer*

Mädel Rathenow. *Volkstreue Mädel* beteiligten sich seitdem an gemeinsamen Kranzniederlegungen mit der örtlichen NPD. In deren Reihen waren einige Anhänger vom *Hauptvolk* untergekommen. Auch besuchen die junge Mutter und ihre Kameradinnen Aufmärsche wie den in Dresden 2009 oder einen am 8. Mai 2010 in Brandenburg.

»Heil Dir, Kameradin«, grüßen »Daniela und Helene« und laden für Ende November 2010 zum »1. Mädeltreffen Region Rheinland-Pfalz/Hessen« konspirativ in den »Raum Bad Kreuznach« ein. Die beiden heimattreuen Aktivistinnen möchten die »Frauenarbeit im nationalen Widerstand« intensivieren. Denn es sei an ihnen, »die Gemeinschaft unseres Volkes gesund zu erhalten«, heißt es in der internen Einladung, und: »Wir pflegen und erhalten das Brauchtum, wir erziehen und belehren unsere Kinder, und wir stärken unseren Männern mit frohem Mut den Rücken.« Sie wollen »Raum schaffen für höhere Ziele«, dafür müssten aber zunächst einmal »Vorurteile und Feindlichkeiten unter uns Frauen« bekämpft werden.

Mit rund 20 Prozent hält sich der Anteil weiblicher Beteiligung innerhalb der Neonazi-Szene der Region konstant. In der antifaschistischen Broschüre »Dunkelfeld – Recherchen in extrem rechten Lebenswelten rund um Rhein-Main« wird, egal ob bei Aufmärschen, in sozialen Netzwerken, im Kameradschaftsspektrum oder in den Mitgliedslisten der NPD, stets ein Fünftel Frauenanteil ausgemacht. Unter den 16 Plätzen auf der Liste der NPD zur Landtagswahl 2009 waren sogar vier Frauen. Es existieren in Hessen und Rheinland-Pfalz mehrere »Mädel«-Gruppen, die aber eher sozialen Zirkeln ähneln. Im Lahn-Dill-Kreis gibt es eine gefestigte extrem rechte Frauenclique. 2005 wurde der NPD-nahe *Nationale Frauenkreis Hessen* mit Sitz in Büdingen gegründet. Rechtsextremismus-Experte Michael Weiss warnt aber davor, dass es nur ein »politisches Label« sein könnte, mit dem die Neonazi-Partei vorgibt, eine eigene Frauenorganisation zu unterhalten. »Substanzieller« dagegen sei die Arbeit von Helene Raeder aus Bretzenheim und Daniela Völkel aus Runkel bei Limburg, so Weiss. Gemeinsam mit einer weiteren Aktivistin gründeten die beiden im Umfeld der *Kameradschaft Bergstraße* einen nationalen Frauenkreis. Mit dem Umzug einer Anführerin nach Mainz verlagerten sich die Aktivitäten, und die als sehr gefestigt geltende Gruppe formierte sich als *Nationaler Frauenkreis Rheinhessen* neu. Standen die Neonazistinnen zunächst dem *Aktionsbüro Rhein-Neckar* nahe, verlagerten sie seit 2007 ihre Schwerpunktaktivitäten in Richtung völkisches Lager um die *Gemeinschaft Deutscher Frauen* (GDF) sowie die *Heimattreue Deutsche Jugend* (HDJ). Als im März 2008 ein HDJ-Osterlager mit 50 Kindern im sächsischen Vogtland veranstaltet wurde, kamen die verantwortlichen Betreuer aus Hessen. Mit Annika Ringmayer und der Tochter eines ehemaligen *Wiking-Jugend*-Anführers hatten zwei uniformierte HDJ-lerinnen das Sagen, die über Kontakte zum *Frauenkreis Rheinhessen* und der regionalen Neonazi-Szene verfügen sollen. Ringmayer wohnte in Hochweisel in der Wohngemeinschaft, in deren Haus die Betreiber von »Volksfront-Medien« lebten und arbeiteten. Dieses semiprofessionelle Videoprojekt will nach eigenen Angaben »die nationale Medienlandschaft voranbringen« und »ein mediales Gegengewicht zur verlogenen und einseitigen Systempresse schaffen«. Auffällig viele junge Frauen und Männer aus dem radikalen Brauchtumsspektrum des gesamten Bundesgebietes wirken dort mit.

»Nicht nur Männer und Waffen, sondern auch Mütter und Wiegen schützen die Grenzen und bilden einen festen Wall, ein uneinnehmbares Bollwerk«, so stellt sich der *Nationale Frauenkreis Rheinhessen* auf der Homepage des *Aktionsbüros Rhein-Main-Nahe* vor. Im August 2007 beteiligte sich die damals 22-jährige Daniela Uebelacker (jetzt Völkel) an einer Reise in den schweizerischen Kanton Aargau, bei der Kameraden auch an einem heimlichen Schießtraining teilnahmen. Rechercheure des Antifaschistischen Pressearchivs in Berlin hatten die hessischen Neonazis aus den Reihen der *Freien Nationalisten Rhein-Main* bei Schießübungen mit Sturmgewehren fotografieren können. »Wir wollen keine besseren Männer sein, sondern gute Frauen«, betonte der Frauenkreis 2010 in der rechten Postille »JVA-Report«. Als Grundsatz gilt: »Wir treten der Irrlehre der Emanzipation entgegen, die nicht die Unabhängigkeit der Frau, sondern die Zersetzung unseres Volkes bedeutet.« Es sei notwendig, sich als »politische Kämpferinnen zu organisieren«, heißt es in einer internen Vorstellung. Optimistisch wurde verkündet, man wolle zwar auch »Jahresfeiern« ausrichten, um die »Verbindung zwischen Moderne und Tradition aufrechtzuerhalten«, und »Frauenlager«

organisieren, aber das Hauptaugenmerk sei darauf gerichtet, sich gegen sexuellen Missbrauch einzusetzen. »Dazu machen wir Infotische, erstellen Broschüren und decken die Hintermänner der Pädophilenvereinigungen auf«, schrieben sie. Doch schon der erste Versuch scheiterte. Ein Informationsstand im Juli 2007 in Gießen zum Thema »Sei kein Frosch – aktiv gegen sexuellen Missbrauch« musste wegen Protesten frühzeitig geräumt werden.

Während sich in anderen Bundesländern Neonazistinnen verstärkt um Anerkennung in der NPD bemühen, konzentrieren sich führende Aktivistinnen in Thüringen vor allem um Wahrnehmung in den Kameradschaften und dem neuen *Freien Netz*. Zunächst versuchten sie es gemeinsam. Isabell Pohl, Mareike Bielefeld und Marlen Pucknat bauten den als *Mädelring Thüringen* bezeichneten Zusammenschluss nationaler Sozialistinnen auf. Diese 2004 gegründete Gruppe suchte »stolze und selbstbewusste Mädels und Frauen«, die weder Anhängsel der Männer noch Emanzen sein wollten. Gemeinsam sollte eine starke Frauenkameradschaft entstehen, die den »Befreiungskampf, speziell in Thüringen, unterstützen möchte«. Es wurden Veranstaltungen und Infostände organisiert. Zur »Medienbeauftragten« des *Mädelrings* wurde Mareike Bielefeld aus Saalfeld ernannt. Die damalige Abiturientin galt als Kopf der Truppe. Für ihre Texte und den politischen Kontaktaufbau nutzte sie ebenso wie Isabell Pohl äußerst intensiv das Internet. In Neonazi-Foren wurde die *Mädelring*-Parole »Deutsche Frauen wehrt euch – gegen das Patriarchat und politische Unmündigkeit« gestreut. Gespannte Erwartungen waren mit den widerspenstigen Auftritten des *Mädelrings* verbunden. Doch nachdem die thüringischen Mädel zeitweilig sogar über einen »nationalen Feminismus« nachsannen und Bielefeld 2006 noch forderte, dass Frauen sich als »politische Soldatinnen« im »nationalen Widerstand« einbringen sollten, zerfiel die Gruppe. Nach der Geburt ihres Kindes widmete sich Mareike Bielefeld fortan dem Ideal der »deutschen Mutter«. Inzwischen gilt sie als eine der führenden Aktivistinnen des *Freien Netzes* im Kampf gegen das Neonazi-Feindbild »Gender Mainstreaming«. Beim »Thüringentag« der Kameradschaftsszene 2010 in Pößneck trat die zierliche Aktivistin mit der scheckigen Kurzhaarfrisur als Rednerin auf. »Du bist nichts, Dein Volk ist alles!«, begann sie ihren Vortrag, redete über den vermeintlichen »Volkstod der Deutschen«, dessen Ursache sie in den Erfolgen des etablierten Gender Mainstreaming sieht und dem sie die »Initiative Free Gender« entgegensetzt.

Das Scheitern des *Mädelrings* mag auch den launischen Attitüden von Isabell Pohl geschuldet sein. Die Erfurterin gilt als zankfreudig. Die Internetprojekte »Feenwald« und »Flirtevent« sowie ihre zahlreichen Kommentare scheinen immer wieder internen Ärger ausgelöst zu haben. Isabell Pohl, Jahrgang 1975, gründete 2003 die *Aktive Frauen-Fraktion,* deren Hauptaufgabe darin bestand, Rechtsrock-Konzerte zu organisieren. Zeitweilig lebte die Neonazistin in Baden-Württemberg. Zurück in Thüringen, gründete sie den *Mädelring* mit. 2009 trat sie als Rednerin beim »8. Thüringentag der nationalen Jugend« mitten im Schlosspark von Arnstadt auf. Gemeinsam mit anderen Frauen hatte die dreifache Mutter, die nach wie vor den traditionellen Feathercut-Haarschnitt der Skingirls trägt, den Kinderstand mit Büchsenwerfen, Kuscheltierverlosung und Sackhüpfen betreut. In ihrem Redebeitrag widmete sie sich dem Thema Kinder und Familie, wünschte sich mehr »deutsche Geschichte« in den Schulen, »damit die Kinder die Ehrfurcht vor der Vergangenheit« lernten. Pohls Parole lautete: »Deutsche Menschen« sollten die Welt »mit deutschen Augen und deutschen Herzen« sehen. Das Beste für die Kinder sei aber nicht »diese Bildungspolitik«, »nicht diese Frauenpolitik, nicht diese Gesetzespolitik – und das ist nicht dieser Staat!«, ließ sie verlauten.

Ganz andere Töne werden auf Pohls Flirt- und Erotikhomepage angeschlagen. Dort sucht manch Kamerad aus alten Skinheadzeiten wie der Ludwigshafener »Hehli« für sich als »Krieger« die passende »Prinzessin«. Isabell Pohl erklärt ihren Usern die Abkürzung ONS für One-Night-Stand und übersetzt es auch gleich ins Deutsche: »Nur eine Nacht«. Ihr Portal »Service Team« bringt Internetnutzer wie »Arierglatze« und »Nordmann« mit »Kathy« oder »Svetlana« in Chats, »Gemeinschaft« genannt, zusammen. Das »Feenwald-Projekt« dagegen ist Pohls Internetplattform für Themen wie Kindesmissbrauch, Mutterschaft und Brauchtumsrituale. Im Februar 2010 bedankte sich Pohl bei »Sponsoren und Freunden« und erklärte unverhohlen, ihr fehle nicht nur die Zeit, sondern auch die Lust zum Weitermachen.

Ivonne Mädel machte bereits vor der Gründung des *Mädelrings* 2003 von sich reden. Während Bielefeld, Pucknat und Pohl

Isabell Pohl als Rednerin beim »Thüringentag der deutschen Jugend« in Arnstadt 2009.

in Thüringen die Arbeit aufnahmen, hatte die in Meiningen lebende, aus dem fränkischen Mellrichstadt stammende Mädel bereits einen Bekanntheitsgrad erlangt, der über die Landesgrenzen hinausreichte. Sie trat als eine der wenigen Rednerinnen bei Demos der Kameradschaftsszene bundesweit auf, gehörte zum engsten Umfeld des Hamburgers Christian Worch. Als der sich später für die *Deutsche Volksunion* (DVU) engagierte, wurde es ruhiger um Mädel. Beim Trauermarsch für den Hamburger Neonazi Jürgen Rieger in Wunsiedel 2009 war sie wieder dabei, aber nur als einfache Teilnehmerin.

Wenn führende »Freie Kräfte« heiraten, dann kann es auch mal stilwidrig in bunten altertümlichen Kostümen mit Puffärmeln und Federhüten zugehen, so etwa als auf der grünen Wiese auf das traute Paar aus Jena eine romantische Kutsche wartete. Die Inszenierung einer führenden Aktivistin der *Kameradschaft Weimar* für ein Foto 2004 sollte dagegen abschrecken: Die Gruppe brachte sich mit Waffen, Sturmhauben und Babys auf dem Arm in Stellung.

Ähnlich beim neonazistischen »Fest der Völker« in Pößneck 2009 mit Hunderten von Teilnehmern: Da schockierte eine junge Frau in rechtem Skingirl-Outfit, als sie mit ihrer kleinen Tochter auf dem Arm das abgeschirmte Konzertgelände am Schützenhaus verließ. Im Gehen streckte sie Pressefotografen und uniformierten Beamten wütend den Mittelfinger entgegen. Auf ihrem schwarzen T-Shirt ein Bekenntnis: N. A. Z. I. Darunter stand: »national, anständig, zuverlässig, intelligent«. Noch ein Code tauchte auf, die Zahl 28. Der zweite und achte Buchstabe des Alphabets, B und H, stehen in der Szene für *Blood & Honour*, eine in der Bundesrepublik seit 2000 verbotene Terrororganisation. Dieses provokative Symbol prangte allerdings nicht auf ihrer Kleidung, sondern auf dem Pulli der verängstigten kleinen Tochter.

Zurück zu den »Autonomen Nationalistinnen«. Juli 2007. Eine gruselige Videoinszenierung auf YouTube: Total vermummt, mit schwarzem Tuch vor dem Gesicht und einer großen Sonnenbrille, posiert eine »Autonome Nationalistin« vor einer nackten Wand. In der Hand schwingt sie einen Molotow-Cocktail. Sie sagt: »Ich bin Nazi, weil ich mich dem kapitalistischen Wahnsinn in den Weg stelle. Es gibt tausend Möglichkeiten, dies zu tun.« Die Kamera zoomt auf den Brandsatz. Mit dieser Terrorbotschaft, die

Beim »Fest der Völker« im thüringischen Pößneck 2009: Das Mädchen trägt ein T-Shirt mit der Zahl 28. Die Ziffern 2 und 8 stehen in der Szene für B und H, die verbotene Terrororganisation *Blood & Honour*.

bewusst mit der Vorstellung spielt, dass es sich auch um einen Fake der linken Szene handeln könnte, warben Neonazis für ihren Aufmarsch in Frankfurt am Main. Das Video aus dem Hause »Volksfront-Medien« im hessischen Butzbach wird einem Neonazi zugeordnet, der nur wenige Wochen später wirklich brutal zuschlägt: Kevin Schnippkoweit. Ende Juli 2007 überfällt er mit anderen ein Zeltlager der linken Jugendorganisation Solid am Neuenhainer See und schlägt mit einer Glasflasche auf eine schlafende 13-Jährige sowie auf deren Bruder mit der flachen Seite eines Klappspatens ein, als der ihr zur Hilfe kommen will. Er verletzt beide erheblich.

Die Frau im Video war nach einem Aufruf der »Frankfurter Rundschau« und Recherchen aus antifaschistischen Kreisen schnell ermittelt: Anne-Marie Doberenz aus Dortmund. Deren Markenzeichen sind Lippenpiercings, bleiches Make-up, große Sonnenbrille und auffällig hochtoupierte schwarze Haare. Wann immer von einer einflussreichen Frau im Spektrum der »Autonomen Nationalisten« die Rede ist, fällt der Name der gebürtigen Baden-Württembergerin. Zunächst baute die Krankenschwester den Stützpunkt der *Jungen Nationaldemokraten* am Bodensee mit auf. Früh schloss sich »Anne« dem Style der nationalen »Black

Blocks« an. Fungierte als Anmelderin diverser Neonazi-Aufmärsche wie 2006 in Friedrichshafen. Die Polizei hatte sie zu diesem Zeitpunkt schon seit vier Jahren im Visier. Doberenz folgte ihrem damaligen Partner, ebenfalls Neonazi, nach Nordrhein-Westfalen, schloss sich dort dem mächtigen *Nationalen Widerstand Dortmund* an. Sie liierte sich neu mit einem der Anführer. Doberenz jobbte in einem Call-Center, war zuständig für die telefonische Betreuung von Geschäftskunden bei T-Mobile. Nach öffentlichen Beschwerden musste sie sich eine neue Stelle suchen. Nebenher betreute sie eine Sanitätsgruppe der Neonazis. Doberenz organisiert Demonstrationen im Ruhrgebiet mit, besucht auch Veranstaltungen der Kameraden in den Niederlanden. Den Habitus einer rechten gewaltbereiten Straßengang lebt der *Nationale Widerstand* in Dortmund. Ähnlich wie bei der *Kameradschaft Tor Berlin* bilden die Neonazis nationale Wohngemeinschaften im Dortmunder Stadtteil Dorstfeld. Dort bemühen sie sich, eine Art »No-Go-Area« für politische Gegner und Migranten zu schaffen. Kooperiert wird dabei mit den gewaltbereiten Glatzen der *Skinhead-Front Dorstfeld*. Politische Gegner werden eingeschüchtert. »Autonome Nationalisten« griffen 2010 die 1.-Mai-Kundgebung des Deutschen Gewerkschaftsbundes mit Holzlatten, Steinen und Flaschen an, sie hatten es zuvor im Internet angekündigt. Im Dezember 2010 überfielen mit Messern und Baseballschlägern bewaffnete Neonazis die alternative Kneipe »Hirsch-Q« und verletzten vier Gäste.

Auch die 23-jährige Sybille O. ist schon lange beim *Nationalen Widerstand* in Dortmund aktiv. Eine heimliche Anführerin wie Doberenz ist sie nicht. Die Tankstellenangestellte sorgt für die Kassenführung ihrer Truppe. Doch auch Doberenz ist lange nicht so tough, wie sie erscheinen möchte. Hinter ihrer stark geschminkten Maske mag sich viel Verletzlichkeit verbergen. Gegen männliche Anführer wie Dennis Giemsch hat sie in der Männerbastion der Kameradschaften keine Chance. Auch wenn sich die »Autonomen Nationalisten« modern gerieren, einen respektvollen Umgang zwischen den Geschlechtern gibt es nach Aussagen von Insidern nicht immer. Im Gegenteil ist auch von Sexismus und Gewalt gegen Frauen die Rede. Manche Kameraden bringen selbst Doberenz keinen Respekt entgegen. Für die bleibt auch sie nur eines: ein Anhängsel.

»Die Idee ist unzerstörbar« –
Frauen in braunen Netzwerken

»Trauermarsch« in Bad Nenndorf – Ursula Haverbeck: Holocaust-Leugnerin und Hitler-Verehrerin – *Hilfsorganisation für nationale politische Gefangene und deren Angehörige e.V.* und *Deutsches Rechtsbüro* – Rechte Täterinnen und Musikerinnen – Frauen gegen Homosexuelle und »Kinderschänder« – *Collegium Humanum* und »Umwelt & Aktiv«

Ganz in Weiß ist die Dame gekleidet. Bluse und Hose sitzen akkurat. Die grauen Haare sind zum Dutt hochgesteckt. Hinter ihr weht am Nachmittag des 14. August 2010 – von einer Leiharbeitsbühne eigens hochgezogen – ein sehr langes Transparent. »Besatzer raus!« prangt in weißen Lettern auf dem schwarzen Banner. Diese Parole dürfte die hochgewachsene ältere Frau, die bescheidene Eleganz und diskreten Intellekt ausstrahlt, von ganzem Herzen teilen. Ist doch die deutsche Geschichte ihr besonderes Anliegen. Bei dem »Trauermarsch« der militanten Kameradschaftsszene im niedersächsischen Bad Nenndorf spielt sie sich nicht in den Vordergrund. Das hat sie auch nicht nötig. In der Szene von NPD bis »Freien Kameradschaften« wird sie sehr geschätzt. Alle wissen: Der stille Star des Marsches ist die Holocaust-Leugnerin Ursula Haverbeck.

Bei strahlendem Sonnenschein haben sich bis zum Mittag bereits etwa 1000 Neonazis auf dem Bahnhofsvorplatz der kleinen Stadt versammelt. Unter den Teilnehmern sind auffällig viele junge Frauen, die dem Aufruf eines Aktionsbündnisses bestehend aus »Freien Kräften« um Sven Skoda, Marcus Winter und Matthias Schulz gefolgt sind. Einige ältere Männer der NPD haben sich auf einer Bank niedergelassen. Glatzköpfige Anhänger der *Aktionsgruppe Kiel* plaudern mit ihnen. Über den Platz vor dem Bahnhof schallen von einem Lastwagen, der als Lautsprecherwagen dient, die ersten Verhaltensanweisungen. Als die Trommlergruppe sich mit ihren zwei weiblichen Mitgliedern langsam in Position bringt und die ersten Transparentträger dahinter Aufstellung nehmen, soll der »Trauermarsch« starten. Vom Bahnhof bis zum anvisierten »Wincklerbad« sind es keine 800 Meter, die Straße geht nur schnurgeradeaus. Doch es geht nicht los. Geduldig wartet auch Ursula Haverbeck auf einem Sitz im Lastwagen der Veranstalter.

Die Grande Dame der Rechten, die Pädagogik, Philosophie und Sprachwissenschaften studiert hat, kennt das politische Geschäft seit Jahrzehnten. Sie gehört zu den Frauen der Szene, die sowohl bei Vereinen, die sich der politischen Bildung verschrieben haben, aktiv sind als auch die provokative Auseinandersetzung bewusst suchen. Ursula Haverbeck ist eine fanatische Überzeugungstäterin.

Schon 1963 wirkte sie mit ihrem Mann Werner Georg Haverbeck bei der Gründung des *Collegium Humanum* im nordrheinwestfälischen Vlotho mit, das sich zu einem der ersten Netzwerke »rechter Ökologen« entwickelte. In diesen Kreisen wird bis heute betont, Zuwanderung sei ein »ökologisches Problem«, da »die Fremden« den »natürlichen Lebensraum« des Zuzugslandes belasten würden. Schon früh störte Ursula Haverbeck, dass »der ganze Nationalsozialismus, wie nach 1945 geschehen, mit Judenmord gleichgesetzt wurde«, obwohl aus »ökologischen Gründen« einiges bewahrenswert sei: »das Autarkiestreben der Nationalsozialisten, ihre Geldordnung, ihre Spar- und Wiederverwertungsappelle sowie [der] ›Mutterkult‹ und die Förderung des Bauerntums«. Gut 40 Jahre später hat sich ihr Weltbild nicht inhaltlich geändert, aber radikalisiert. Sie glaubt jetzt nicht nur, Adolf Hitler dürfe nicht vom Holocaust aus betrachtet werden, sie leugnet nun auch die Existenz der Gaskammern.

In ihrer Schrift »Was ist der Holocaust?« erklärt sie, dass »Fred Leuchter und Germar Rudolf«, die beide die Funktionsweise der Gaskammern in den Konzentrationslagern Auschwitz-Birkenau und Majdanek bestreiten, »zu Recht die Krematorien als Orte der Vergasung in Frage stellen«. Die angeblich »unter schwerster Folter« gegenüber den Alliierten vom Kommandant des KZ Auschwitz, Rudolf Höß, »gemachten Aussagen« dürften »nicht als glaubhafte Rechtsgrundlage« dienen, betont sie. In einem ihrer endlosen Schlussworte vor Gericht hob sie hervor: »Wenn weiterhin Menschen aus Angst vor den Juden [...] nach dem § 130 Volksverhetzung verurteilt werden, dann sind damit die Grundrechte [...] außer Kraft gesetzt. Und gelten die Grundrechte nicht mehr, dann leben wir in einer Diktatur.« In Bad

Die Holocaust-Leugnerin Ursula Haverbeck 2010 in Bad Nenndorf.

Nenndorf unter ihresgleichen dürften diese Botschaften gefallen: den Holocaust leugnen, die Juden als angeblichen Machtfaktor im Lande diffamieren und den Volksverhetzungsparagrafen – in dem bestraft wird, wer die »nationalsozialistische Gewalt- und Willkürherrschaft billigt, verherrlicht oder rechtfertigt« – als Diktaturinstrument diffamieren.

Um ihr gefährliches Geschichtsverständnis weiter verbreiten zu können, legt sich die vehementeste Revisionistin der deutschen Geschichte immer wieder bewusst mit der Justiz an. Provokationen sind ihr Metier. Verurteilungen haben die Frau, vor deren Aktivitäten auch die Verfassungsschutzbehörden warnen, bisher wenig beeindruckt. Die Verfahren sind für Haverbeck, ganz wie für die männlichen Holocaust-Leugner, eines der Podien, um über die Geschichte der Vernichtung der europäischen Juden während des Nationalsozialismus öffentlich streiten zu können. Im Juni 2004 verurteilte sie das Amtgericht Bad Oeynhausen wegen Volksverhetzung zu einer Geldstrafe von 5400 Euro. Das Gericht sah es als erwiesen an, dass sie mit Ernst-Otto Cohrs, dem Schriftleiter der »Stimme des Gewissens«, der Zeitung des *Collegium Humanum*, den Holocaust leugnete.

In der nächsten Ausgabe der »Stimme des Gewissens« hieß es erneut, der Holocaust sei »ein Mythos«, und die Zahl von sechs Millionen jüdischer Opfer stimme nicht. Relativierungen durch Zahlenspiele sind unter Holocaust-Leugnern beliebt. Ursula Haverbeck, die sich auch als »Ostvertriebene« versteht, rechnete auch schon mal vor, dass »356 000« Juden gestorben sein könnten, aber bei der Vertreibung der »16 Millionen Heimatvertriebenen [...] 2,5 Millionen umkamen«. In einem weiteren Artikel der Zeitung führte Haverbeck im November/Dezember 2005 aus, dass Adolf Hitler nicht vom »geglaubten Holocaust oder seiner angeblichen Kriegsbesessenheit zu verstehen sei, sondern nur von einem göttlichen Auftrag im weltgeschichtlichen Rahmen«. Der Holocaust und die Verbrechen der Wehrmacht sollen so von Hitlers Wirken getrennt werden, um seine Ideen wiederbeleben zu können. Im Juni 2007 verurteilte das Landgericht Dortmund Haverbeck zu einer Geldstrafe. Keine zwei Jahre später, am 20. Juni 2009, hielt das Amtsgericht Bad Oeynhausen sie wegen Beleidigung für schuldig. In einem Brief an die damalige Vorsitzende des Zentralrats der Juden, Charlotte Knobloch, soll sie geschrieben haben: »Machen Sie so weiter wie bisher, dann könnte sich ein neues Pogrom ereignen, das entsetzlich würde.« Charlotte Knobloch solle sich nicht in »innerdeutsche Angelegenheiten einmischen«, sondern »in ihr Ursprungsland nach Innerasien zurückkehren«, so die unbelehrbare Altnazi-Aktivistin. Vor Gericht gab sich die Antisemitin routiniert unschuldig. Ihr Brief sei bloß eine »gutgemeinte Warnung« gewesen. Das Gericht verhängte erneut eine Geldstrafe. Vor dem Gerichtsgebäude posierte die Holocaust-Leugnerin mit einer Anhängerschar und dem Transparent: »Meinungsfreiheit auch für Deutsche!« Auf einer Website der Neonazi-Szene ist ein Bild davon zu finden. Dort wird auch angekündigt, nach Eingang des Urteils Revision einlegen zu wollen. »Nach dem Ende der Verhandlung«, heißt es auf der Website weiter, »fuhren alle Teilnehmer von unserer Seite noch mit zu Ursula Haverbeck zum gemeinsamen Essen und gemütlichen Beisammensein.« Ein Prozess als politisches Forum und sozialer Event.

Diese Strategie verfolgte auch der *Verein zur Rehabilitierung der wegen Bestreitung des Holocaust Verfolgten* (VRBHV), den Ursula Haverbeck in der Bildungseinrichtung des *Collegium Humanum* mit engen Getreuen am 9. November 2003 gründete. Das

Datum dürften die so Geschichtsbewussten nicht zufällig gewählt haben: Es ist der Jahrestag der Reichspogromnacht 1938. An der Gründung des Vereins sollen fast alle international bekannten Leugner des NS-Massenmordes mitgewirkt haben wie Ernst Zündel, Robert Faurisson und Germar Rudolf. Beim Gründungstreffen bestimmten die Mitglieder den Schweizer Holocaust-Leugner Bernhard Schaub zum Vorsitzenden, Ursula Haverbeck wurde seine Stellvertreterin. Mitinitiiert hat die Vereinsgründung Horst Mahler, einst bei der »Roten Armee Fraktion«, heute Antisemit und ebenfalls verurteilter Holocaust-Leugner. Offen hieß es, der Verein wolle einen »Feldzug gegen die Offenkundigkeit des Holocaust« führen. Ziel sei es, ihre Ansichten in der Öffentlichkeit bekannt zu machen und Aktivisten bei Strafverfahren beizustehen. Nach der Gründung des Netzwerks versuchten diese Radikal-Revisionisten denn auch verstärkt, Gerichtsverfahren zu provozieren, um sie als Propagandaveranstaltungen zu nutzen. Strafen nahmen sie bewusst in Kauf. Horst Mahler, der maßgeblich den Verein prägte, genauso wie Ursula Haverbeck.

Im Mai 2008 verbot das Bundesministerium des Innern unter Wolfgang Schäuble (CDU) das *Collegium Humanum* sowie die Teilorganisationen *Bauernhilfe* und VRBHV als »Sammelbecken organisierter Holocaustleugner«. Alle Vereine waren eng miteinander verflochten, ihre Tätigkeit bestand in prägender Weise aus revisionistischer, den Holocaust leugnender Propaganda. Der *Verein zur Rehabilitierung der wegen Bestreitens des Holocausts Verfolgten,* betonte das Bundesinnenministerium, »strebte zudem in besonderem Maße danach, die Holocaustleugnung wieder straffrei zu stellen«. Über 30 Objekte wurden damals durchsucht.

Eine Frau wie Ursula Haverbeck schüchtern Durchsuchungen und Verbote jedoch nicht ein. Einen »langen Atem« in der Auseinandersetzung um das »wahre« Geschichtsbild und die »richtige« Umweltpolitik hat sie. Bereits Ende 2008 richtete sie wieder Seminare mit rechtem Gedankengut aus. »Sie kamen in ihren Privaträumen in Vlotho zusammen«, weiß Michael Heinrich von der Kulturinitiative in Detmold. Seit Jahren ist die Initiative gegen den Verein aus der Nachbarschaft aktiv. Und auf der Einladung zu ihrem 80. Geburtstag ins thüringische Moßbach im November 2008 versprach Ursula Haverbeck, dass Bernhard Schaub über die »germanische Mythologie bis in die Gegenwart« referieren werde. Am 24. und 25. Januar 2009 kamen Rechte um ihre »Grande Dame« erneut in einem Hotel in Moßbach zusammen. Auch in anderer Hinsicht gab es Kontinuitäten: An die Bezieher »Die Stimme des Gewissens«, der Zeitschrift des *Collegium Humanum,* wurde nach dem Vereinsverbot ohne Aufforderung das Szeneblatt »Stimme des Reiches« geschickt, in dessen erster Ausgabe es hieß: »Man kann das Collegium Humanum zerstören. Die Idee des Collegium Humanum ist unzerstörbar.«

Am 5. August 2009 stand die Unbelehrbare wieder vor Gericht. Diesmal versuchte sie, vor dem Bundesverwaltungsgericht in Leipzig die bestehenden Verbote ihrer Vereine anzufechten. Erneut nutzte sie den Gerichtssaal als Forum. Wie ihr Anwalt Klaus Kunze, der regelmäßig Mandate aus der Szene übernimmt, dürfte sie nicht erwartet haben, dass die Verbote aus dem Vorjahr aufgehoben würden. Im Gerichtssaal versuchte Kunze erwartungsgemäß dem Gericht und dem Publikum Ursula Haverbecks Gedankengänge nahezubringen. Man müsse sich nur in »die metaphysische Gedankenwelt von Frau Haverbeck versetzen«, so ihr Rechtsbeistand, um ihre Aussagen zu verstehen. So bestreite sie nicht den Völkermord an den Juden, aber dessen Wertung im Allgemeinen. Seine Mandantin würde den Holocaust aber auch relativieren, weil sie mit den Gedanken, dass etwas so Schreckliches geschehen sein könnte, nicht leben könne. Eine Nähe zum Nationalsozialismus hätten die Überzeugungen seiner Mandantin nicht. Ihre Verehrung für den Stellvertreter Adolf Hitlers, Rudolf Heß, begründe sich nur aus persönlichen Beziehungen. Das Bundesverwaltungsgericht folgte all dem nicht. Ursula Haverbeck wusste im Gericht gleich, wer an den bestätigten Verboten schuld war: »die Antifa«. Die hätte der damalige Innenminister Wolfgang Schäuble »unter Druck gesetzt«. Sie behauptet, wer den Mut zur »freien Rede« habe, »wird zum Holocaust-Leugner«. In einer Kleinen Anfrage des SPD-Bundestagsabgeordneten Stefan Schwarz bestätigte im Januar 2011 das Bundesministerium des Innern, dass Ursula Haverbeck »nach wie vor bei Veranstaltungen rechtsextremer Organisationen aktiv in Erscheinung« trete.

Den Mut zur angeblichen Wahrheit beansprucht auch eine weitere Frau für sich. Sie fühlt sich im Kampf um die »wahre« Geschichte nicht weniger verfolgt: Sylvia Stolz. Über 30 Jahre Altersunterschied liegen zwischen Ursula Haverbeck und Sylvia Stolz. Die vehemente Leugnung des Holocaust haben sie gemein. Beim *Collegium Humanum* trat Stolz als Referentin auf. Von 2009 bis Anfang 2011 saß die Rechtsanwältin, 1963 in München geboren, in Haft. Am 9. Mai 2009 verurteilte das Landgericht Mannheim sie im Revisionsverfahren wegen Volksverhetzung, Aufstachelung zum Rassenhass und versuchter Strafvereitelung zu der Haftstrafe von dreieinhalb Jahren. Ein fünfjähriges Berufsverbot verhängte das Gericht zudem. Nach dem Urteil zeigte die Frau, die in der extrem rechten Szene als die »deutsche Jeanne d'Arc« bezeichnet wird, den Hitlergruß. Ihre Fangemeinde im Gerichtssaal, rund 60 meist ältere Herren, erfreute der ausgestreckte rechte Arm. In diesen Kreisen wird bei den Verhandlungspausen von der »Judenjustiz« gesprochen, denn der Holocaust sei »nur eine Erfindung der Juden«, »die nach der Weltherrschaft streben«.

Im Saal des Landgerichts bemühte sich Sylvia Stolz, den Prozess – ganz wie Ursula Haverbeck – politisch zu instrumentalisieren. Mit ihrer sehr hellen Stimme und in kräftigem Bayerisch schimpfte sie über die »Lynchjustiz« und bezweifelte die »Gaskammer-Theorie«. Vor gut zehn Jahren hatte die schlaksige Frau mit randloser Brille und leicht ergrauten Haaren Horst Mahler kennen und schätzen gelernt. 2007 kündigten beide an, zu heiraten. Ständige Gefängnisaufenthalte verhinderten bisher die Hochzeit der Rechtsanwältin aus dem bayerischen Ebersberg.

Die landgerichtliche Verurteilung erfolgte wegen ihrer Argumentationen und Affronts in einem anderen Prozess. In Mannheim hatte sie vor dem Landgericht den genauso fanatischen Holocaust-Leugner Ernst Zündel verteidigt. Das im Frühjahr 2006 eröffnete Verfahren gegen den guten Bekannten von Ursula Haverbeck war möglich geworden, nachdem Zündel im März 2005 von Kanada nach Deutschland abgeschoben worden war. Von dort und den Vereinigten Staaten aus hatte er in Publikationen und über das Internet den Holocaust geleugnet. Bei den Verhandlungen bezichtigte Sylvia Stolz den Vorsitzenden Richter des »unbändigen Hasses gegen alles Deutsche«. Den Schöffen drohte sie im Falle der Verurteilung von Ernst Zündel mit der Todesstrafe wegen »Volksverleumdung und Feindbegünstigung«. Von dem Verfahren wurde sie ausgeschlossen. Als sie dennoch erneut im Saal als Verteidigerin für ihren Mandanten erschien, musste sie von Polizeibeamten aus dem Saal getragen werden. »Das Deutsche Reich erhebe sich!«, rief sie. Die Rechtsanwältin, meinte der Staatsanwalt bei der Verurteilung von Sylvia Stolz, habe sich »als unbelehrbar« gezeigt. In einem Video-Blog hatte sie schon ein

Jahr vor dem Verfahren erklärt: »Ich geh ins Gefängnis, das ist mir die Wahrheit wert und das ist mir das deutsche Volk wert.« Die Ehefrau Ernst Zündels, Ingrid Rimland-Zündel, schwärmt von ihr: »ein Rückgrat aus Stahl und die Schönheit einer Mangrove«. Die Haft dürfte verhindert haben, dass Sylvia Stolz am 1. März 2010 bei der Freilassung von Ernst Zündel erschien. Viele Freunde und Gesinnungsgenossen hatten ihn vor dem Tor der Mannheimer Justizanstalt erwartet. Eine alte Freundin kam auch zur Begrüßung: Ursula Haverbeck.

In Bad Nenndorf dauert auch für Ursula Haverbeck die Wartezeit länger als bei Aufmärschen sonst üblich. Denn an jenem Samstag im August ist jeder Meter der von den Neonazis beantragten Route hart umkämpft. Knapp 2000 Polizeibeamte stehen bereit, Reiterstaffeln patrouillieren, unzählige Absperrgitter sind aufgestellt, ein Polizeihubschrauber kreist geräuschvoll über dem kleinen Kurort im Schaumburger Land nahe Hannover. An der Marschroute haben die Anwohner überall an den Häusern und in den Gärten, an den Zäunen und Garagen Transparente und Spruchbänder aufgehängt. »Deutsche Täter sind keine Opfer«, »Gedenken? Geh Denken« oder »Bunt statt Braun« ist in farbigen Lettern zu lesen. Zum fünften Mal will die extrem rechte Szene in der Stadt mit ihren rund 10 500 Einwohnern vor dem »Wincklerbad« aufmarschieren, um an die »Verbrechen der Alliierten« zu erinnern und der »deutschen Opfer« zu gedenken. Von 1945 bis 1947 nutzte die britische Armee das nach dem zu Beginn des 20. Jahrhunderts bekannten Arzt Axel Winckler benannte Kurbad als Gefängnis für Nationalsozialisten und Verdächtige. In den Vorjahren gab es wenig Protest, aber 2010 hoffen mehr als 1200 Gegendemonstranten, diesen Marsch stoppen zu können. Das Bündnis »Bad Nenndorf ist bunt«, in dem Sportvereine, Kirchen, Parteien und Gewerkschaften sich vereint haben, hat zum Protest aufgerufen. Auch viele Anwohner haben sich angeschlossen, sie möchten ihre Stadt nicht den Neonazis überlassen. Ein älterer Herr ist erschrocken, er steht in seinem Vorgarten und kann nicht verstehen, was da vor ihm am Bahnhof geschieht.

Der braune Aufmarsch tritt auf der Stelle. Das Warten zerrt bei den Versammelten ein wenig an den Nerven. »Autonome Nationalisten« – modisch gestylte Neonazis, die Frauen oft mit

Neonazis veranstalten eine Kundgebung vor dem Wincklerbad
in Bad Nenndorf 2010 unter dem Motto »Besatzer raus!«.

Piercings, die Männer mit Ziegenbärtchen und auffälligen Ohr-
ringen – schauen provokativ Pressevertreter an. Sie wollen Fotos
von den Journalisten für »ihr Archiv« haben. NPD-Mitglieder,
manche mit gutgebügeltem, biederem Hemd, manche mit schlich-
tem Sommerstrickpullover, reden ungeduldig miteinander, ärgern
sich über die »dummen undeutschen Berufsdemonstranten«, die
ihren Marsch aufhalten. »Good Night left Site«, steht auf einem
T-Shirt eines Anhängers der »Freien Kameradschaften«, »Hasta
la Vista Antifascista« auf dem einer Frau. Die Anspielung auf den
Film »Terminator« ist um ein Bild ergänzt, auf dem ein Rechter
einen Linken wegtritt. Ein ähnliches Bildmotiv prangt auf dem
T-Shirt des Mannes: Ein Rechter tritt auf einen am Boden liegen-
den Menschen ein. In ihrer symbolischen Gewaltverherrlichung
stehen sich die beiden in nichts nach.

Bei rechten Demonstrationen stellt der große Altersunterschied zwischen jungen Neonazis und der älteren Holocaust-
Leugnerin kein Hindernis dar. Nicht bloß ältere Kameraden
suchen das Gespräch mit Ursula Haverbeck, die bis heute in
Vlotho lebt. Die gestreute Saat der alten Ideologen geht auf. Der

Initiator der Märsche, Neonazi-Anführer Marcus Winter, der bereits wegen Angriffen auf politisch Andersdenkende in Haft war, stand selbst schon vor Gericht, weil er vom »sogenannten Holocaust« gesprochen und Überlebende als »Volksschädlinge« und deren Nachkommen als »Mischpoke« herabgewürdigt haben soll. Marcus Winter und seine Mitstreiter dürften nicht lange dazu benötigt haben, Ursula Haverbeck als »stolzes Mitglied« der »Erlebnisgeneration« für einen Redebeitrag zu gewinnen. Die politischen Intentionen stimmen überein. Trotz der Warterei sieht Haverbeck denn auch erfreut aus. Sie führt ein Leben für die nationale Sache. Ihr wird gefallen, dass die Kameradschaftsszene sich seit Jahren bemüht, aus Bad Nenndorf einen neuen Kultort für ihr deutsches Gedenken zu machen.

Seit 2006 versucht die Szene, unter dem Motto »Gefangen – Gefoltert – Gemordet! Damals wie heute – Besatzer raus!« die Geschichte des Wincklerbades zu missbrauchen, um die »Verbrechen der Alliierten« gegen die Verbrechen des nationalsozialistischen Deutschland zu stellen. Mit Erfolg: Kamen im ersten Jahr nur 99 Neonazis, so liefen im Jahr darauf schon fast 200 Teilnehmer auf, und 2008 erschienen dann 400 Neonazis. 2009 gelang es den Organisatoren, die Teilnehmerzahl noch einmal zu verdoppeln. An die 800 Neonazis zogen vor das Bad. Und 2010 sind es rund 1000.

1945 hatte die britische Armee das Bad mitten in der Stadt zu einem Gefängnis und Verhörzentrum für hohe und höchste nationalsozialistische Funktionsträger aus Politik, Wirtschaft und Wehrmacht umgebaut. Durch die Verhöre wollte der militärische Geheimdienst Großbritanniens von Gefangenen etwas über Guerillahandlungen der »Werwölfe« – einer Untergrundorganisation der SS – erfahren und Spione für sich gewinnen. Im Bad saßen aber auch vollkommen Unschuldige ein, die als vermeintliche Sowjetspione oder wegen ihrer linken politischen Gesinnung verdächtigt wurden. Der katholische Geistliche Vikar Magar hörte von Misshandlungen, informierte den Bischof von Hildesheim. Der Bischof kam zum Bad, notierte Aussagen der Gefangenen und leitete die Notizen dem englischen Kardinal Griffy zu. Dieser informierte die englische Öffentlichkeit. Der Labour-Unterhausabgeordnete Richard Stokes befragte daraufhin die Insassen über erlittene Misshandlungen. Inspektor Tom Hayward von Scotland Yard schickte einen Bericht an die britische Militärregierung in

Deutschland. Der britische Politiker Frank Pakenham sagte, »dass wir Internierte in einer Art behandelt haben, die an die deutschen Konzentrationslager erinnert«. Mehrere Häftlinge waren auch infolge ihrer Haft in Bad Nenndorf gestorben. Das Außenministerium Großbritanniens sah die britische Glaubwürdigkeit beschädigt. 1947 wurde das Bad geschlossen. Vier Offiziere wurden wegen der Menschenrechtsverletzungen vor Gericht gestellt, der Lagerarzt verurteilt.

Bei dem »Trauermarsch« betonen die extrem rechten Veranstalter und Redner die Tatsache, dass gerade die kritische Öffentlichkeit in England zur schnellen Schließung und Strafverfolgung führte, wohlweislich nicht. In Bad Nenndorf wetterte stattdessen im Laufe der Jahre der frühere NPD-Kader Andreas Molau über die »Umerziehung« nach 1945 oder die heutige Bundespressesprecherin des *Rings Nationaler Frauen* (RNF) Ricarda Riefling über die Alliierten: »Sie haben uns nicht befreit, sie sind über uns hergefallen. In Begleitung von Mord, Folter, Vergewaltigung.«

In den Reihen des »Trauermarsches« werden aber nicht bloß immer wieder allein die »deutschen Opfer« beklagt. Die Teilnehmer verehren auch jene Frauen, die sich gleich nach 1945 um gesuchte Nazigrößen und Kriegsverbrecher kümmerten. Fluchten organisierten, Gelder sammelten und Prozesse begleiteten. In der *Stillen Hilfe für Kriegsgefangene und Internierte* waren überzeugte Nationalsozialistinnen wie Adelheid Klug oder Gertrud Herr aktiv. Aber auch europäischer Adel war sich für diese Hilfe nicht zu schade: Prinzessin Helene-Elisabeth von Isenburg, genannt »Mutter Elisabeth«, oder Gräfin Lilli Hamilton aus Stockholm gehörten zur Spitze des konspirativ agierenden Vereines. Zur Ikone der Nazi-Verbrecher wurde Gudrun Burwitz, Tochter des Reichsführers SS Heinrich Himmler. In einem der letzten Rundbriefe der *Stillen Hilfe* vom Sommer 2009 versicherte der aktuelle Vorsitzende Horst Janzen aus Wuppertal, man sei »finanziell noch ausreichend gerüstet, um die Hilfeleistungen für unsere letzten Betreuten ohne Einschränkungen fortsetzen zu können«. Mit 86 Jahren war ein Jahr zuvor die ehemalige Aufseherin im Konzentrationslager Ravensbrück Ulla Jürß gestorben, betreut von der *Stillen Hilfe,* in Freiheit.

Mütter und Großmütter prägten die ideologischen Wege vieler Neonazis entscheidend mit. Der Vordenker der »Freien Nationalisten«, Christian Worch, erinnert gern an die nationalsozialistische Einstellung innerhalb seiner Adoptivfamilie, einer norddeutschen Handelsdynastie. Während männliche Familienangehörige als Mitglieder der Waffen-SS nach Kriegsende im ehemaligen Konzentrationslager Neuengamme einsaßen, hielten die nicht minder überzeugten Ehefrauen oder Mütter Kontakt und betrieben ein sogenanntes Gutes Haus, in dem Sympathisanten und Untergetauchte Zuflucht fanden. Christian Worchs Erzählung nach bot seine Großmutter keinem Geringerem als dem Pariser Gestapo-Chef Klaus Barbie Obhut in ihrer Villa in der Moorweidenstraße. Später gehörte sie dann der *Hilfsgemeinschaft Freiheit für Rudolf Heß* an, die sich für die Freilassung von »Hitlers Stellvertreter« aus dem Kriegsverbrechergefängnis in Berlin-Spandau einsetzte. An ihrer Seite nahm der junge Christian Worch Anfang der 1970er Jahre zum ersten Mal an einer Neonazi-Demonstration teil.

Hektik kommt vor dem Bahnhof auf. Über den Lautsprecher wird die anhaltende Verzögerung des Marschbeginns beklagt. Die Veranstalter reden immer wieder mit dem Einsatzleiter der Polizei. Die jungen Frauen der *Düütschen Deerns* aus der Lüneburger Heide nutzen die Wartezeit. Gezielt verteilen die weiblichen Kameradschaftsanhänger um Jessica Keding Einladungen für ein internes Erntedankfest im September 2010. Sie sind einheitlich in roten Shirts mit der Aufschrift ihrer Gruppe gekleidet. Die ehemalige NPD-Landeschefin aus Sachsen-Anhalt Carola Holz hält ein mitgebrachtes Transparent zusammengerollt fest. Vor Marschbeginn will sie es wohl nicht zeigen.

Dann bestätigt sich ein Gerücht: Auf der Route der Neonazis gibt es eine Blockade. Plötzlich stand sie da, eine Betonpyramide, an der sich vier Gegendemonstranten angekettet hatten. »Wir haben Zeit mitgebracht«, sagt einer, dessen Hand in der Pyramide steckt, fröhlich. Sie schafften, was eigentlich hätte unmöglich sein sollen: Mit einem blauen Kleinbus und einem Anhänger mit Absperrgittern waren sie ungehindert durch die Polizeisperren bis knapp 100 Meter vor das Bad herangekommen. Ein geschickt hinter der Windschutzscheibe drapiertes Exemplar der Zeitschrift »Polizei heute« sowie ein einfaches Papierschild mit der Phantasieaufschrift »Laba«, versehen mit einem Wappen der »Republik Freies Wendland«, das einem Polizeilogo ähnelt, machten den Weg frei. Wohl auch, weil die Gruppe ähnlich wie Beamte gekleidet ist: dunkle Kappe, schwarzes T-Shirt, grüne Hose. »Die hätten wir auch durchgelassen«, meint prompt ein höherer Polizeibeamter. »Ja, Respekt«, ergänzt ein Kollege. Schnell soll nun Werkzeug zum Entfernen der Pyramide geholt werden. Doch schnell geht jetzt gar nichts mehr. »Bitte gehen Sie 20 Meter zurück«, fordert die Polizei Anwohner und Mitglieder des Sportvereins VfL Bad Nenndorf auf, die den Angeketteten applaudieren. Die Sportsfreunde hatten sich clevererweise an der Route auf einer Hotelterrasse »zum Frühstück« verabredet. Gehen wollen sie nicht. Ganz im Gegenteil. Zur erneuten Überraschung der Polizei setzen sich die rund 30 meist weit über 40-Jährigen einfach auf die Straße und stimmen Friedenslieder an. »Ich habe so was noch nie gemacht, es reicht aber einfach«, betont ein 65-jähriger Anwohner. Eine Frau mit T-Shirt des VfL ergänzt: »Diesen braunen Mob lässt man in SA-Manier marschieren, und wir werden schikaniert.«

Am Bahnhof verstimmt die rechten Versammlungsleiter nicht bloß der Gegenprotest. Die Polizei untersagt ihnen, Ursula Haverbeck als Rednerin auftreten zu lassen. Auch Rigolf Hennig darf nicht reden. Der Chirurg in Rente, der für die NPD im Verdener Stadtrat und im Kreistag des Landkreises Verden sitzt, ist ebenfalls ein vorbestrafter Revisionist. Die Polizeieinsatzleitung in Bad Nenndorf will den beiden bei diesem Marsch kein Forum zur Leugnung oder Relativierung des Holocaust geben. Ist Ursula Haverbeck doch auch den Strafverfolgungsbehörden als eine »Überzeugungstäterin« bekannt.

Auf dem Bahnhofsvorplatz harrt auch Edda Schmidt aus. Sie ist ebenfalls gerichtsbekannt. Die Bundesvorsitzende des *Rings Nationaler Frauen* ist schon verurteilt worden – wegen Aufstachelung zum Fremdenhass und Verunglimpfung des Staates. Sie spricht gern von Opfern, die besonders die Frauen zu bringen hätten. In einem Videomitschnitt von ihrem Vortrag »Die Frau: Kameradin, nicht Dienerin des Mannes«, den das neonazistische Projekt »Volksfront-Medien.org« online stellte, führt sie aus, dass »die Grundaufgabe bei den Germanen für die Frau […] der seelische Beistand« des Mannes gewesen sei. Damals, so schwadroniert die kräftige Frau mit dem schwäbischen Akzent, hätten die Frauen ihre Männer auch noch nach einer Verwundung zum Weiterkämpfen ermutigt. Heute, beschwert sich Edda Schmidt, sei das anders. Die Männer würden »von ihren Frauen ausgebremst«. »Die meinen, ach, das ist doch viel zu gefährlich, bleibt doch lieber zu Hause. Diese Frauen sollten sich ein Beispiel an den Frauen der Germanen nehmen!«, fordert sie ihre Zuhörerschaft in dem Videomitschnitt vom 28. Juni 2010 auf. Die politisch bewusste Frau als Antreiberin ihres Mannes, das könnte auch den Mädchen der Szene gefallen. Edda Schmidt stellt aber – ihrem traditionsbewussten Frauenbild entsprechend – klar: »Die Welt der Frau sind der Mann, die Kinder und das Heim.« Auch sie selbst habe »viele Jahre schön zu Hause« bei den Kindern bleiben müssen. Da seien ihr schon mal große Ereignisse »durch die Lappen gegangen«, sagt sie und betont so ihr persönliches Opfer im politischen Kampf. Diese Haltung fordert sie auch von den Kameradinnen ein, denn deren Aufgabe sei es, »Schicksalsgefährtin des Mannes« und »Bewahrerin des rassischen Erbes« zu sein. In Bad Nenndorf gibt sich die polternde Schwäbin dagegen zurückhaltend. Lächelnd reiht sie sich bei der Gruppe junger Frauen des *Rings Nationaler Frauen*, der Frauenorganisation der NPD, ein.

Früh beteiligten sich Frauen an der 1964 in Hannover gegründeten Partei, allerdings meistens abseits der großen Öffentlichkeit. Die niedersächsische Ärztin Dr. Wilhelmine Steffens gehörte nicht nur dem Parteivorstand an, sondern war im Landesverband zuständig für die Referate »Lebens- und Umweltschutz« sowie »Ausländer- und Asylantenangelegenheiten«. 2001, kurz vor ihrem Tod mit 87 Jahren, konnte sie auf ein politisch weitgehend ungestörtes Leben zurückblicken. Die Medizinerin hatte neben der NPD sowohl die militante *Wiking-Jugend* als auch die rassistische *Artgemeinschaft – Germanische Glaubensgemeinschaft* mit aufgebaut. Prinzessin Marie-Adelheid Reuß zur Lippe aus Oldenburg wirkte ebenfalls über Jahrzehnte in der Szene. »Mariadel«, wie sie sich gern selbst nannte, hatte im »Dritten Reich« dem persönlichen Stab des NS-Reichsbauernführers angehört und war später Weggefährtin des Holocaust-Leugners Thies Christophersen gewesen. Die blaublütige NPD-Aktivistin war vielseitig aktiv.

Zu den letzten aktiven überlebenden Nationalsozialistinnen zählen Lisbeth Grolitsch und Bringfriede Jung. Insbesondere in den frauenstarken extrem rechten Kulturorganisationen, aber auch bei der GDF und dem RNF genießen beide hohes Ansehen. Lisbeth Grolitsch, ehemalige Gau-Unterführerin des »Bundes Deutscher Mädel« (BDM) aus Österreich, gehört maßgeblich dem *Freundeskreis Ulrich von Hutten* an, an dessen »Gästewo-chen« die ganze Riege bundesdeutscher Neonazi-Anführer bis heute teilnimmt. Für die Mädel von *Wiking-Jugend* und *Hei-mattreuer Deutscher Jugend* war Lisbeth Grolitsch ein Vorbild. In ihren Schriften feierte sie den 100. Geburtstag Adolf Hitlers und schuf den Neonazi-Kult um dessen inhaftierten Stellvertreter Rudolf Heß mit.

Noch aktiv ist die 94-jährige NS-Anhängerin Bringfriede Jung aus Fahrenbach. 2008 referierte sie beim *Ring Nationaler Frauen* zum Thema »Feminismus und Gender Mainstreaming – gelten Naturgesetze nicht mehr?«. Begeistert berichteten die jungen Mitstreiterinnen von Jungs ausführlichem Vortrag »über die krankhaften Auswüchse eines der Natur zuwiderlaufenden Den-kens in Bezug auf die biologische Unterschiedlichkeit von Mann und Frau«. 2010 beteiligte sie sich an der »34. Gästewoche« des geheimen *Freundeskreises Ulrich von Hutten* im süddeutschen Raum. Diese Tagungen gelten seit Jahrzehnten als bedeutendste Treffen extrem rechter Kulturschaffender aus der Bundesrepublik und Österreich.

Auf der Marschroute kann die Polizei immer noch nicht die Pyra-mide entfernen, an die die Gegendemonstranten angekettet sind. Nur die spontane Sitzblockade lösen Anwohner und Vereinsmit-glieder nach zweifacher polizeilicher Aufforderung auf. Wenig später applaudiert der VfL »seiner Jugend« zu. Die Straße wei-ter runter haben seine »Kids« sich mit Antifaschisten hinsetzen können. Nach der zweiten Aufforderung gehen auch sie – unter Jubel. »Unsere Jüngsten sind klasse«, sagt eine Frau des Sport-vereins. An einer Polizeisperre sollen Demonstranten derweil am Gitter gerüttelt haben. Grund genug für die Polizei, Pfefferspray und Schlagstöcke einzusetzen.

Am Bahnhof bekommen die Neonazis von dieser Auseinan-dersetzung kaum etwas mit. Sie fühlen sich von Staat und Polizei hingehalten. Einige der wartenden Frauen tragen weiße Ober-bekleidung. Etliche Männer haben weiße Hemden an. Eine ge-zielte Provokation mit Tradition: Als 1932 die SA verboten war, marschierten die »Braunhemden« mit weißen Hemden auf. Aus jener Zeit stammt eine Strophe des Nazidichters Heinrich Anacker, die das offizielle Mobilisierungs-Shirt ziert: »Im braunen Hemd, im weißen Hemd. Brennt gleich für Deutschland unser Blut.«

Heinrich Anacker wird bis heute in Neonazi-Kreisen verehrt. Kinder rechter Familien wachsen mit seinen Versen und denen von SS-Dichtern wie Kurt Eggers auf. Die Hamburger Altnazi-Aktivistin Gertrud Herr führte Heinrich Anacker zu Ehren einen eigenen Verein an. Auch die vom Verfassungsschutz als »größte rechtsextreme Kulturvereinigung« geführte *Gesellschaft für freie Publizistik* schätzt die NS-Dichter. 1960 gründeten ehemalige SS-Offiziere und NSDAP-Funktionäre die Organisation, um eine »objektive Geschichtsbetrachtung des Dritten Reichs« gegen die angebliche »Umerziehung« zu stellen. Die Tochter des NS-Dichters Hans Grimm, Autor von »Volk ohne Raum«, Dr. Holle Grimm aus dem nordhessischen Lippoldsberg führte nach Kriegsende das völkische Stelldichein der Lippoldsberger Dichtertage fort. Die 1918 geborene Verlagsbuchhändlerin wurde Vorsitzende der rund 500 Mitglieder starken *Gesellschaft für freie Publizistik* und 1994 »für ihr Lebenswerk« mit der »Ulrich-von-Hutten-Medaille« ausgezeichnet. Holle Grimm gehörte zu den maßgeblichen weiblichen ideologischen Wegbereitern nach 1945.

Beim Marsch in Bad Nenndorf war der Spruch des NS-Dichters Anacker nicht zu sehen, obwohl sich einige Neonazis darüber unterhielten. Die Anspielung mit den weißen Shirts musste reichen. Die Veranstalter dürften geahnt haben, dass mit einem doppelten SA-Bezug der Weg zum Bad rechtlich heikel werden könnte. Taktische Entscheidungen, um ein größeres Ziel zu erreichen. Das Motto des Aufmarsches, »Besatzer raus!«, teilt Ursula Müller seit Jahrzehnten. Deutschland befindet sich für die frühere Vorsitzende der *Hilfsorganisation für nationale politische Gefangene und deren Angehörige e.V.* (HNG) unter »Besatzungsrecht«. Im Interview mit der »Deutschen Stimme« erklärte sie im Dezember 2009, dass in Deutschland der »Besatzerstatus vom 8.8.1945« anhalte. Die gelernte Gärtnerin aus Mainz-Gonsenheim hatte den Vorsitz der HNG seit mehr als zwei Jahrzehnten unumstritten inne. In Frankfurt am Main wurde der Verein 1979 gegründet, um sich um inhaftierte Neonazis, Rechtsterroristen und Holocaust-Leugner zu kümmern. Der Gründungstag, der 20. April, Adolf Hitlers Geburtstag, wird kein Zufall gewesen sein.

Nach ihrer Inhaftierung tauchte auch der Name von Sylvia Stolz in der »Gefangenenliste« der HNG auf. Ihr früherer Mandant Ernst Zündel und ihr Lebensgefährte Horst Mahler wurden ebenfalls von dem Verein betreut. Auf der Liste, auf der sich auch

Name und Haftadresse des verurteilten NS-Kriegsverbrechers Erich Priebke finden, ist Sylvia Stolz die einzige Frau. Die Leugnung des Holocaust dürfte Ursula Müller, die lange in der NPD Funktionsträgerin in Rheinland-Pfalz war, als Kampf gegen die »offizielle Geschichtsschreibung« einordnen. Bewusst spricht die Mainzerin von »politisch Verfolgten der Demokratie«, eine Verfolgung, die schon mit den Nürnberger Prozessen begonnen hätte. Als »Lynchjustiz«, die sich »am 16.10.1946 in der Hinrichtung der sogenannten NS-›Kriegsverbrecher‹ austobte«, bezeichnet sie die Verurteilung von Nazi-Größen wie Rudolf Heß, »Stellvertreter des Führers«, oder Wilhelm Keitel, Leiter des Oberkommandos der Wehrmacht. Die kämpferische Überzeugungstäterin Müller, 1933 geboren, sagt von sich selbst, sie befinde sich in einem »persönlichen Dreißigjährigen Krieg« gegen das »Imperium der Lüge«. Sie verfügt dank ihrer langjährigen Arbeit für die inhaftierten Kameraden über einen sehr großen Einfluss innerhalb der braunen Szene. Viele Posten hatte Ursula Müller zudem inne: 1969 war sie schon mit Ehemann Curt und Sohn Harald bei der *NS-Kampftruppe Mainz* aktiv; 1984 übernahm sie den Vorsitz der *Deutschen Frauenfront* (DFF) und die Schriftleitung des DFF-Organs »Die Kampfgefährtin«. Im selben Jahr wurde Ursula Müller, die auch bei der *Gesinnungsgemeinschaft der Neuen Front* mitwirkte, zu einer Geldstrafe verurteilt. 1988 musste sie an Ursula Worch, die damalige Ehefrau von Christian Worch, ihre Ämter bei der DFF abgeben. Sie hatte sich gegen Michael Kühnen, den Leiter der *Gesinnungsgemeinschaft,* gestellt. Entsetzt war die Mutter von drei Kindern über Kühnens Schrift »Nationalsozialismus und Homosexualität«, in der der Neonazi-Führer 1986 dargelegt hatte, dass Homosexualität, wenn sie sich »männlich« ausdrücke, in der »Bewegung« ihren Platz haben müsse. Bis heute kocht dieser Konflikt immer wieder mal hoch.

Im Dezember 2010 wurde auf Szeneportalen über eine mögliche Homosexualität des engen Mitstreiters von Michael Kühnen, Christian Worch, spekuliert. So auf dem Internetportal »Deutschlandecho«, wo die User sich eigentlich über die damals geplante Vereinigung von NPD und DVU stritten. »Hat einer den Worch überhaupt mal mit einer Frau gesehen«, fragte etwa ein »Berti Stein«. »Vielleicht pflegt er ja noch herzliche Kontakte zu Herrn Althans?« Gemeint ist Bela Althans, einst im rechtsextremen Milieu aktiv, heute bewegt er sich offen in der Schwulenszene. Dass rechte Kameraden einander ihre – vermeintlichen – sexuellen Vorlieben vorhalten, kommt öfter vor. Es reiche anzudeuten, dass jemand »ein Spitzel oder ein Schwuler« sei, sagt der Aussteiger Patrick B. Auf »Deutschlandecho« entgegnet Christian Worch, man habe ihn sehr wohl bei »Veranstaltungen bisweilen mit einer Frau« gesehen. Er sei verheiratet und mit »insgesamt sechs Frauen im Bett« gewesen. Solche Diskussionen haben Tradition: In einer Studie zu Freikorps und SA stellte der Kulturwissenschaftler Klaus Theweleit fest, dass bei jenen Rechten Homosexualität zunächst nicht »öffentlich sanktioniert wurde«. War es aber der »politischen Auseinandersetzung« dienlich, wurde die »Verfehlung« herangezogen – bis zur Rechtfertigung von Mord. Auch Worch wurde schon vor Jahren seine Nähe zu Michael Kühnen vorgehalten, der 1991 an den Folgen von Aids gestorben war. Beim Wort »heiraten«, kantet deshalb auch ein User auf »Deutschlandecho« nach, habe er bei Christian Worch »nicht an Frauen gedacht. Bei einem treuen Anhänger des Herrn Kühnen wäre das geradezu vermessen.« Gerade die Frauen in der Szene sprechen sich sehr deutlich gegen »widernatürliche« sexuelle Beziehungen« aus. Unter den »Kämpferinnen« ist Ursula Müllers Aversion gegen Homosexualität keine Ausnahme. »Enibas« aus Mannheim, Moderatorin bei dem Szeneportal »Thiazi-Forum« und mehrfache Mutter, spricht von einer »Perversion, einer Krankheit« und fragt provozierend: »Wie, bitteschön, soll ein Schwuler sich für das Volk einsetzen, wenn er andere Männer dazu verführt, gleichgeschlechtlichen Sex zu haben, anstatt eine deutsche Familie zu gründen?«

In der *Hilfsorganisation für nationale politische Gefangene und deren Angehörige e.V.* übernahm Ursula Müller 1990 die Leitung zuerst kommissarisch. Über 600 Mitglieder soll der Verein heute haben. Eine Frau würde demnach eine der größten neonazistischen Vereinigungen in Deutschland anführen. Im April 2011 übernahm Daniela Wegener den Vorsitz, zuvor war sie die Stellvertreterin. Mit ihrem Lebensgefährten Claus Cremer, dem Landesvorsitzenden der NPD in Nordrhein-Westfalen, lebt die Mutter eines Kindes in Bochum-Wattenscheid. Bei Aufmärschen ist Wegener, Jahrgang 1974 und führende Aktivistin der »Freien Kameradschaften«, eine der wenigen Rednerinnen. Nicht viele Frauen sprechen bei Aktionen in der Öffentlichkeit.

Die Arbeit der *Hilfsorganisation* spielt sich vor allem abseits der Öffentlichkeit ab. Die offizielle Adresse der HNG ist die

Gärtnerei der Müllers. Gut sichtbar haben die Müllers dort vor Jahren ein Beet in Hakenkreuzform angelegt. Man bleibt sich treu. An der Intention der HNG lässt die so bieder aussehende Müller auch keine Zweifel aufkommen. »Die HNG-Betreuung ist ein Zeichen von kameradschaftlicher Verbundenheit mit einen in Not geratenen Menschen – einem deutschen Menschen, der Hilfe braucht und von der Umerziehungsmafia nur Hohn und Spott und Nachteiliges erfährt«, erklärte sie in der »Deutschen Stimme«.

Seit der Gründung bemüht sich der Verein, Kameraden während der Gefängniszeit konkret zu helfen – materiell wie ideell. Der Kontakt zu inhaftierten Neonazis wird über die »Nachrichten der HNG« hergestellt. In dem DIN-A5-Heft bitten »Märtyrer der nationalen Sache« um Briefkontakt. Bis zu seiner Entlassung 2010 stand die Adresse des Rechtsterroristen Martin Wiese auf der HNG-Liste, der 2005 wegen eines geplanten Bombenanschlags in München verurteilt worden war. Seit Jahren hofft Kay Diesner, über die HNG Postkontakte zu bekommen. Der Neonazi verbüßt eine lebenslange Haft wegen Mordes. 1997 verletzte er einen linken Buchhändler schwer und erschoss auf seiner Flucht einen Polizisten. Insbesondere vor Feiertagen ruft die HNG dazu auf, den Inhaftierten Briefe zu schicken. »Gerade in dieser einsamen Zeit«, heißt es, dürften sie »nicht vergessen« werden. Zudem solle man sie ermutigen, »damit sie den Glauben an unsere Sache nie verlieren«. In den »Nachrichten der HNG« wird so auch – quasi als Vorbild für das Durchhalten in der Haft – Rudolf Heß als »Märtyrer« vorgestellt und sein Selbstmord umgedeutet: »Nach 46 Jahren freilassen wollte dich der Russe, aber Du wusstest zuviel von den Lügen gegen das Reich. Ermordet haben sie Dich darum. Deine Mörder kamen vom anglo-israelischen Geheimdienst.« Briefe von Betreuten finden sich auch in den »Nachrichten der HNG«. »Liebe Ursula, aufrechten Heilsdank«, beginnen meist diese Dankesschreiben für die Unterstützung und enden oft mit »volkstreuen Grüßen«. In der Szene wird Ursula Müllers Wirken sehr geschätzt. Die NPD zeichnete sie 2000 mit dem »Nationalen Solidaritätspreis« aus, 2010 kürte der *Ring Nationaler Frauen* sie zur »Frau des Jahres«. Sie selbst gibt sich in der »Deutschen Stimme« bescheiden: »Getragen wird die HNG-Hilfe vom Einsatz und Zeitaufwand vieler opferbereiter idealistischen Briefeschreiber, besonders aber Schreiberinnen.« Der

Nachsatz offenbart: In der HNG haben Frauen die fast klassische weibliche Rollenzuschreibung der »Fürsorge« inne.

Gelassen soll Ursula Müller am 7. September 2010 reagiert haben. Am frühen Morgen dieses Tages standen Polizeibeamte vor ihrem Haus. In neun Bundesländern führte die Polizei auf Veranlassung des Bundesinnenministeriums Razzien bei etwa 30 HNG-Anhängern durch. »Die uns vorliegenden Erkenntnisse nähren den Verdacht, dass es der HNG in erster Linie darum geht, die häufig fragmentierte neonazistische Szene jenseits bestehender ideologischer Grabenkämpfe zu vernetzen und zu stärken«, sagte Innenstaatssekretär Klaus-Dieter Fritsche zu den Durchsuchungen. Und er betonte: »Inhaftierte Gesinnungsgenossen sollen während ihrer Haft nicht nur in der Szene gehalten, sondern weiter zu Kämpfern gegen das System aufgebaut werden.« Die Gefängnisleitungen räumen es zwar selten ein, aber bei vielen rechten Tätern torpedieren die Aktivitäten der HNG jede Resozialisierungsbemühung. Das Bundesinnenministerium erklärte indes, dass die Durchsuchungen auch wegen eines möglichen Verbots stattfanden. Ursula Müller kennt diese Verbotsüberlegungen. »Getroffene Hunde bellen«, sagt sie gelassen und betont selbstsicher: »Vorauseilend willige Gesinnungsinquisitions-Beamte verfolgen alle und jeden, der ihnen einen Spiegel vorhält.«

Am 21. September 2011 folgte das erwartete Verbot der HNG durch das Bundesinnenministerium. Zu eindeutig hatte sie sich gegen den »demokratischen Rechtsstaat« gestellt, den Nationalsozialismus zu sehr verherrlicht. Daniela Wegener forderte per Pressemitteilung die Szene sogleich auf, »unsere inhaftierten Kameraden in den Systemkerkern auch zukünftig nicht allein zu lassen. Schreibt Briefe, sendet Briefmarken, haltet den Kontakt!«

In Bad Nenndorf können die Neonazis losmarschieren. »Drei Stunden, oder wie lange haben wir warten müssen?«, schimpft eine der Mitmarschierenden. »Scheiß Gutmenschen«, sagt einer neben ihr und meint die Gegendemonstranten. Obwohl die Polizei die Pyramide mit den angeketteten Demonstranten nicht von der Straße bekommen hatte, entschied die Einsatzleitung, dass der Marsch beginnen sollte. »Unglaublich, was passiert, wenn diese Nazis so eng an denen vorbeigehen«, empört sich ein Anwohner. Langsam setzt sich der »Trauermarsch« mit den Trommeln und schwarzen Fahnen in Bewegung. »Gegen Geschichtsfälschung +

Alliierte Umerziehung« kann jetzt auf einem der ausgerollten Transparente gelesen werden und: »Die Schweine sind noch unter uns ... Taten statt Worte, Besatzer raus!« Der *Ring Nationaler Frauen* hat auch ein Transparent mitgebracht. »Vergewaltigt, gefoltert, ermordet. Am 8. Mai 1945 zu Tode ›befreit‹. Im Gedenken an dessen vergessene Opfer« steht auf dem Banner. Edda Schmidt hält es mit fest. Vom *Ring Nationaler Frauen* sind nicht sehr viele Anhängerinnen bei dem Marsch dabei, die man durch Shirts mit ihrem Logo – ein ovaler Kreis mit den Lettern RNF in Schwarz-Weiß-Rot gehalten – erkennen könnte. An diesem 14. August sind vor allem Mädchen und Frauen aus der Kameradschaftsszene auf der Straße, wollen Teil der »kämpfenden Front« sein. Von »Schreibtischtäterinnen«, die früher hinter den Kulissen in Vereinen die Kasse führten, Protokolle tippten oder die Kundenbetreuung nationaler Versandfirmen übernahmen, zu »Straßenkämpferinnen« – so könnte die Entwicklung vieler Neonazistinnen überspitzt umrissen werden. Die Ursache für dieses offenere Auftreten wird vom Forschungsnetzwerk Frauen und Rechtsextremismus untersucht. »50 Jahre Emanzipationsbestrebungen in der Bundesrepublik scheinen auch an den neonazistischen Frauen nicht ganz vorübergegangen zu sein«, sagt Rena Kenzo vom »Netzwerk«. Michaela Köttig, Professorin an der Universität Göttingen und Mitglied des »Netzwerkes«, untersucht die »Lebensgeschichte rechtsextrem orientierter Mädchen und junger Frauen« und warnt davor zu glauben, es gebe »irgendeinen Ansatzpunkt«, warum Frauen in die Szene einsteigen. Es seien vielmehr verschiedene Komponenten – die thematisierte Familienvergangenheit im Nationalsozialismus, bestimmte Strukturen innerhalb der Familie und soziale Rahmenbedingungen –, die den Einstieg forcieren und ermöglichen. Auch mit 58 Jahren könnten Frauen sich der Szene zuwenden. »Wenn man das aber an einem normalen Sozialisationsablauf festmacht«, so Köttig, »dann ist natürlich das Alter, in dem Mädchen aus der Familie heraustreten, ein Zeitpunkt, an dem sie mit anderen Szenen in Kontakt kommen. Aber es kann durchaus sein, dass sie zuerst in der Gothikszene sind oder bei den Skatern und sie sich dann auf diese rechte Szene einlassen, weil sie dort das finden, was sie denken womit sie etwas anfangen können.«

Ein Band mit der Aufschrift »Medien« am Arm weist eine junge rechte Aktivistin mit Zopf und Sonnenbrille als Fotografin der Rechten aus, die für das Abfotografieren von Gegendemons-tranten zuständig ist. »Frei sein – Wir haben dieses asoziale System satt« steht in knallgrüner Graffitischrift auf ihrem schwarzen Shirt. Unter Jugendlichen fällt sie kaum auf. Deutlich weniger zumindest als die Horde junger Kameraden, die mit Stativen und schweren Kameras bewaffnet vor dem Aufmarsch herziehen und demonstrativ Menschen, Häuser und Gärten mit Transparenten ablichten. Dezenter verhält sich die routinierte ältere Anti-Antifa-Frau, Mitte dreißig, im weißen Ringelshirt mit Cargohose und Rucksack, die sich unauffällig zwischen den »Fronten« bewegt und ohne viel Aufhebens die Fotos für ihre Sammlung politischer Gegner, kritischer Anwohner, Journalisten und Polizeibeamter zusammenbekommt. Später werden dann womöglich noch Namen und Adressen ergänzt. Sogenannte »Feindlisten« der Neonazis kursieren immer wieder.

Seit 1990 sind in der Bundesrepublik 182 Menschen durch rechtsmotivierte Gewalt gestorben. Diese Zahl, die von »Zeit« und »Tagesspiegel« für den Zeitraum von 1990 bis 2009 recherchiert wurde, weist etwa dreimal so viele Gewalttaten wie die staatlichen Statistiken auf. Eine Lücke, die die Journalisten Heike Kleffner, Frank Jansen, Johannes Radke und Toralf Staud auch damit erklären, dass es »immer noch zahlreiche Beamte« gebe, »die einschlägige Taten nicht erkennen oder sich nicht mit den Motiven befassen mögen«. Studien der EU-Grundrechteagentur ergaben zudem, dass sich überhaupt nur rund 20 Prozent der Opfer neonazistischer Gewalt und rassistischer Übergriffe an die Polizei wenden. »Die Untersuchung zeigt, wie hoch die Dunkelziffer ist«, sagt Morten Kjaerum, Direktor der Grundrechteagentur. Verschiedene Gründe seien dafür verantwortlich, dass viele keine Anzeige erstatten: die Angst, wieder Opfer der Täter zu werden, Sorgen vor den Belastungen, die ein Prozess mit sich bringt, aber auch Befürchtungen, bei der Polizei kein Gehör zu finden. »Lass mal lieber«, raten manche Eltern auch ihren Kindern, um keine Eskalation auszulösen. Und eine Anzeige fällt umso schwerer, wenn der Vater des Täters vielleicht am gleichen Stammtisch des Sportvereins oder der Freiwilligen Feuerwehr sitzt wie der eigene (oder die Mütter sich kennen). Die europäischen Zahlen der Studie decken sich mit einer bundesdeutschen Untersuchung, die das Kriminologische Forschungsinstitut Niedersachsen durchgeführt hat. Bundesweit wurden 50 000 Kinder und Jugendliche befragt.

Rund 76 Prozent aller Jugendlichen, die rassistische Gewalttaten verübt hatten, erklärten, keinen Kontakt mit Strafverfolgungsbehörden gehabt zu haben. Rund 80 Prozent der Jugendlichen, die Opfer von solcher Gewalt wurden, gaben an, keine Anzeige erstattet zu haben. Eine Zahl ist bei den Straf- und Gewalttaten in den Statistiken der Landeskriminalämter konstant: der Anteil verurteilter Straftäterinnen. Im Bericht »Kriminalität von rechts« liegt er zwischen fünf bis zehn Prozent. Wie bei der allgemeinen Statistik dürfte es aber auch bei der geschlechtsspezifischen Unterscheidung eine enorme Dunkelziffer geben. Michaela Köttig fordert daher, das Phänomen »Frauen als Gewalttäterinnen in der rechten Szene« genauer zu beobachten. Die Soziologin ist sich sicher, dass die Rolle der Frauen bei den Gewalttaten und Straftaten völlig runtergespielt werde, weil man das nicht sehen wolle. Sie befürchte, »dass sich in einem radikalen Flügel der rechten Szene irgendwann mal eine Frauenkampfgruppe richtig etablieren kann und das auch umsetzt«.

Dieses Ausblenden hat Kerstin Köditz im Falle der Kameradschaft *Sturm 34* beobachtet. Diese Kameradschaft wurde von rund 40 Männern und Frauen in der Nacht vom 4. auf dem 5. März 2006 gegründet. Ziel der Gruppe aus dem sächsischen Mittweida war bis zu ihrem Verbot 2007, die Region durch martialisches Auftreten und gezielte Angriffe zu kontrollieren. In größeren Gruppen überfielen sie Punks und Afrodeutsche, griffen Büros der Linkspartei und Döner-Imbissstände an. »Beim äußerst gewaltbereiten *Sturm 34* waren viele Frauen dabei«, weiß Köditz, Landtagsabgeordnete von Die Linke, »aber bei den Verurteilungen vor Gericht tauchte keine einzige Frau auf. Dabei waren die bei den Straftaten, wo es ›richtig zur Sache ging‹, immer dabei! Die Vorfälle waren brutaler, wenn Mädchen dabei waren«, sagt sie. Doch angeklagt werde ja nur, wem eine konkrete Straftat nachgewiesen werden kann.

Was zu tun ist, wenn die Polizei aber doch einmal vor der Tür steht, darüber gibt das *Deutsche Rechtsbüro* der Szene Auskunft. Seit 1990 verantwortet das *Deutsche Rechtsbüro im Deutschen Rechtsschutzkreis e.V.* das Buch »Mäxchen Treuherz«, in dem sich allerlei entsprechende Tipps und Tricks finden: von »Verhaltensmaßregeln für die Durchführung einer Sondernutzung von Stellschildern« über »Verhalten während einer Hausdurchsuchung« und Hinweisen für »die Aussageverweigerung« bis hin zu »Verhaltensmaßregeln für den Veranstalter und den Leiter einer Versammlung«. Geschrieben haben soll das Buch unter dem Pseudonym Gisela Sedelmaier die Rechtsanwältin Gisa Pahl. Sie ist eine der Anwältinnen der Szene, die aber anders als ihre männlichen Kollegen große öffentliche Auftritte meidet. Prompt wird die 1957 in Stuttgart als Gisela Degner geborene Pahl weniger wahrgenommen und ihre Bedeutung für die Szene oft unterschätzt. Nach dem Studium in Tübingen arbeitete sie in der Hamburger Kanzlei des Neonazi-Anwalts Jürgen Rieger; der NPD-Bundesvize verstarb 2009 überraschend. An der Elbe hat die Tochter aus einer Vertriebenenfamilie bis heute ihre Kanzlei. Parteipolitisch engagierte sie sich kurz bei den *Republikanern*. 1992 gehörte sie gemeinsam mit Jürgen Rieger zu den Gründern des *Deutschen Rechtsbüros*, das für die Szene Rechtsberatungen anbietet, Anwälte vermittelt, Strafverfahren betreut und Rechtsentscheidungen veröffentlicht. Rund 100 national gesinnte Rechtsanwälte sollen sich dem Zusammenschluss bundesweit locker verbunden fühlen, belegen Recherchen, doch nur wenige sind weiblich. Auf der Website des Vereins, auf der man sich im Untertitel als »Selbsthilfegruppe zur Wahrung der Grundrechte nationaler Deutsche« bezeichnet, finden sich auch Rechtsentscheide und Warnungen vor heiklen Aussagen wie »Bitte nicht ›Neger‹ sagen« oder »Höchste Vorsicht mit Äußerungen zum Nationalsozialismus!«. Über den Verein, mit Postfach in Bochum, können Fans des Rechtsrock sich zudem informieren, welche CDs indiziert sind.

Als Rechtsanwältin vertrat die bemüht unauffällige Frau schon längst »Szenegrößen« wie den NPD-Bundesvorsitzenden Udo Voigt, den rechtslastigen Esoterik-Bestsellerautor Jan Udo Holey (alias Jan von Helsing) und den Hamburger Vorsitzenden der *Hilfsgemeinschaft auf Gegenseitigkeit ehemaliger Angehöriger der Waffen-SS* Franz Schmitz. Rechtsrock-Lieder soll sie auch bereits überprüft haben. »Szenebekannte Anwältin« nennt der Verfassungsschutz Niedersachen 2004 Gisa Pahl. »Mäxchen Treuherz« dürfte ihr Bestseller sein. Jeder, der tiefer in die »Bewegung« involviert ist, kennt Pahl und die Tipps der »Treuherz-Fibel«. Das Bremer Landgericht, weiß Stephan Braun, Rechtsextremismusexperte der SPD-Landtagsfraktion in Baden-Württemberg, erklärte 2003, in »Mäxchen Treuherz« gehe es darum, wie man Gesetze umgehen könne, die rassistische Mordaufrufe unter Strafe stellen. Das Buch erkläre so auch, dass die Aussage »Nur ein toter Jude ist ein guter Jude!« strafbar sei und diese besser zu vermeiden wäre. Das einschlägige Werk verlegte 2005 der NPD-Verlag »Deutsche Stimme« in dem extra handlichen Format eines Taschenkalenders neu. Auf der Website des *Deutschen Rechtsbüros,* die der NPD-Anhänger Richard Miosga verantwortet, wird 2009 auch auf die Hörbuchfassung hingewiesen. Hörbeispiele aus dem Werk können angeklickt werden. Die Verwendung moderner Kommunikationsmittel – Internet, Podcast, Twitter – ist in der extrem rechten Szene längst Standard.

Zu dem Marsch in Bad Nenndorf haben die Verantwortlichen nicht bloß eine Website geschaltet. In der Bundesrepublik haben sie bei Veranstaltungen und Aufmärschen der Szene in einer Kampagne für die Aktion geworben. Auf YouTube stellten sie ein Werbevideo mit dem Titel »Werde Aktiv – Bad Nenndorf 2010« bereit. Videoclips zur Mobilisierung wurden schon 2009 veröffentlicht, Plakatierungen dokumentiert, um sie später als Clips ins Internet zu stellen. Im Internet finden sich auch andere Podcasts von weiteren Aufmärschen. Hohe Klickzahlen auf dem öffentlichen Internetportal haben Videos aus der Szene über Aktionen gegen »Kinderschänder«. Proteste, Mahnwachen und Flugblattaktionen, bei denen immer auffallend viele Frauen von NPD, RNF, »Autonomen Nationalisten« und Kameradschaften dabei sind und bei Demonstrationen die erste Reihe bilden.

Schwerin, sechs Wochen nach Bad Nenndorf: Trommelschläge und Parolen wie »Todesstrafe für Kinderschänder« und »Ein Baum, ein Strick« hallen durch die Straßen. Am Samstag, dem 25. September 2010, marschieren in der Landeshauptstadt Mecklenburg-Vorpommerns über 300 Neonazis auf. Sie ziehen nicht durch fast unbewohnte Stadtteile, sondern durch die Häuserschluchten der Weststadt. Vor einem Supermarkt findet eine Zwischenkundgebung statt. Drei rechte Frauen halten das Transparent an der Spitze des Demonstrationszuges mit der Aufschrift: »Todesstrafe für Kinderschänder! Volksabstimmung jetzt! NPD«. Szenetypische Bekleidung, auffallende Embleme oder eindeutige Buttons tragen die etwa 30 Jahre alten Frauen nicht. Sie wirken wie Frauen von nebenan. »Kinder brauchen unseren Schutz! – Seht nicht weg« steht auf einem weiteren Transparent, das junge Mädchen tragen.

Gegenprotest ist in Schwerin kaum auf der Straße. Ute Evis, Verdi-Bezirksvorsitzende und Mitorganisatorin des Protestes, findet es beschämend, dass sich zur Kundgebung des Schweriner Bündnisses für Demokratie & Menschenrechte nur rund 100 Teilnehmer auf dem Platz der Freiheit versammelt haben, unter ihnen Schwerins Oberbürgermeisterin Angelika Gramkow (Die Linke). »So überlassen wir den Neonazis die Straße.« Später sind es dann doch noch 300 Menschen, die bei einem Gottesdienst und auf der Straße gegen die NPD »Gesicht zeigten«. Einen Grund für die verhaltene Beteiligung könnte der Streit um die behördlichen Auflagen gewesen sein. Heiko Lietz, Sprecher des Bündnisses, sagt, man habe nicht wie vorgeschrieben 1000 Meter hinter den Neonazis hinterherlaufen wollen. Günther Hoffmann, Rechtsextremismusexperte aus Mecklenburg-Vorpommern, führt vorsichtig einen anderen Grund an: Das Thema sei schwierig.

Schon wenig später grölen die Neonazis dann ihre einfachen Lösungen. Der Tenor ihrer Musik- und Redebeiträge scheint eindeutig: »Auf zur Täterjagd!« Über den Lautsprecherwagen schallt während des Marsches ein Song des Rechtsrock-Projekts *Faktor Widerstand*: »Wir hassen Kinderschänder, egal wo du steckst, (...) sie kriegen dich.« Die Band ist ein gemeinsames Projekt der Rechtsrock-Gruppe *Noie Werte* aus Stuttgart und der nationalen Liedermacherin Annett Müller. Ihre Stimme erklingt bei dem Lied. Es ist nicht der einzige Hit, den die Musikerin, Jahrgang 1968, in der Szene landete. Als Solokünstlerin war Annett Müller, die länger in Bad Lauterbach lebte, sehr erfolgreich in der männerdominierten Rechtsrock-Szene. In den vergangenen Jahren ist die stämmige Sängerin mit den dunklen Haaren die einzige Frau, die zum Szenestar wurde. Knapp 180 Rechtsrock-Bands gibt es in der Bundesrepublik und rund 20 Liedermacher. Im September 2010 veröffentlicht der »Deutsche Stimme«-Versand eine CD von einer weiteren Musikerin. Das Erstlingswerk »Für's Vaterland« von Finnja wird für acht Euro angeboten. »Schöne Stimme«, heißt es bei YouTube zu den nationalistischen Liedern der jungen »Künstlerin aus der Ostmark«. Ein Star wie Annett Müller ist sie aber nicht – vielleicht noch nicht. Wenn Annett Müller, gebürtige Moeck, mit ihrer Gitarre auf die Bühne trat, wurden Fotoapparate und Handykameras gezückt. Bei NPD-Veranstaltungen war sie mit ihren Liedern über das deutsche Vaterland und den »nationalen Widerstand« ein Publikumsmagnet. Die Texte gefielen,

Frauen mit einem Transparent auf einer NPD-Demonstration im Herbst 2010 in Schwerin.

alle sangen mit. In dem Song »Eine deutsche Mutter klagt an« heißt es: »Ich habe für Deutschland einen Sohn geboren und eigentlich schon bei der Geburt verloren. [...] Meinen Sohn will ich lehren, was Vaterland heißt. Was unsere Ahnen dafür gaben zum höchsten Preis. Viele ließen ihr Leben für die gute alte Zeit, also haltet zusammen für alle Zeit.« In »Fernweh einer Mutter« singt sie davon, was von einer Mutter erwartet wird, wenn der Sohn im Krieg gefallen ist: man solle nicht verzagen und ihn ehren. »Ich frag euch – wer sollte mir das verwehren? Mein Sohn, mein Held mit der Waffe in der Hand, / du starbst so stolz für dein Vaterland.« Annett Müller, deren Ehemann – der Liedermacher Michael Müller – 2009 verstarb, hat das Thema sexuelle Straftäter schon öfters musikalisch umgesetzt. In »Wie viele noch« intoniert sie: »Ihr Richter, ihr Doktoren, wie wollt ihr das erklären? / ›Ein Wiederholungstäter!‹ Ich kann es schon nicht mehr hören / ich prangere euch an, eure Urteile des Rechts / Ihr lasst sie wieder frei, sie nehmen unsere Kinder / Oh Gott, mir wird gleich schlecht. Wie viele noch?«

Bei dem Marsch in Schwerin erklärt Udo Pastörs, NPD-Fraktionsvorsitzender im Landtag, nicht zufällig vor einem gut besuchten Einkaufszentrum, »sexuelle Mehrfachtäter« hätten ihr Recht auf Leben verwirkt. Das Ziel der NPD sei erst erreicht, wenn diesen »kranken Mördern der Kopf abgerissen werden darf«. Das »kranke Gesindel der politischen Klasse« gefährde durch Nichtstun das »Gesunde«, schimpft Pastörs, nicht ohne auf die Anträge der NPD gegen »Kinderschänder« im Landtag hinzuweisen. Auf der Straße hören einige Passanten wohlwollend zu, nehmen Flugblätter. Andere Anwohner schütteln aber nur den Kopf. »Die gehören eingesperrt«, meint ein 87-jähriger Mann empört. Ein 42-jährige Frau sagt bestimmt: »Welche Eltern haben da keine Angst – aber töten: Nein!«

Seit 2001 instrumentalisiert die NPD fast kampagnenartig den gesellschaftlichen Umgang mit sexuellen Straftätern. In Mecklenburg-Vorpommern macht die NPD seit 2009 gezielter gegen entlassene Sexualstraftäter mobil. »Die NPD will die Ängste nutzen, um sich als sympathische politische Alternative zu präsentieren«, sagt Anne-Rose Wergin, Leiterin des Projekts »Lola für Lulu« der Amadeu-Antonio-Stiftung, die eine Broschüre mit dem Titel »Was Sie über sexuellen Missbrauch wissen sollten« herausbrachte, um das Thema nicht der NPD zu überlassen. Der konkrete Anlass für die Broschüre war der Umstand, dass es der NPD im November 2009 in Gadebusch gelungen war, einen Bürgerprotest gegen einen verdächtigen Nachbarn anzuheizen. Unheimlich war die Stimmung an diesem Abend in der mittelalterlichen Altstadt gewesen. Im schwachen Schein einzelner Laternen standen rund 150 junge Männer und Frauen aus den Reihen von NPD, »Freien Kräften« und *Jungen Nationaldemokraten* auf dem Marktplatz und forderten auf Transparenten »Keine Gnade für Kinderschänder«. Im Chor skandierten sie, während Udo Pastörs aussprach, was seine männlichen und weiblichen Kameraden aus der Region hören wollten: »Kinderschänder aufs Schafott!« Nicht jedem Passanten und Anwohner graute es. »Lokale Initiativen müssen die Ängste der Menschen ernstnehmen und das Feld nicht den Nazis überlassen«, warnt Anne-Rose Wergin eindringlich.

Die Forderung nach rigider Bestrafung von sexuellen Straftätern ist in der Szene überall präsent. Auf der Facebook-Seite des RNF heißt es »Kampf gegen *alle* Pädophile« und »Todesstrafe für Kinderschänder«. Und in einschlägigen Internetshops können diverse Artikel mit der Forderung »Todesstrafe für Kinderschänder« bestellt werden: vom T-Shirt bis zum Aufkleber fürs Auto. Der Ruf der Neonazis nach Selbstjustiz und Rache in Missbrauchsfällen wird schnell erhoben, Vorfälle in den eigenen

Reihen jedoch weniger skandalisiert. Allein im zurückliegenden Jahr gab es mehrere Fälle von Verurteilungen ehemaliger NPD-Kandidaten oder Funktionsträger wegen des Besitzes von Kinderpornografie und Missbrauchs von Minderjährigen.

In Bad Nenndorf ist es still. Keine Parole der Neonazis hallt durch die Straße. Schweigend ziehen sie zum Wincklerbad. Andächtig soll dieser Auftritt wirken, um allein der »deutschen Opfer« angemessen zu gedenken. Besorgt warten Anwohner und Gegendemonstranten, die bis direkt zu der Route gelangen konnten, was nun passieren wird. Denn gleich treffen die ersten Reihen der Neonazis auf diejenigen, die immer noch an der Pyramide gekettet auf der Straße sitzen. Getrennt nur durch einige wenige Polizeibeamte, sollen die Neonazis direkt an ihnen vorbeimarschieren. Die Anwohner können diese Entscheidung der Einsatzleitung nicht nachvollziehen. »Schämt euch«, halten sie den Beamten entgegen. Schweigend, aber mit hämischen Blicken ziehen die Rechten an der kleinen Gruppe auf der Straße vorbei. Abschätzig schaut auch Inge Nottelmann. In der Hamburger Kameradschaftsszene ist sie die führende Frau, gilt unter den eigenen Kameraden als überzeugte Neonazistin. Bei Märschen steht sie normalerweise vor den Männern, gibt die Anweisungen, die zügig befolgt werden. In Bad Nenndorf marschiert sie aber einfach nur mit.

In vorderster Front steht Ursula Haverbeck seit 1999, seit dem Tod ihres Ehemannes Werner Georg Haverbeck. Nach mehr als 50 Jahren trat die fanatische Holocaust-Leugnerin und Hitler-Verehrerin aus dem Schatten ihres Mannes. Nicht weltanschaulich, warum auch: Sie hat all die Jahre seine Ideologie geteilt und sich bemüht, zusammen mit ihm ihr gemeinsames Menschen- und Weltbild zu vermitteln. Im Nationalsozialismus hatte ihr Mann anfänglich eine schnelle Karriere gemacht – von der Leitung des »Reichsbundes für Volkstum und Heimat« bis zur Habilitation beim Mitgründer des SS-Ahnenerbes, Herman Wirth. Das Ziel der 1935 von Heinrich Himmler gegründeten »Forschungsgemeinschaft Deutsches Ahnenerbe e.V.« war es, die vermeintliche Überlegenheit der »arischen Rasse« durch »Wissenschaft« historisch zu legitimieren. 1938 musste Werner Georg Haverbeck wegen interner Querelen die SS verlassen. Nach 1945 wandte er sich der anthroposophisch inspirierten Christengemeinschaft zu, wurde Priester. Immer an seiner Seite: seine Ehefrau Ursula. Das geistliche Amt hatte er bis etwa 1960 inne. Seine Entlassung begründete Ursula Haverbeck damit, dass die Kirchenleitung ihren Ehemann verdächtigte, Sympathien für kommunistische Ideen zu hegen. Der Gedankenwelt des Gründers der Anthroposophie, Rudolf Steiner, blieb er treu, verwob sie mit seinem Weltbild. 1989 löste er mit seinem Buch »Rudolf Steiner – Anwalt für Deutschland« über die anthroposophische Gemeinde hinaus eine Diskussion über dieses Welt- und Menschenbild aus. Die anthroposophischen »Flensburger Hefte« griffen 1991 und 1993 die Kritik über die Nichtaufarbeitung der NS-Geschichte der Anthroposophischen Gesellschaft und die Nichthinterfragung der rassistischen Aussagen Rudolfs Steiners auf. Eine Debatte, die immer wieder einmal aufbricht, da naturbewusste Rechte sich vereinzelt gern in diesem Milieu bewegen, ihre Kinder zu Waldorfschulen schicken. Gerade jene Verbindung von Ökologie und Neonazismus haben die Haverbecks früh neu formuliert und popularisiert. 1960 gehörten sie schon dem *Weltbund zum Schutz des Lebens* (WSL) an, der Zuwanderung offen als »ökologisches Problem« ablehnt. Von 1983 bis 1989 übernahm Ursula Haverbeck die Führung des WSL, der die »Asylflut« für Umweltzerstörung und Kulturentfremdung verantwortlich machte.

Das *Collegium Humanum* war zu diesem Zeitpunkt schon zum Knotenpunkt eines Netzwerkes von »rechten Ökologen« geworden. Die Haverbecks hatten das »Collegium« anfänglich als »Institut für angewandte Menschenkunde und Betriebspädagogik« gegründet, später nannten sie es in »Akademie für Umwelt- und Lebensschutz« um. Der Garten des Anwesens mit Schulungs- und Seminarmöglichkeiten wurde ganz im Sinne Rudolf Steiners biologisch-dynamisch bestellt. Mit ihren Schriften zählt Ursula Haverbeck zu den wenigen Frauen der Szene, die ideologiebildend wirken. Der Kampf für eine heile Umwelt ist für sie eine alles umfassende Schlacht: »Wer sich dem Kulturstrom seines Volkes zugehörig fühlt, […] der bricht aus der materiellen Konsumentenhaltung aus«, die von den Vertretern der »One World« vorangetrieben werde, um die Verbindung zu den Wurzeln und dem Brauchtum eines Volkes zu kappen. Mit dem Szene-Begriff »One-World-Vertreter« spielt sie auf eine angebliche US-amerikanisch-jüdische Weltverschwörung an. Diese rechte Kritik an der modernen Gesellschaft hat Ursula Haverbeck nicht erfunden, sie beruht vielmehr auf einer alten Tradition. In der »völkischen Bewegung« von 1871 bis 1918 haben Philosophen, Politiker und Pädagogen die moderne Gesellschaft bereits als eine dem jüdisch-christlichen Geist entsprungene Gesellschaftsform attackiert, die den Menschen von seinem Volk, seiner Kultur und seiner Natur entfremdet habe. Die Versprechen der Aufklärung von politischer Egalität und individueller Emanzipation sind für sie die Wurzel allen Übels – eine ideologische Verblendung ohnegleichen, eine »egalitäre Illusion« von gleichen Rechten für alle Menschen, statt einer überlebensnotwendigen Verwurzelung von Volk, Mythos und Natur.

In dieser Tradition bewegt sich auch das Magazin »Umwelt & Aktiv«. Als das *Collegium Humanum* um Ursula Haverbeck 2008 verboten wurde, war das Hochglanzmagazin um die Mitgründerin Laura Horn bereits ein Jahr auf dem Markt. Es sei ein »Umwelt- und Tierschutzmagazin ohne Linksdrall«, meldete 2009 die »National-Zeitung« des DVU-Gründers Gerhard Frey äußerst erfreut. Im Interview erklärt Laura Horn am 25. September jenes Jahres, ihr Ziel sei es, eine »Umweltzeitung aus dem rechtskonservativen Lager« herauszugeben, die »unbequeme Themen« aufgreife, wie das »betäubungslose Schächten, das immer noch von einer Minderheit in Deutschland praktiziert werden darf«. In der ersten Ausgabe des vierteljährlich erscheinenden Magazins machte Laura Horn die politische Zielsetzung ihres vermeintlich dem Tier- und Naturschutz gewidmeten Magazins deutlich, als sie mit Blick auf Juden und Muslime fragte: »Darf man das betäubungslose Töten in der BRD nicht strikt verbieten, weil man sonst unter Rassismus-Verdacht gerät?« Der Orient kenne noch andere »religiös begründete Bräuche«, die auch in die Bundesrepublik »importiert« werden könnten, »damit sich alle Migranten wie zu Hause fühlen«: die »Genitalverstümmelung an Mädchen, die vom Koran [...] abgesegnete Prügelstrafe für Frauen, den Schleierzwang, das Auspeitschen, das Steinigen [...]. Es ist mehr als an der Zeit, diesen als Religionsfreiheit deklarierten Diaspora-Romantik-Reibach abzuschaffen!« Solche Aussagen gehen weit über die von Laura Horn reklamierte »rechtskonservative« Position hinaus. Sie selbst bleibt indes lieber etwas im Hintergrund. Ihr Name ist ein Pseudonym, hinter dem sich Berthild Haese verbirgt, die mit einem NPD-Aktivisten aus Bayern verheiratet ist. Interne Mails der NPD, die Journalisten zugespielt wurden, offenbaren, dass sie die Autorin »Laura Horn« ist. Am 28. Oktober 2000 schreibt Haese der sächsischen NPD-Landtagsabgeordneten Gitta Schüßler, dass sie Artikel »mit dem Pseudonym ›Laura Horn‹ unterzeichne – manchmal ist das besser so ...«. An der politischen Ausrichtung des Magazins »Umwelt & Aktiv«, Jahresabo 20 Euro, lässt auch Christoph Hofer im Editorial der ersten Ausgabe keine Zweifel aufkommen, wenn er seiner Leserschaft verspricht: »Wir werden nicht länger jenen Menschen das Thema Umwelt- und Naturschutz überlassen, denen gar nichts an der Heimat liegt.« Gemeint sind die Grünen. Im Interview mit der »National-Zeitung« beschwert sich auch Laura Horn, dass die verschiedenen Tierschutzorganisationen, in denen sie sich engagiert habe, angeblich immer wieder in »linksradikale Gefilde« abgedriftet seien, und beklagt, dass »alleine das Wort ›Heimat‹« für gewisse Kreise »ein verachtenswerter Begriff« sei.

Die Cover des farbigen Magazins mit dem Untertitel »Für ganzheitliches Denken – Umweltschutz, Tierschutz, Heimatschutz« verraten nicht sofort die inhaltliche Ausrichtung: Mal ziert eine von Grün überwachte Stadt ohne Menschen das Titelblatt, mal eine Kuh oder ein Wal. Die Herausgeber können aber auch anders: Vom Titelblatt der Nummer 1/2008 starrt das bekannte Gesicht von »Uncle Sam« den Leser an. Das Gesicht besteht zur Hälfte aus Schädelknochen, das Hemd ist blutverschmiert, in der Jacketttasche steckt genmanipulierter Mais. »Amerika weltweit?« titelte die Zeitschrift. Im Inneren des Heftes erläuterte der Autor F. L. die Botschaft des Covers. Für ihn sind die Patentierung von Saatgut und die Ausbreitung von Gen-Mais nichts anderes als Methoden der USA, um ihre Macht zu sichern. Nicht nur Rechte sehen dies so. Die politischen Positionierungen im Magazin können beim schnellen Lesen nicht immer auf den ersten Blick erkannt werden. Die Themen reichen von »Gen-Kartoffeln auf dem Acker« über »globalisierten Schleichhandel von geschützten Tieren und Pflanzen« bis zum »Qualitätssiegel für Fleischwaren«. Kaum ein Ökothema zwischen gesunder Ernährung und artgerechter Tierhaltung, das nicht auftaucht.

»Wir leben auch sehr umweltbewusst«, betonte Claudia Laimer, Autorin der Zeitschrift. Wortkarg wurde sie bei Nachfragen der »tageszeitung« 2008 aber, als es um den Trägerverein der Publikation ging, den »Midgard e. V.«. Christoph Hofer, der das Editorial schrieb, ist der presserechtlich Verantwortliche des Magazins. »Er war niederbayrischer NPD-Bezirksvorsitzender und NPD-Kreisvorsitzender in Rottal-Inn«, sagt Robert Andreasch, Journalist und Rechtsextremismusexperte für Bayern. Dem Vereinsregister war 2008 zu entnehmen, dass Claudia Laimers Ehemann, Hans-Günter Laimer, Schatzmeister von »Midgard« ist. 2003 kandidierte er für die NPD bei der Bezirkswahl in Passau-Land. In der Satzung des Vereins wird bekundet, auf »bestehende Umweltorganisationen« Einfluss nehmen zu wollen. »Umwelt & Aktiv« ist einer dieser Versuche.

In der Ausgabe 2/2007 griff der Autor »G. Klinke« die Grünen und ihre Entwicklung an. Bereits der Untertitel »Von Baldur Springmann zu Joschka Fischer« zeigt die Intention des Autors auf. Für ihn ist Baldur Springmann der »Urvater der grünen Bewegung«. Im WSL war Springmann, der 2003 verstarb, mit Ursula Haverbeck verbunden. Die unterstellte Abkehr der Grünen vom Umweltschutz habe, so »G. Klinke«, mit dem Scheitern des »konservativen Flügels« begonnen, mit der Ablehnung Baldur Springmanns. Seitdem habe sich die »politisch linkslastige Ausrichtung« weiter fortgesetzt, während sich der schleswig-holsteinische Ökobauer Springmann konsequent »für die Arterhaltung von Flora und Fauna« und die »Vielfalt der Menschen und Völker« eingesetzt habe: »Er wollte keine Vermengung, keine Nivellierung, keine Überfremdung. Seine Liebe zu Deutschland war tief und echt«, schreibt Klinke und zitiert den Gelobten mit den Worten: »Es kann nur Unglück bringen, wenn wir uns von fremdartigen Ideologen nomadische Verhaltensweisen aufschwatzen lassen.« Ganz dieser Line folgend, betont »Umwelt & Aktiv«, zum Heimatschutz gehöre auch der »Schutz der Kultur als gewachsener Träger des Umwelt- und Tierschutzes vor Ort«. Da Naturschutz zugleich Heimat- und Kulturschutz sein soll, wundert es nicht, wenn in der Rubrik Heimatschutz Julfeste, Jahreskreisfeste, Tischsprüche und Bräuche vorgestellt werden – selbstverständlich vermeintlich »germanische und altdeutsche« – und es heißt: »Freie Völker feiern ihre eigenen Feste. […] Das Unterbinden von deutschen oder europäischen Traditionen und der Kniefall vor einer Minderheit (...) sollte Anlass zu ernster Sorge geben!«

Das Cover der Ausgabe 3/2010 offenbart, wie weit »Umwelt & Aktiv« Umweltschutz, Tierschutz und Heimatschutz tatsächlich fasst. Auf einem schwarzen Untergrund prangen die in Weiß gehaltenen Symbole für Männer und Frauen, ergänzt um die Worte: »MenschenInnen – das neue Geschlecht«. Und in dem »Hauptartikel im Bereich Heimatschutz« auf der Website findet sich die entsprechende Warnung: »Umerziehungsprogramm ›Gender Mainstreaming‹ und die daraus resultierende Abschaffung der Geschlechter«. NPD-Anhängerin Bettina Rauch äußert sich in derselben Ausgabe ganz grundsätzlich: »Das Gros der Frauen fühlt sich ›weiblicheren‹ Berufen und Aufgaben naturgemäß stärker hingezogen. Ebenso verhält es sich natürlich umgekehrt. Die über Jahrtausende hinweg im Erbgut verankerten Verhaltensmuster werden von ›GM‹-Befürwortern komplett ignoriert!«.

»Haut ab!«, rufen Anwohner vor dem Wincklerbad. »Nie wieder Faschismus«, skandieren Demonstranten an den etwas entfernteren Polizeiabsperrungen. Trillerpfeifen und Tröten ertönen. Die 800 Meter vom Bahnhof zum Bad hatten die Neonazis, nachdem sie losmarschieren konnten, schnell abgeschritten. Nahe der Pyramide mit den Gegendemonstranten hatten einige von ihnen versucht, Fotos zu machen. Vor dem »Winklerbad« haben sie sich nun im Halbkreis aufgestellt. Dicht gedrängt stehen sie beieinander. Auf der offenen Ladefläche des Lastwagens überprüft eine junge Aktivistin aus Verden noch einmal die Lautsprecheranlage. Rechts hinter dem Wagen steht Ursula Haverbeck. Die Parolen gegen den »Trauermarsch« scheint sie bewusst zu ignorieren. Ihre dunkle Handtasche hat sie unter den Arm geklemmt. Längst weht jetzt das große Banner »Besatzer raus!« von der Leiharbeitsbühne leicht im Wind hinter ihr. Sie wartet. Wird sie vielleicht doch reden? Trotz Verbot durch die Polizei? Die Veranstalter Sven Skoda und Marcus Winter gehen zu ihr hinüber, reden mit ihr, sprechen sich ab. Sehr bemüht sind die Männer, besonders Marcus Winter. Diese Frau scheint er nicht nur zu schätzen, sondern auch zu verehren. Er beugt sich zu Ursula Haverbeck leicht herunter, hört zu. Sie hält mit beiden Händen seine rechte Hand und seinen Arm. Ganz offensichtlich schätzt auch sie ihn – diesen militanten Neonazi mit mehrjähriger Hafterfahrung. Derweil beginnen die Redebeiträge. Eine Stunde lang pflegen die Neonazis ihre geschichtspolitischen Mythen, beklagen die nach 1945 einsetzende »seelische Verstümmelung des Volkes« und die Verurteilung des »deutschen Mannes im Felde«. Man legt einen Kranz zum Gedenken an die »deutschen Opfer« nieder und hält eine Schweigeminute zu ihren Ehren ab. An das Mikrofon geht Ursula Haverbeck dann doch nicht. Die Veranstalter dürften abgewogen haben, ob sie das Redeverbot ignorieren und so ein Einschreiten der Polizei bewusst provozieren sollen. Eine erfahrene Kämpferin wie Ursula Haverbeck versteht solche taktischen Entscheidungen. Dass sie hier auf der Straße mit dabei ist, beeindruckt die Szene auch so. Sie muss nicht reden. Man weiß, für was sie steht.

Knapp drei Monate später konnten die Neonazis Ursula Haverbeck aber reden hören. Am 6. November 2010 lud die NPD-Jugendorganisation *Junge Nationaldemokraten* in Niedersachsen die Holocaust-Leugnerin und Hitler-Verehrerin zum Thema »Führen durch Vorbild« ein. Es kamen rund 50 Zuhörer aus der Region ins kleine Dorf Maaßen im Landkreis Diepholz. Auf der Website des Landesverbandes wurde später schwärmerisch berichtet, dass die »Dichterin und Dissidentin«, die durch »ihr mutiges Auftreten für die Meinungsfreiheit in Deutschland schon oft in Erscheinung getreten ist«, im Vortrag »anhand der germanisch-deutschen Literaturgeschichte« den anwesenden Frauen und Mädchen »die zentrale Stellung der Frau in der Gemeinschafts- und Weltordnung unseres Volkes« nahegebracht habe. Eine Frau entfalte sich erst zu einer Frau, soll sie gesagt haben, »in der Familie als Mutter und Herrin des Hauses«. Mit dem Auto war Haverbeck allein angereist, hatte sich dabei nur kurz verfahren.

In Bad Nenndorf spricht Sven Skoda am 14. August 2010 aus, was Ursula Haverbeck an diesem Tag nicht öffentlich sagen darf. Nachdem der Kameradschaftskader am Mikrofon darüber geschimpft hat, dass man Haverbeck untersagt habe, zu reden, erinnert er seine Kameraden noch einmal daran, warum man hier sei. »Das Wincklerbad ist ein Symbol, was Befreiung für unser Volk wirklich bedeutet«, sagt er und fährt nach einer kurzen rhetorischen Pause fort: »Wir sind am 8. Mai 1945 besetzt worden. Wir hatten keine Wahl, ob wir befreit werden wollten. Hier in Bad Nenndorf stehen wir mit unserem Aufmarsch gegen die Geschichtslügen, aus dem dieses System seine Legitimation ableitet.« Großer Applaus. Eine andere Botschaft hätte wohl auch Ursula Haverbeck kaum verkündet. Bis 2030 haben die Neonazis solche »Trauermärsche« in der Kurstadt angemeldet.

Nationale »Sippen« –
Heidnisch-völkische Siedlungsprojekte

Artglaube und deutsche Scholle – Völkische Siedler in
Mecklenburg – Lalendorf und das umtriebige Ehepaar Müller –
Die Frauen der NPD vor Ort – Ein Dorf in Angst –
Rechte Unternehmerinnen – Schlesien-Fans zur Tarnung –
Die Netzwerke von *Sturmvogel* und Artamanen –
Nationale Graswurzelarbeit

Lachend schwingt Petra Müller die hellblaue Schürze ihres
Dirndlkleides. Den rechten Arm hat sie in die Hüfte gestemmt,
mit der Linken hakt sie sich bei ihrem Ehemann ein. Sie ist wieder schwanger. Das kleine Geschwisterchen mit dem Schnuller
im Mund trägt Marc Müller. Auch er lächelt in die Kamera.
Fröhlich tanzen die Paare in Viererreihen um den Questenbaum.
Die Rinde des hohen, inmitten der Waldlichtung aufgestellten
Baumstammes ist abgeschält, in seiner Spitze hängt ein schwerer,
selbstgeflochtener Kranz aus Reisig.

Seit uralten Zeiten wird im östlichen Harzvorland die Queste
als Sonnensymbol verehrt. Dieses germanische Brauchtum haben
die Anhänger der rassistischen *Artgemeinschaft – Germanische
Glaubensgemeinschaft* aufgegriffen. Sie zelebrieren es ebenso wie
ihre Sonnenwendfeiern und Erntedankfeste an geheimem Ort.
Ein Leben zu führen nach »eigener Art« ist ein Ziel, immer mehr
Sympathisanten dafür zu gewinnen ein weiteres. Die ausgelassen
tanzende Petra Müller ist gebürtige Österreicherin, ihr Ehemann
ist Schwabe. Sie zählen nicht nur zur Kerntruppe der *Artgemeinschaft,* sondern zur Avantgarde völkischer Siedler. Deren Blut-
und-Boden-Ideologie ist mit dem Traum vom starken deutschen
Bauerntum und seiner Scholle verbunden. Selbstbewusst sollen
eine nationale Dorfgemeinschaft und deren kommunale Verankerung zivilgesellschaftlichen Ausgrenzungsversuchen entgegen-
gesetzt werden. Viel Platz nehmen bei der Etablierung von nationaler Gegenkultur mit dem Ziel der Errichtung einer elitären
»Volksgemeinschaft« die Frauen ein. Petra Müller ist eine von
ihnen.

Im Sommer 2006 führte noch Jürgen Rieger den Gemeinschaftstanz auf der abgelegenen Lichtung zwischen den dichtbewaldeten Hügeln von Moorskopf und Habichtsberg im thüringischen Südharz an. Innerhalb der *Artgemeinschaft* übte der Hamburger Neonazi uneingeschränkt die Macht aus. Zwischen Erntekronen und Methörnern, inmitten von NS-Liedgut und Kindergebrüll schmolz der oft aggressiv auftretende, stellvertretende NPD-Bundesführer dahin, galt als zugänglich, gar sentimental. Gerade bei den weiblichen Anhängern war der Szene-Rechtsanwalt sehr beliebt, viele hielten der Gruppe auch seinetwegen die Treue.

Oft zog es Rieger und seine »Gefährtschaft« ins »Hufhaus«. Nahe Ilfeld liegt das versteckte Anwesen mit seinem Ausflugslokal, den Blockhäusern und Zeltplätzen. Das weitläufige Gelände ist für Fremde nicht einsehbar. Auch 2010 diente es mehrfach als Treffpunkt. An der einzigen Zufahrtsstraße haben sich bekannte Neonazis als Wachen postiert und kontrollieren die ankommenden Fahrzeuge. »Odin statt Jesus« steht an manchen. Andere Heckscheiben ziert die heidnische Irminsul oder die beiden Raben Odins, genannt Hugin und Munin, die einen Fisch ergreifen. Ein begehrter, antichristlicher Aufkleber. Erhältlich ist die wetterbeständige Folie im szeneeigenen Asatru-Versand für 16,99 Euro.

Neugierige Beobachter sind bei der *Artgemeinschaft* in Ilfeld unerwünscht. Wandernde Touristen werden argwöhnisch angesprochen und kontrolliert. Fotografieren ist nicht gern gesehen. Ansonsten herrscht geschäftiges Treiben. Während sich die Anführer im obersten Stock des Lokals besprechen, lodert ein Feuer zwischen den Zelten. Mädchen und Jungen sammeln Holz und Äste im nahen Wald. Kinder in altmodischer Kleidung laufen umher oder sitzen bei ihren Müttern. Die nutzen die Gelegenheit für einen geselligen Plausch. Ein Polizeifahrzeug aus Nordhausen kontrolliert in Abständen, fährt zügig über das verzweigte Anwesen und verschwindet ebenso schnell wieder. Etwa 300 Anhänger der *Artgemeinschaft – Germanische Glaubensgemeinschaft* sind angereist. Zur Ariersekte zählen Rechtsextreme wie der polizeibekannte Liedermacher Frank Rennicke oder Jens Bauer, Kameradschaftsaktivist und Unternehmer aus Klein Wanzleben. Einige »Artgläubige« sind Handwerker, andere Akademiker. Über die Frauen ist wenig bekannt. Unter ihnen gibt es Erzieherinnen und Hausfrauen. Sie suchen nicht die Öffentlichkeit.

Die *Artgemeinschaft* wurde 1951 als »Vertrauenskreis freigläu-
biger Gefährten« in Göttingen gegründet, lehnte sich dabei an
die »Nordische Glaubensgemeinschaft« von 1927 an. Von Beginn an gab es Auseinandersetzungen und Verstrickungen mit anderen Germanisch-Gläubigen. Kernpunkt ihres Wirkens »ist die
Überwindung christlich-humanistischer Moralvorstellung hin zu
einem der Natur und der Tierwelt entlehnten Recht des Stärkeren«, wie es im »Handbuch Rechtsextremismus« heißt. Seit 1980
prägt ein Personenkreis aus Funktionären von *Wiking-Jugend*
und NPD den rassistisch-radikalen Kurs des beim Amtsgericht
Berlin eingetragenen Vereines. In den »Sippennachrichten« der
»Nordischen Zeitung« werden die Mitglieder über Verlobungen,
Hochzeiten, Geburten und Sterbefälle auf dem Laufenden gehalten. Der selbsternannte »Kampfverband« unterteilt sich in »Ge-
fährtschaften« und regionale »Gaue«. Neue Mitgliedsanwärter
müssen zwei Bürgen aufweisen, um aufgenommen zu werden.
    Die Behörden in Erfurt unternehmen nichts, sind aber infor-
miert über die Neonazi-Treffen in Ilfeld. Der thüringische Verfassungsschutz warnt: »Unter Vorgabe germanischer Brauch-
tumspflege« werde »eine Lagerfeuerromantik inszeniert, die das
Interesse insbesondere junger Teilnehmer an dem eindeutig
rechtsextremistischen Regelwerk der Glaubensgemeinschaft we-
cken soll.« Lange Jahre galt die *Artgemeinschaft* als Jürgen Riegers Steckenpferd, sie wurde als wichtige politische Struktur der
Vernetzung nicht wahrgenommen. Nicht nur Rieger diente die
Gemeinschaft als kultureller Rückzugsraum. Bis zu seinem Tod
im Herbst 2009 trafen sich die heidnischen Rechten für »Arbeits-
einsätze« auch regelmäßig auf dem ehemaligen Bundeswehrge-
lände im niedersächsischen Dörverden, genannt »Heisenhof«.
2010 dann erwarb der neue Vorsitzende Axel Schunk aus Stock-
stadt das Schloss Trebnitz in Sachsen-Anhalt.
    Doch Ilfeld blieb der Geheimtipp, dort im »Hufhaus« fühlt sich
die *Artgemeinschaft* seit Jahren wohl. Hier können ihre Anhänger
ungestört ihre »Sittengesetze« pflegen und dem »besseren Führer« Gefolgschaft leisten, wie es in ihrem »Artbekenntnis« heißt.
Jugendliche wachsen früh mit der Verpflichtung zur »gleichgear-
teten Gattenwahl« auf, als »Gewähr für gleichgeartete Kinder«.
Die rechte Heidentruppe gilt auch in der »Bewegung« als autoritär. Ihre rassistische Weltanschauung wird von großen Teilen
der Szene angenommen, vor allem innerhalb völkisch geprägter

»Freier Kräfte«. Das *Kameradschaftsnetzwerk Freies Pommern* mit seiner ideologischen Nähe zum Nationalsozialismus sieht in der »Blutsvermischung« die »alleinige Ursache des Absterbens aller Kulturen«. »Völkerübergreifende Partnerschaften« werden strikt abgelehnt und eine »artgerechte Partnerwahl« propagiert. Als Nachschlaglektüre empfehlen die Neonazis das Buch »Gattenwahl« des NS-Rassetheoretikers Hans F. K. Günther.

Die meisten Frauen und Männer der *Artgemeinschaft,* die aus den alten Bundesländern stammen, wurden in jungen Jahren bereits in der verbotenen *Wiking-Jugend* gedrillt. Viele Paare haben Vorfahren mit NS-Vergangenheit. Alte Praktiken werden gern übernommen. Als 2005 das sechste Kind der Müllers, ein kleiner Junge, nach nur wenigen Monaten starb, zierte eine Todesrune die Anzeige in der »Nordischen Zeitung« der *Artgemeinschaft.* Die Aufgaben blieben auch 2010 straff verteilt. Brauchtumsexpertin Petra Müller hat sich um die neue Schrift für das Erntedankfest zu kümmern. Ihr Ehemann, ein arbeitsloser Informatiker, zählt intern zum Führungskreis. Ende der 1990er Jahre lief die Internetpräsenz der *Artgemeinschaft* über seine Privatadresse. Neonazi Jens Bauer lässt in seiner »Stickerei Artam« die neue Fahne der *Artgemeinschaft* nähen. Im Verborgenen konnte Riegers rassistische Sekte wachsen.

Als wichtigste Frau galt lange Imke Thomas, die Nummer zwei hinter Rieger. In ihrem Artikel: »Die Kinderstube des Volkes« von 1991 hetzte die inzwischen pensionierte Pädagogin gegen die »Überschwemmung von Millionen Fremdrassiger«, die in vielen Städten Westdeutschlands bereits ein zahlenmäßiges Übergewicht an den Schulen hätten. Thomas, die nach eigenen Angaben 30 Jahre »begeisterndes Lehrerleben« vorweisen kann, bezeichnete die heutige Gesellschaft als »volkliches Etwas« und beschwor die »heilige Pflicht aller deutschbewussten Mütter«, den Kampf gegen »undeutsche Lehrinhalte« und die Erziehung der Kinder zu »wahrhaft deutschen Menschen«. Von »unschätzbarem Wert« sei die Einbindung deutscher Familien in jahrzeitliches Brauchtum. Zur praktischen Umsetzung ihrer Ziele empfahl sie gemeinsame Hausmusik, Singen, Volkstanz, Gespräche und »fassliche Vorträge für unsere Jugend«. Für die »Gefährten« der *Artgemeinschaft* sei es wichtig, so Autorin Thomas, »dass Kinder unserer Art Halt haben in der Freundschaft Gleichgesinnter«.

Viel Zeit und Energie räumt die bundesweit verstreute Heiden-Truppe ihrem Traum vom eigenen »Siedlungswerk« ein. Petra und Marc Müller gehören zu denen, die solche Pläne bereits in die Tat umgesetzt haben. Reiste die junge Großfamilie bis vor zwei Jahren aus dem Landkreis Calw im entfernten Baden-Württemberg an, so ist ihr Weg inzwischen kürzer, denn sie leben jetzt im dünnbesiedelten Nordosten der Bundesrepublik. Ihr »1-2-Familienhaus« mit 200 Quadratmetern Wohnfläche sowie »6 Ar Garten mit Bachlauf« in der Nähe von Bad Liebenzell hatten Müllers zuvor zum Verkauf angeboten. Seinen Job als Trainer der weiblichen B-Jugend im Sportverein gab der siebenfache Familienvater vor dem Umzug 2009 auf.

Mecklenburg-Vorpommern. Das landwirtschaftlich geprägte Flächenland zog bisher vor allem wegen seines geringen Migrantenanteils, den niedrigen Immobilienpreisen und den mangelnden antifaschistischen Protesten vor Ort extrem rechte Siedler an. Zunehmend attraktiv wirkt sich auch die stramm ausgebaute Neonazi-Logistik im Land mit Szenetreffpunkten, Wohngemeinschaften, einer »Volksbücherei«, Volkstanzgruppen, Bürgerinitiativen und einer starken Medienpräsenz durch eigene Internetportale sowie flächendeckend verteilten kostenlosen »Inselboten« und regionalen Wochenblättern aus. Eine Art »braunes Wendland« sollen die Ansiedlungen werden, geprägt von ökologischen Nationalisten, die ihren Traum von der eigenen deutschen »Scholle« alternativ leben wollen. Einige »Kolonien« existieren bereits. Manche Anwesen sind weitläufig, liegen zumeist abgelegen an einer Sackgasse ohne Durchgangsverkehr. Oder in einem ehemaligen nationalsozialistischen »Reichsmusterdorf« wie das herrschaftliche Gut von NPD-Landeschef Udo Pastörs und seiner Ehefrau Marianne in Benz-Briest. Die zweifache Großmutter wohnt nicht weit entfernt von den anderen Frauen führender NPD-Funktionäre im Landkreis Ludwigslust. Während Runhild Köster sich dort auch öffentlich für die *Gemeinschaft Deutscher Frauen* einsetzt, konzentrieren sich Birkhild Theißen und Claudia Klingebiel aus Lübtheen auf die heimattreue Erziehung der Kinderschar. In den Landkreisen Nordwestmecklenburg und Bad Doberan haben Familien aus dem Umfeld des rechten *Sturmvogel – Deutscher Jugendbund* eine neue Heimstatt gefunden. Sie pflegen das Landleben nach altem Stil, die Frauen kümmern sich

Mecklenburg-Vorpommern: junge Mutter in völkischer Aufmachung beim NPD-Wahlkampfauftakt in Lübtheen 2006.

um Heim und Herd. Die Neo-Artamanen wählten für ihren gemeinsamen Zuzug einen geschichtsträchtigen Ort im Landkreis Güstrow. Petra und Marc Müller zog es in deren Nähe.

Das Siedlungsgebiet der Müllers am Rande der Mecklenburgischen Schweiz wurde mit Bedacht gewählt. Die Verbandsgemeinde Lalendorf mit ihren germanischen Funden aus dem 1. Jahrhundert, ihrem Zuckerrübenanbau und dem Panzerdenkmal liegt in der geografischen Mitte Mecklenburg-Vorpommerns. Zuständig für die rund 3000 zumeist in abgelegenen Ortsteilen versprengten Einwohner ist das Amt Krakow am See. Es gibt unzählige verfallene oder leerstehende Gehöfte. Auch sanierte Häuser sind spottbillig zu haben. Seit Mitte der 1990er Jahre haben Rechte damit begonnen, ausgewählte, entlegene Anwesen im Landkreis Güstrow nahe Rostock zu erwerben.

Rechte Mieter leben im verträumten schneeweißen Schloss Bansow aus dem 19. Jahrhundert, mit seinen auffälligen Zinnen auf dem Wasserturm, oder im idyllischen ehemaligen Lehrerhaus nahe dem Ortskern von Lalendorf. Sie renovieren einen baufälligen, eigenen Bauernhof im Ortsteil Ausbau oder leben seit den 1990er Jahren in verschworenen Gemeinschaften in den nahen Dörfern Koppelow und Klaber. Sie stammen aus den Reihen von *Artgemeinschaft*, Artamanen oder *Sturmvogel*, sie sind Sympathisanten der NPD oder Anhänger von »Freien Kameradschaften«. Ziel der Neonazis ist die Schaffung eines »nationalen Dorfes«, wie es Udo Pastörs gegenüber Journalisten formulierte. Während die Männer öffentlich über ihre Siedlerträume schwadronieren, tauschen sich die rechten Frauen lieber anonym im einschlägigen »Thiazi-Forum« aus. »Ich träume schon seit vielen Jahren von einer gelebten Gemeinschaft in unserem Sinne«, schwärmte »Osiris«, Schreiberin aus Thüringen, im Juli 2008. Ihre Strategie sieht so aus: »Ich denke, es wäre besser, nicht gleich wie ein Heuschreckenschwarm über ein Dorf hereinzubrechen. Besser ist es, wenn einige wenige den Anfang machen und auch schon ein vernünftiges Vorhaben verwirklichen (z. B. kleiner Handwerksbetrieb, Gaststätte etc.). Diese müssen sich im Dorf erst mal ›beliebt‹ machen.« Wenn es die Siedler dann geschafft hätten, so »Osiris«, von den »Ureinwohnern« akzeptiert zu werden, dann »kann nach und nach ›Verstärkung‹ ran«. Eine rechte Userin namens »Nordruna« spann den Faden weiter: »Die bereits bestehenden Gemeinschaften vernetzen sich untereinander und bilden eine Tauschgemeinschaft. Jeder hat irgendein handwerkliches oder erlerntes Geschick und kann der Gemeinschaft so mit Rat und Tat zur Verfügung stehen.« Daraufhin bremste ein männlicher Teilnehmer die Euphorie der siedlungsfreudigen Damen und warf ein: »Meistens scheitern solche Projekte ja an den Frauen.« Davon wollten diese nichts wissen. Hatte »Pride Mother«, eine 26-jährige Schreiberin, doch bereits 2008 Gemütszustand und mögliche Tendenzen der Kameradinnen offenbart: »Früher war es die Beschaffung von der neuesten Landserscheibe, heute die Beschaffung der ältesten Liedertexte. Früher wollte man kein Konzert auslassen, heute freut man sich auf ein traditionelles Fest! (Eheleite, Sonnenwende, Ostara, Julfest …).« Die stolze Mutter erklärte: »Die meisten Subkulturen sterben aus«, und prophezeite: »Im Großen und Ganzen ist die Bewegung auf dem Weg in das Völkische.«

Nationale Wohnprojekte in Dörfern existieren auch in anderen Regionen, unter anderem in Franken, der Gegend um Chemnitz, in Brandenburg oder Hessen. Hier wollen sie die Dominanz ausüben. In solchen angestrebten »No-Go-Areas« ist kein Platz für politische Gegner und andere unliebsame Mitmenschen. In einem NPD-Strategiepapier zu »Befreiten Zonen« heißt es: »Nationalisten wollen nicht aus der Gesellschaft aussteigen, sondern sie beeinflussen und verändern.« Der Aufbau »nationaler Gemeinschaften« wurde bereits 1990 von den *Jungen Nationaldemokraten* gefordert. Ihre Überlegungen gingen dahin, dass man beginnen sollte, sich »selbst zu regieren«, dann würden »der Staat und seine Machtmittel« immer »irrelevanter für die Lebensgestaltung der Angehörigen der nationalistischen Gemeinschaft«. Der *Nationaldemokratische Hochschul-Bund* (NHB) ergänzte 1991, die militante Dimension »befreiter Zonen« bedeute zweierlei: »Einmal ist es die Etablierung einer Gegenmacht. Wir müssen Freiräume schaffen, in denen wir faktisch die Macht ausüben, in denen wir sanktionsfähig sind, d. h., wir bestrafen Abweichler und Feinde, wir unterstützen Kampfgefährtinnen und -gefährten, wir helfen unterdrückten, ausgegrenzten und verfolgten Mitbürgern. Wir sind drinnen, der Staat bleibt draußen.« Aufgehen kann diese Strategie allerdings nur, wenn die Frauen und – meistens ungefragt – auch die Kinder mitmachen.

Der Aufbau einer rechten Gegenkultur soll eng verwoben sein mit der Bildung eigener Wirtschaftskreisläufe. »Schafft das nationale Netzwerk«, fordert der Pfälzer NPD-Stratege Sascha Wagner seit Jahren. »Nationalisten sollen bei Nationalisten kaufen«, erklärt er, denn dann werde »kein Liberalist« bereichert, »der mit seinem Gewinn die Zersetzung unseres Vaterlandes vorantreiben« könne. In der Westpfalz organisieren nach eigenen Angaben nationale Frauen des örtlichen Kreisverbandes um Wagners Ehefrau seit Sommer 2009 einen Tauschring für Kinderkleidung. Sie verteilen demnach Werbezettel und Flyer »gezielt vor Kindergärten und an sozialen Brennpunkten«, um auf Infostände mit Kleidungsangebot hinzuweisen. Sie seien auch im November beim Dahner Martinimarkt mit einem kombinierten Info-Kleiderstand vor Ort gewesen, berichtet die Aktivistin und erklärt in einem internen Schreiben »Etwa 20 Familien und alleinerziehende Mütter« seien in einem Tauschring zusammengeschlossen. Die Kleidung werde im neuen »Kreisverbandszentrum« im pfälzischen Herschberg gelagert. »Freitags zwischen 16 und 20 Uhr« sei dort geöffnet. Wagners Ehefrau geht es vorrangig um »hilfreiche Tipps für vom Glück verlassene Deutsche«. Ihr Mann scheint stolz auf die zügigen Fortschritte weiblicher Parteiarbeit vor Ort. Im Herbst 2010 begrüßte er bereits 18 Mitglieder des *Rings Nationaler Frauen* in Rheinland-Pfalz. Der NPD-ler möchte, dass Waren und Dienstleistungen in Zukunft bei den Firmen der eigenen Kameraden geordert werden. An bestehende Wirtschaftsstrukturen soll wenn möglich angedockt werden. So suchte die NPD bereits Kontakt zu regionalen Winzern, Handwerkern und einem Apotheker. Der Besuch oder die Gründung von Unternehmer-Stammtischen wird empfohlen. Hatte eine Studie der Universität Rostock doch aufgezeigt, dass bei der Landtagswahl in Mecklenburg-Vorpommern 2006 nicht weniger als zehn Prozent der mittelständischen Selbständigen der NPD ihre Stimme gaben.

Tatsächlich sind Netzwerke bereits im Aufbau – die ohne Frauen kaum nachhaltig bestehen können. Braune Siedler gründen im kleinen Stil Handwerkskooperativen, Fahrgemeinschaften und organisieren gemeinsame Kinderbetreuungen für den Nachwuchs der Familien. Befreundete Ökolandwirte sorgen für Fleisch und frisches Gemüse, Hebammen für die Möglichkeit »natürlicher Geburten«. Nationale Tagesmütter treten als Alternative zur Versorgung von Kleinkindern in staatlichen Krippen und Kindertagesstätten auf. Frauen und Mädchen legen Gemüsegärten zur Selbstversorgung an, sichern mit einem kleinen Viehbestand zusätzliches Auskommen. Spinnen, Weben, Töpfern oder Honigherstellen gehören zum weiblichen Handwerk. Steinmetze und Bildhauer versorgen die Häuslebauer mit der Irminsul als heidnischem Altar, Seelensteinen in Runenschrift oder germanischem Holzspielzeug. Eigene Zimmerleute und Maurer kümmern sich um alte Bausubstanzen und Fachwerk, immer auch im Bemühen, die Renovierungskosten für die Kameraden möglichst niedrig zu halten.

Längst beschäftigt das Thema »Völkische Siedler« in Mecklenburg-Vorpommern eine Landes-Arbeitsgemeinschaft, bestehend aus Präventionsexperten der drei Regionalzentren in Ludwigslust, Roggentin und Stralsund, von Soziale Bildung e.V. und der Opferberatung Lobbi e.V. Auf eine langfristige regionale Auseinandersetzung im Landkreis Güstrow allein mit über einem Dutzend nationaler Familien – zu denen etwa 60 Kinder gehören – wird hingewiesen. Deren Eltern zeigen demnach ein »geschlossenes rechtsextremes Weltbild« und hängen durchaus auch soldatischen, autoritären Führungsstilen an. In einigen der kinderreichen »Sippen« zeige sich strikte Hierarchie auch unter den Geschwistern, erklärte eine Mitarbeiterin des Arbeitskreises. Dort sei es durchaus selbstverständlich, die Eltern mit »Herr Vater« und »Frau Mutter« anzureden. Absoluter Gehorsam und Disziplin sind an der Tagesordnung.

Auch Petra und Marc Müller sind Teil des Netzwerkes. Seit über einem Jahr wohnen sie im Schloss des kleinen Dörfchens Bansow, einem Ortsteil von Lalendorf, zur Miete. Im Laufe der Jahre haben sich dort immer wieder Rechte einquartiert. Noch gleicht ihr Eigenheim an der Verbindungsstraße zwischen Lalendorf und Bansow einer Ruine. Das Dach des ländlichen Hauses ist mit zwei Sorten Pfannen gedeckt, die Fenster mit Fiberglas abgedichtet und notdürftig verklebt. Eine angrenzende Scheune droht einzubrechen. Im Hof steht eine Betonmischmaschine. Nur wenige Kilometer entfernt bewohnt die Familie des hessischen Kameraden Jan Knust die Alte Schule mitten in Lalendorf. Knusts und Müllers waren bereits in der *Wiking-Jugend,* aber auch in der *Heimattreuen Deutschen Jugend* (HDJ) aktiv. Archivrecherchen zufolge fungierte Knust im »Gau Nordmark« der militanten *Wikinger* als Leiter der »Beschaffungsstelle«. Internes Videomaterial zeigt Petra Müller 1994 bei einer Volkstanzvorführung der *Wiking-Jugend* im später verbotenen Neonazi-Schulungszentrum Hetendorf Nr. 13 in der Lüneburger Heide. Sowohl die etwas älteren Knust-Kinder als auch der jüngere Müller-Nachwuchs scheinen nach völkisch-nationalen Grundsätzen erzogen zu werden. Als Polizei und Jugendamt besorgt im Sommer 2008 in der Nähe von Güstrow ein entlegenes Zeltlager mit 39 Kindern im Alter zwischen acht und 14 Jahren auflösten, weil jugendgefährdende Verdachtsmomente vorlagen, soll auch eine Müller-Tochter dabeigewesen sein. »Waldydill mit Hakenkreuzen« titelte Spiegel-Online nach der Auflösung des HDJ-Sommerlagers im Dorf Hohen Sprenz. Die Kinder sollten im Lager auf alten Karten einzeichnen, wo das Memelland oder die Nordmark liegen, sagte ein Polizeisprecher. Sie seien dort mit nationalistischem Gedankengut »regelrecht beschult« worden. Die Polizei meldete zudem, es habe ein »geregeltes Zeltlagerleben mit Fahnenmast« gegeben, wobei »Verhaltensweisen und Lebensformen aus der Zeit des Nationalsozialismus praktiziert wurden«. Antisemitische Kinderbücher aus dem »Dritten Reich« wie »Der Giftpilz«

oder »Der Pudelmopsdackelpinscher« gehören in diesen Kreisen zum Repertoire, werden teils sogar bei der *Artgemeinschaft* »für unsere jüngsten Gefährten« beworben.

Zur *Artgemeinschaft* gehört nach eigenen Angaben auch »Enibas«, Mutter von zehn Kindern. Unter ihrem Tarnnamen berichtete sie jahrelang detailliert aus ihrem privaten Alltag. Stellte Fotos von selbstgebackenen Torten mit diversen Nazi-Symbolen aus Zuckerguss ins Netz oder veröffentlichte den Schnittbogen einer gemeinsam mit ihren Kindern genähten Hakenkreuz-Fahne. »Enibas« kannte als Moderatorin des neonazistischen »Thiazi«-Forums kaum private Tabus. Sie beschrieb jedes ihrer Kinder, den Ehemann, die Haustiere sowie ihren beruflichen Werdegang als Grafikerin. Dazu gab es auf Abruf passendes Bildmaterial bis hin zur Schlafzimmereinrichtung. »Ich bin der Meinung, dass ein Mensch mit einem gesunden Rassebewusstsein einfach kein Verlangen nach fremdrassigem Sex hat«, schrieb »Enibas« im Forum. Andere nationale Vielfachmütter wie Silvia Kirschner alias »Skadixx« sind ihr nicht unbekannt. »Nach der Machtübernahme dürfen wieder Mütter mit überdurchschnittlich vielen Kindern wie Skadixx und ich stolz das Mutterkreuz tragen«, schwärmte sie und mahnte, allein Kinder in die Welt setzen reiche nicht, die Kinder müssten »auch mit deutschen Werten aufwachsen, mit der Liebe zur Heimat groß werden, und sie dürfen nicht in Versuchung kommen, durch Rassenvermischung ihr eigenes Volk zu eliminieren«. Grundsätzlich empfahl sie auch den Frauen eine Strategie der Unterwanderung: »Will man dem Volk Gutes tun, braucht man auch eine gewisse Volksnähe. Und es gibt so viele Möglichkeiten, der Sportverein ist nur eine. Auch im Elternbeirat, Tierschutzverein, Bikerclub usw. kann man mit normalen deutschen Menschen zusammenkommen.« Als die 51-Jährige Sabine R. aus Baden-Württemberg im Sommer 2010 von der Autonomen Antifa Freiburg als »Nazi-Mutter«, Moderatorin vom »Nationalsozialisten Privatforum« bei »Thiazi« und Anti-Antifa-Fotografin geoutet wurde, bestritt sie, »Enibas« zu sein. Für ein Doppelleben sprechen allerdings auch Fotos. Die sie als Anti-Antifa-Fotografin bei Aufmärschen zeigen.

Im mecklenburgischen Lalendorf kursieren seit dem Zuzug der Müllers im Jahr 2009 hartnäckige Gerüchte. So soll es Kaufabsichten am herrschaftlichen Schloss Bansow geben. Das nötige

Geld wird bei finanzstarken Hintermännern vermutet. Denn da ist ja auch noch Marc Müllers einflussreicher Posten in einem obskuren »Rassisten-Club«, den Journalisten nach Recherchen als »das heimliche Finanzzentrum deutscher Neonazis« verorten. Tatsächlich ist Neusiedler Müller im Januar 2010 in die Fußstapfen von Jürgen Rieger als Vorsitzender der *Gesellschaft für biologische Anthropologie, Eugenik und Verhaltensforschung e.V.* (GfbAEV) getreten. Zu deren Anhängern gehören zahlreiche Wissenschaftler, Lehrer und Professoren. Dem konspirativen Anthropologie-Verein gehörten zeitweilig zwei große Neonazi-Immobilien in Dörverden (Niedersachsen) und Pößneck (Thüringen). Auch soll Marc Müller über gute Kontakte ins geheime Netzwerk noch lebender Altnazis verfügen. »In Lalendorf protzt der immer mit viel Bargeld herum«, erzählt eine Frau leise.

Auch von Wehrsport und organisierten Zeltlagern im Wald sowie Schießübungen auf Ortsschilder im Dorf Nienhagen ist die Rede. Manche geben vor, Genaues zu wissen, möchten aber nicht genannt werden. »Noch scheinen das Aktionen interner rechter Kreise im gesamten Landkreis zu sein«, berichtet ein kommunalpolitisch Verantwortlicher. Immer wieder schütteln ihm gegenüber Einheimische den Kopf, wenn er nachfragt: »Ja, wissen Sie das denn nicht?« Vielleicht wird auch das ein oder andere durcheinandergebracht. Doch Marc Müllers Vergangenheit macht nachdenklich. Führte der 44-Jährige doch Mitte 2009 gemeinsam mit einem anderen nationalen Familienvater eine dubiose Gesellschaft bürgerlichen Rechts namens »Zivilschutzversand«. Als Spezialausstatter »für Zivilschutz, Krisenvorsorge, Notfallplanung, Ausrüstung und Fluchtgepäck« hatte die Firma auch Überlebenscamps mit Schießübungen im Angebot. »Sicherung von Haus und Hof« oder »Flucht aus der Stadt« lauteten die angepriesenen Übungen der Experten mit »umfangreicher Outdoor-Erfahrung«, gemeint sind wohl Zeltlager und Drill bei der militanten *Heimattreuen Deutschen Jugend*. Per Internet versuchten Müller und sein Partner aus der Krisenangst ihrer Kameraden Kapital zu schlagen. Es gab »Fluchtgepäck im Wert von 99 bis 429 Euro«, Kampfmesser, Wasseraufbereitungsanlagen oder Travellunch-Pakete zu kaufen. Im Programm: »Trainings-Expeditionen« mit Flussüberquerungen, Orientierung bei Nacht, Paintball, Bau eines Biwaks und Fallschirmspringen. Um sich »im Krisenfall richtig zu verhalten«, wurden individuelle Ausflüge in die Rhön oder nach Tschechien angeboten. Dort, so erfuhren Interessenten dann, stand auch der Besuch eines Schießstandes sowie »ausgiebiges Schießen mit allen Kalibern« auf dem Programm. Dazu gehörten Waffen wie die AK 47, das Samopal-Sturmgewehr, Karabiner, Pumpgun oder verschiedene Pistolen. Mit rund 490 Euro waren zahlungskräftige Interessenten dabei.

Im Windfang des Schlosses Bansow bemerkte ein Reporter der »Welt am Sonntag« ein Schild am Briefkasten mit der Aufschrift »Ges. f. Zivilschutz«. Das klinge nur militärisch, erklärte Petra Müller dem Journalisten Alan Posener treuherzig. Sie versicherte, ihr Mann habe ja nicht »einmal den Wehrdienst absolviert«, »der hat noch nie ein Gewehr in der Hand gehabt«.

In Lalendorf wird den Neuzugezogenen nicht unbedingt Glauben geschenkt. Manche reagieren misstrauisch, andere eingeschüchtert, vor allem, wenn wieder ein neuer Kamerad oder eine völkische Familie in der Gegend auftaucht. Reinhard Knaack kennt die Verunsicherung unter den Einheimischen. Der Landwirt und ehrenamtliche Bürgermeister von Lalendorf möchte seine Gemeinde zusammenhalten. »Keiner soll Anlass haben, etwas anderes zu sagen als: Hier ist es gut, hier fühl ich mich wohl, dieses Gemeinwesen kann ich akzeptieren.« Gemeinsam wollen sie dem Zuzug völkischer Neonazis entgegentreten. Noch bevor die Müllers kamen, hatte sich in Lalendorf »eine Art Selbsthilfegruppe« aus Vereinsvorsitzenden, Kirchen- und Gemeindevertretern sowie der Freiwilligen Feuerwehr gebildet. Die Gruppe lud Politikwissenschaftler ein, wollte sich mit Argumenten und Aufklärung wappnen. Eine Arbeitsgruppe, bestehend aus der Opferberatung Lobbi e. V., dem Regionalzentrum für Demokratische Kultur sowie dem Verein Soziale Bildung (SoBi), schickte Informationsmaterial über die rechte Szene, stand beratend zur Seite. Das Präventionsnetzwerk reicht bis nach Krakow, Mitglieder des Runden Tisches treffen sich regelmäßig zum Austausch.

Knaack und seine Mitstreiter wissen vieles über die politischen Aktivitäten der Müllers. Vor Ort gibt sie sich gern als tolerante Mutter, deren Kinder »alles lesen dürfen«, und die auch bei Kontroversen mit den Älteren um Computerspiele und Musikstile gern mal nachgibt. Im Hintergrund aber zeichnet sich ein anderes Bild ab, das wenig mit Toleranz zu tun hat. Mit unverhohlener Abneigung berichtete Petra Müller, ehemalige »Regionalsprecherin« der HDJ in Baden-Württemberg, im letzten »Funkenflug«

vor dem Verbot 2009 von einer Reise in die »Ostgebiete« nach Polen. »Unsere Fahrt beginnt in Görlitz, einer geteilten Stadt. Auf der einen Seite diese wunderbare erhaltene alte Stadt, auf der anderen Seite das andere Deutschland. Das verlorene, vergessene, geschundene und verschandelte.« »Der Blick über das Neißeufer« sei »erschütternd«, so die Neonazistin. Kaum auf polnischer Seite angekommen, habe sie »Abscheu« überkommen, denn das ganze Land werde »wie ein Räubernest genutzt«. Für andere Veröffentlichungen benutzt die inzwischen siebenfache Mutter Petra Müller einen Tarnnamen. Sie wurde vor Jahren bereits als »Birka Vibeke« geoutet. Diese gilt szeneintern als Expertin für die Gestaltung nordischer Feiern. Unter ihrem Alter Ego veröffentlichte sie als junge Frau 1998 im extrem rechten Grabert-Verlag den Szeneratgeber »Deutsche Vornamen«. Mit ihrem Klarnamen griff sie das Thema unter dem Titel »Deutsche Kinder – Deutsche Namen« später im Kalender »Unsere Zukunft« der *Heimattreuen Deutschen Jugend* auf. Wie bei vielen ausgelasteten Müttern mit nationalistischem Hintergrund scheint ihre politische Hauptwirkungsstätte zeitweise im Internet zu liegen. Sie veröffentlicht Leserbriefe und Artikel für rechte Zeitungsprojekte wie die »Deutsche Stimme«. Müller ist kein Mitglied der *Gemeinschaft Deutscher Frauen*. Eine »Birka« aber ist im internen GDF-Forum seit Jahren eine der aktivsten Schreiberinnen. Ihre Schwangerschaften werden erwähnt und Kritik an der »völkischen Frauenbewegung« geübt, weil die sich »in Einzelheiten« verliere. Auch mahnt sie, der Mann »sollte nicht weniger als die Frau Träger von Sitte und Kultur sein«, wobei aber beide Geschlechter ihren »wesensgemäßen Schwerpunkt« ausleben müssten, eben »der Mann als Soldat, die Frau als Mutter«.

Der Winter 2010 brachte das Ehepaar Müller aus Lalendorf in die bundesweiten Schlagzeilen, ausgelöst durch einen Artikel in der »taz-Nord«. »Das verflixte siebte Kind«, »Familienförderung für Völkische« oder »Der Patenstreit von Lalendorf« titelten die Medien. Obgleich man für Staat und Demokratie ansonsten wenig übrig hat, hatte das Ehepaar für seinen siebten Spross die mit einem Geldgeschenk von 500 Euro verbundene Ehrenpatenschaft des Bundespräsidenten Christian Wulff beantragt. Ein formeller Vorgang. Das Bundesverwaltungsamt in Berlin stellt Bedingungen, zwei lauten: »Es müssen mindestens sieben lebende Kinder vorhanden« sein, »und das Kind muss »Deutsche/r« sein. Müllers füllten den Antrag aus. Die Formalitäten schienen schnell erledigt, und die Urkunde aus Berlin mit der Ehrenpatenschaft lag bereits dem für Lalendorf zuständigen Amt Krakow am See vor – doch die sandten sie prompt zurück an das Bundespräsidialamt in Berlin.

Die Rücksendung entpuppte sich weder als Affront noch als Schelmenstreich, sondern als ein Akt praktizierter Zivilcourage. Anders als den Verantwortlichen in Berlin waren Lalendorfs Bürgermeister Reinhard Knaack der politische Hintergrund der Antragsteller und die daraus für seinen Amtsbereich entstehenden Konsequenzen sofort bewusst. Denn eine weitere Klausel betrifft Knaacks Verantwortung: »Die Kommunalbehörden werden gebeten, sich ihrerseits der Familie anzunehmen.« »Mit diesem Akt wollten wir die Eltern nicht hofieren«, erklärte Knaack höflich, als die »taz-Nord« und das Fachportal »Blick nach Rechts« davon hörten. »Die Entscheidung richtete sich alleine gegen die Eltern, die Kinder werden nicht benachteiligt«, betonte der Bürgermeister. Die Kinder würden in der Gemeinde nicht ausgegrenzt. »Das wäre das Falscheste, was wir tun könnten. Die Kinder sind uns willkommen.« Ehrenpatenschaften stellen vor allem für das Bundespräsidialamt in Berlin einen symbolischen Akt dar. Während Bundespräsident Wulff in Israel weilte, herrschte in seinem Verwaltungsapparat wegen der Verweigerung des Provinzbürgermeisters einige Tage Verwirrung. Patenschaftsurkunde und Geldscheck wurden schließlich auf formellem Postweg den Müllers zugestellt. Für die Region und Knaacks schwere Entscheidung schien das bundesdeutsche Oberhaupt wenig Feingefühl aufzubringen. Die Sache war in Berlin schnell vom Tisch. In Lalendorf dagegen müssen sie mit den Neonazi-Eltern noch lange umgehen.

Nachdem Petra Müller in rechten Medien zum Opfer stilisiert worden war, folgten umgehend Drohungen und Einschüchterungsversuche aggressiver Nationalisten. »Bürgermeister Knaack muss weg«, forderte das militante rechte Internetportal »mupinfo.de« Ende November 2010 und veröffentlichte auch gleich Bürozeiten, Telefonnummer und Adresse des ehrenamtlichen Politikers. Im neonazistischen »Thiazi«-Forum wurde »die Hackfresse des roten Lumpen aus Lalendorf« gar mit Foto angeprangert. Am Zweiten Advent bekam Knaack dann ungebetenen Besuch: Neonazis verteilten vor seinem Privatgrundstück Flugblätter. In der Pressemitteilung des Innenministeriums in Schwerin wurde der Vorfall so geschildert: »Nur Dank eines schnellen und energischen Einsatzes der Polizei konnte verhindert werden, dass Rechtsextremisten am Wochenende den Bürgermeister der Gemeinde Lalendorf für sein standhaftes Eintreten gegen rechtsextremistisches Gedankengut attackierten. Zehn Personen war es zwar gelungen, auf das Grundstück des Bürgermeisters vorzudringen, jedoch konnten sie rechtzeitig gestoppt und durch Polizeibeamte noch vor Ort gestellt werden.« Unter ihnen auch der stellvertretende Vorsitzende der NPD des Landes, David Petereit.

Große Solidarität unter den Rechten. Der Stellenwert von Neuzugängen wie Müllers in Mecklenburg-Vorpommern wird deutlich. Doch erkennbar ist auch eine weitere Strategie: kommunalpolitische Bemühungen von Siedlern und Aktivisten nicht mit einer NPD-Mitgliedschaft zu belasten. Forsch hatte Petra Müller gegenüber der rechten Wochenzeitung »Junge Freiheit« zugegeben, zwar Kontakt zur *Heimattreuen Deutschen Jugend* und zur *Wiking-Jugend* gehabt zu haben – zwei Organisationen, die nicht mehr aktiv sind –, aber vehement abgestritten, Parteigängerin zu sein. Unerwähnt blieb dabei ihre Teilhabe an der Gründung des NPD-nahen *Rings Nationaler Frauen* 2006 in Sotterhausen. Hochschwanger, in auffällig roter Bluse, hatte sie sich gegen 18 Uhr gemeinsam mit NPD-Frauen wie Gitta Schüßler, Stella Palau und Judith Rothe zu Pressekonferenz und Fotoshooting unter der Dorflinde aufgestellt. Auf Nachfragen des MDR meinte sie vor laufender Kamera: Dem *Ring Nationaler Frauen* gehe es um die Anerkennung als Mutter und Erzieherin. Und ergänzte: »Wir sind natürlich als Mitglieder der NPD zuallererst für deutsche Interessen.« Ihren Namen und ihre Herkunft wollte Petra Müller in Sotterhausen aber nicht bekanntgeben.

Das Vorhaben der Neonazis, sich kommunal zu verankern, kann nur mit weiblicher Unterstützung aufgehen. Ob Siedlerin oder NPD-Akteurin, rechte Frauen agieren vor Ort meist weniger offen als die Männer, aber nicht weniger effizient. Im wohl aktivsten Kreisverband Schleswig-Holsteins in Nordfriesland ist eine Frau federführend, sie nennt sich »Josephine G.«. Sprach- und schreibgewandt kündigt sie Neonazi-Aktionen an, berichtet von Schulungen und Demonstrationen. Regionale Themen liegen ihr am Herzen, so ein »Bestechungsskandal in der Husumer Ausländerbehörde« oder das NPD-Flugblatt »Zurück zum dreigliedrigen

Schulsystem«. Ihr Kreisverband unterstützt die nationale Sani-tätergruppe *Ersthelfer* um Nicole Scholz aus Mittelhessen. Organisationen wie die *Ersthelfer* oder der *Nationale Sanitätsdienst* von Michaela Zanker aus Brandenburg sehen sich in der Nachfolge des namentlich untersagten *Braunen Kreuzes*. Sie werden von Frauen geführt, sind aber nicht ausschließlich geschlechts-spezifisch orientiert. »Dort, wo der Rettungsdienst aufgrund von Selbstschutz stehen bleibt – dort sind wir zu Hause«, propagiert die hessische Sani-Truppe, die gerade nach Bayern expandiert. Bei Aufmärschen sind die Helfer und Helferinnen um Nicole Scholz in den knallroten Jacken mit dem weißen *Ersthelfer*-Schriftzug dabei. »Kameraden helfen Kameraden«, lautet deren Grundge-danke. Öffentlich gibt sich die einflussreiche NPD-Frau Josephine G. nicht zu erkennen. Ihr Name war lange ein Geheimnis. Kein Wunder, im normalen Leben verbirgt sich hinter dem Pseudonym der regen Neonazistin die 35-jährige Lehrerin Ann-Kristin J. aus der Nähe von Husum. Im Winter 2010 entdeckte eine Mutter zahlreiche Mails der Deutsch- und Englisch-Pädagogin auf dem Laptop ihres 15-jährigen Sohnes. Sie waren teils mit »88« – dem Szenecode für »Heil Hitler« – unterzeichnet. Es stellte sich her-aus, dass die Lehrerin alias Josephine G. den Jungen für die NPD-Jugendorganisation angeworben hatte. So schrieb sie u. a. »Das neue Material muss auch auf dem Weg sein, dann habt ihr wieder was zu tun.«

Anja Müller, Ehefrau des NPD-Landtagsabgeordneten Tino Müller aus dem Landkreis Uecker-Randow, zieht es ebenfalls vor, nicht als NPD-Anhängerin, sondern als Mutter zweier Jungen in ihrem Dorf und an der Schule ihrer Kinder in Erscheinung zu tre-ten. Der gelernte Maurer Müller hatte in seinem Wahlkreis 2006 über 30 Prozent der Stimmen erhalten. Nach seinem Einzug in den Landtag war die Familie vom Plattenbaugebiet in Ueckermünde-Ost in ein Haus mit Garten bei Ferdinandshof gezogen. Müller, der zu den wichtigsten Kameradschaftsanführern im Bundesland zählt, hat mit seinem Kreisverband bei den letzten Kommunal-wahlen erneut ein zweistelliges Wahlergebnis erzielt und die SPD überholt. In seiner politischen Vorstellung spielen Frauen vor al-lem eine Rolle als »Hüterin der Familie«. Jedes Geschlecht habe »seine Aufgabe im Dasein des Volkes«, so der Neonazi 2009 im Landtag. Müllers junge Ehefrau trat 2010 beim Kinderfest der Neonazis mitten in Ueckermünde aktiv auf, half dort mit, die

Kleinen bunt zu schminken. Sie zählt auch zu den Gründern des extrem rechten *Heimatbundes Pommern* mit seinen konspirativen Volkstanz- und Wanderveranstaltungen sowie zum Umfeld der *Gemeinschaft Deutscher Frauen,* doch in ihrem neuen Heimatort möchte sie lieber nur als engagierte Mutter erscheinen. Die junge Frau, die oft Wollröcke trägt und ihr Haar zu Zöpfen oder Kränzen geflochten hat, mag Heidnisch-Esoterisches, im Ort wird sie daher eher als »Öko-Tante« denn als Rechtsextremistin wahrgenommen. Im Kindergarten ihres Jüngsten bot Anja Müller an, »alte Haushaltspraktiken« zu vermitteln. Ein Anzeigenblättchen der Region berichtete über ihre private Aktion beim Kornschroten und Brotbacken mit Kindern. Ein weiteres Freizeitangebot galt der Grundschulklasse ihres älteren Sohnes. Dort allerdings soll ihre Yoga-Stunde für Kinder nur auf wenig Begeisterung gestoßen sein. Aufmerksame Gemeindemitglieder wurden durch diese Bemühungen aufgeschreckt, sie argwöhnten, dass hinter den Bemühungen nicht nur privates Interesse stecken könnte.

Anders als in Sachsen oder Sachsen-Anhalt bekleiden Neonazistinnen in Mecklenburg-Vorpommern kaum Parteiämter. Auf der Landesliste der NPD zur Landtagswahl 2011 in Mecklenburg-Vorpommern stehen nur Männer. Eine weibliche Landesvorsitzende wie Dörthe Armstroff aus Rheinland-Pfalz ist dort undenkbar. Bei der Landtagswahl 2006 wählten in dem nördlichen Bundesland zwar nur vier Prozent der Frauen die NPD, auffällig war jedoch der Wahlerfolg bei den unter 30-jährigen Frauen. Bei ihnen konnte die Neonazi-Partei 11,6 Prozent der Stimmen gewinnen. In politischem Verzicht gegenüber männlichen Kameraden übten sich neben Franziska Vorpahl und Marianne Pastörs auch Janette Kindler. Vorpahl, die lange als Anhängerin der *Kameradschaft Rostock* galt, war Mitarbeiterin und »Sozialreferentin« in der NPD-Fraktion im Schweriner Landtag. Die Blondine zog als »Eyecatcher« bei der Bürgerschaftswahl in Rostock 2009 mehr Stimmen auf sich als ihr Kamerad David Petereit, stellvertretender NPD-Landeschef und ehemaliger Anführer der verbotenen *Mecklenburgischen Aktionsfront* (MAF). Ohne Angabe von Gründen verzichtete sie zugunsten des einflussreichen Partei-Newcomers.

Die Rolle der ewig eleganten Ehefrau, die in der Öffentlichkeit immer einige Schritte hinter ihrem Mann, dem Chef der Landtagsfraktion, geht, füllt Marianne Pastörs brillant aus. Die

Schweigsame an der Seite des lauten, selbsternannten Volkstribuns verzichtete 2009 auf ein Kreistagsmandat in Ludwigslust, nahm jedoch den Sitz im Stadtrat von Lübtheen an. Dabei hatte sie zuvor doppelt so viele Stimmen wie ihr jüngerer Parteimitstreiter Andreas Theißen erzielt. Anne-Rose Wergin vom Projekt »Lola für Lulu« hat die konstituierende Sitzung der Stadtvertreter Anfang Juli 2009 in Lübtheen beobachtet. Die zweifache Großmutter habe sich als »sanfte, stilvolle«, im Umgang mit ihrem Sitznachbarn Theißen »fast demütige Person« gezeigt, so Präventionsexpertin Wergin. Mit diesem Auftritt sei es für die anderen Kommunalpolitiker noch schwerer, folgerte sie, Pastörs richtig einzuschätzen. Marianne Pastörs entspricht dem Klischee von der gewaltbereiten Szene nicht. Ein Stadtvertreter sagte nach der Sitzung: »Die Frau Pastörs ist schon anders als die anderen Braunen.« Doch auch die sanfte NPD-Frau fordert »Todesstrafe für Kinderschänder«. Konform zur Parteirichtlinie lehnt sie eine Frauenquote strikt ab. In einem ihrer wenigen Artikel für den *Ring Nationaler Frauen* betont sie, es sei »längst überfällig«, zu einer »entideologisierten, natürlichen Betrachtungsweise der Rolle unserer Frauen zurückzufinden«. Allgemein scheinen sie zwischen Elbe und Haff nicht weniger fanatisch als die Männer zu sein, konzentrieren sich aber vor allem auf ihre Rolle als Hausfrau und Mutter. Für Udo Pastörs gehört solch eine Haltung zur »gesunden Volksstruktur«. So bedankte er sich am Abend nach dem erfolgreichen Wahleinzug 2006 bei den Aktivistinnen in erster Linie für das »Wäschewaschen für die Kameraden«. Später habe er noch hinzufügt, es seien diese »stillen, treuen, schaffenden Frauen«, die der NPD so gut täten.

Janette Kindler könnte so eine Wunschfrau sein. Die Arzthelferin, inzwischen verheiratete Krüger, aus Jamel teilte der Landkreisverwaltung in Grevesmühlen Mitte April 2010 mit, dass sie »aus persönlichen Gründen« auf ein Nachrückermandat der NPD im Kreistag Nordwestmecklenburg verzichte. Kindlers Lebensgefährte Sven Krüger hatte da bereits einen Platz im Kommunalparlament errungen. Zu ihm gesellte sich nun als neuer Mandatsträger einer der jungen Zöglinge des Paares. Gemeinsam mit einem engen Kameradenkreis aus Handwerkern und Studenten, Glatzköpfen und Scheitelträgern, Hammerskins und Heimattreuen scheint es Janette und Sven Krüger gelungen, die NPD in

Marianne Pastörs, NPD-Stadträtin aus Lübtheen und Ehefrau
des Fraktionschefs der Partei im Landtag, Schwerin 2010.

dem lange Zeit als »weißen Fleck« geltenden Landkreis Nordwestmecklenburg und insbesondere in deren Kreisstadt Grevesmühlen zu etablieren. Fast ein ganzes Dorf hört dabei auf ihr
Kommando. Janette Krüger benötigt das politische Mandat nicht,
um an der Seite ihres Mannes Einfluss auszuüben. Doch im Gegensatz zu ihm wählt sie dabei die »sanfte Tour«. Seit März 2011
leitet sie die regionalen Arbeitstreffen des *Rings Nationaler Frauen*
in Mecklenburg-Vorpommern.

Bei strahlendem Sonnenschein im August 2010 heiratete Janette
Kindler im hellen Mittelalterkleid einen der berüchtigtsten Neo-
nazis Norddeutschlands, mitten auf dem Dorfplatz von Jamel mit
400 einschlägigen Gästen. Sven Krüger ist der sieben Jahre ältere
Vater ihrer beiden Kinder. Anreisende Besucher wurden schon am
Ortseingang mit einem großen, grauen Findling und der Aufschrift
»Dorfgemeinschaft Jamel – frei, sozial und national« begrüßt.
Unweit davon zeigten Wegweiser aus Holz den Weg zu Hitlers
Geburtsort Braunau sowie nach Breslau und Königsberg. Kinder
spielten in weißen Indianerzelten mit Odalrune. Bereits bei der
Durchfahrt sollte klarwerden, wer hier im Zehn-Häuser-Weiler
nahe der Ostsee das Sagen hat: Sven Krüger und seine Sippe.

Alles, was in der norddeutschen Szene Rang und Namen hat, reiste an zur heidnischen »Eheleite«. Geboten wurden Kaffee, Kuchen, Volkstanz, und später am Abend spielten Rechtsrock-Bands. Viele huldigten dem bekannten Paar. In einer der Hochzeitsreden soll man sich darüber beklagt haben, dass man in einer Zeit lebe, da alle gegen sie seien, und versucht würde, die Ehe, die Familie, das höchste Glück zwischen Mann und Frau abzuwerten, zu verunglimpfen und letztendlich zu zerstören. Dagegen werde sich die Dorfgemeinschaft stemmen. Aber da man nicht christlich sei, hieß es weiter, müsse man auch nicht der Bibel folgen, nach der die Frau nur der Untertan des Mannes sei. Vielmehr begreife man die Frau als Teil des Mannes und umgekehrt, wobei natürlich die Ehefrau eine gute Mutter sein solle, aber darüber hinaus eben auch dem Manne in seinem ständigen Kampf eine stets verlässliche Stütze. Schließlich sei Frau des Mannes bester Kamerad.

Es wurde bekannt, dass Krügers ihren Hochzeitsgästen eine ganz besondere Attraktion bieten wollten: Schießübungen auf Politikerporträts. Die Polizei, die während des Sommers mehrfach Jamel aufgesucht hatte, fand vor der Hochzeitsfeier Fotos von Personen wie Charlotte Knobloch, Silvia Bretschneider, Lorenz Caffier, Ariel Sharon und Simon Wiesenthal, versehen mit einem Fadenkreuz. Auf einigen Bildern sollen sich Einschusslöcher von Luftdruckpistolen befunden haben, eine passende Waffe wurde beschlagnahmt. »Der hat hier doch Narrenfreiheit«, empört sich eine Frau aus einem Nachbarort leise. Ein älterer Mann ist den Tränen nahe: »Auch wenn wir wegziehen wollen, wer kauft denn hier ein Haus?« Tapfer erinnerten sich die Lohmeyers aus dem »Forsthaus« später gegenüber dem Hamburger Nachrichtenmagazin »Der Spiegel«, dass ihnen Kinder aus dem Dorf beim Spazierengehen den Hitlergruß gezeigt hätten.

Schon Krügers Vater galt zu DDR-Zeiten im Dorf als Rechter. Die Mutter führte einen Marktstand in Wismar. Den Sohn verschlug es in die gewaltbereite braune Skinhead-Szene. Immer wieder musste er sich vor Gericht verantworten. Mitte der 1990er Jahre fing der Glatzkopf an, gemeinsam mit Kameraden die übrigen Anwohner zu tyrannisieren. Seine Anhänger siedelten sich seitdem im Dorf an. Dreiviertel der Häuser sollen inzwischen zu ihnen gehören. Die Nationalen sollen Hitler-Geburtstage gefeiert, Wände mit Parolen beschmiert, Mitmenschen mit Drohge-

Wandbild der Neonazi-Szene an einer Häuserwand im Dorf Jamel,
Juni 2011.

bärden eingeschüchtert und Wehrübungen im Wald durchgeführt
haben. Selten beschränkten sie sich dabei auf das Krüger'sche
Privatgelände, hieß es. Die Medien warnten: ein Dorf in Angst.
Zugezogene verließen den Ort wieder.

   Dann die offenkundige Wende: Ein Ehepaar aus dem Hambur-
ger Stadtteil St. Pauli übernahm das »Forsthaus« am Rande des
Dorfes. Sie ist Krimiautorin, er Musiker. Zivilcourage wurde in
Jamel sichtbar. Das Paar hielt durch, gab stilleren Anwohnern
Kraft und initiierte über Jahre hinweg ein Konzert für kulturelle
Vielfalt gegen rechts auf ihrem Hof. Junge, alternative Menschen
trauten sich wieder ins Dorf – wenn auch nur unter dem Schutz
breitschultriger Wachleute, die das »Jamel rockt den Förster«-
Festival seitdem beschützen. Es wurde ruhig um Jamel. Das Interesse an Krüger und seinen Umtrieben erlahmte. Wenige Wochen
vor der Hochzeit der Krügers kam es dann zum Übergriff von
zwei Rechten auf Gäste des Festivals. Einem jungen Mann wurde
das Nasenbein gebrochen. Die wenigen kritischen Menschen in
Jamel und den anliegenden Dörfern leben in Sorge.

Aus dem Neonazi, der einst dabei war, wenn zeltende Jugendliche überfallen wurden, wurde nicht nur ein mittelständischer Abriss-Unternehmer, sondern auch der großzügige NPD-Funktionär und Familienvater, der das Kinderfest der Partei möglich machte. Im Gewerbegebiet von Grevesmühlen hatte Sven Krüger das Verwaltungsgebäude eines Betonwerkes erworben. Im April 2010 weihte die NPD es als »Thing-Haus« ein, mit Bürgerbüro, hohem Zaun, kaukasischen Schäferhunden und Wachturm. Im Juli fand das »Kinderfest« mit Treckerfahren, Hüpfburg und zahlreichen Spielen statt. Die Frauen buken Kuchen und Plätzchen. Fröhlich feierten die Neonazis mit ihren Familien und Sympathisanten aus der Region. Im Hintergrund sammelten rechte Frauen Sach- und Geldspenden für eine »Mutter und Kind«-Gruppe, von denen Ausflüge und Bastelnachmittage finanziert werden sollen.

Wenig später lud die *Gemeinschaft Deutscher Frauen* gemeinsam mit der NPD und dem *Freundeskreis Thinghaus* sowie »Freien Nationalisten« zum Erntedankfest ins ehemalige NS-»Reichsmusterdorf« Benz-Briest im Landkreis Ludwigslust. Hunderte Anhänger reisen an einem warmen Herbsttag 2010 mit ihren Familien an. Gemeinsam wollen sie einem gesunden und kinderreichen Bauerntum huldigen. Wes Geistes Kind sich hinter solcher Feierlichkeit verbirgt, offenbart eine interne Festschrift: »Eine zukünftige nationale Staatsführung wird es sich zu ihrer dringendsten Aufgabe machen, den deutschen Bauern mit seiner Scholle wieder unlösbar zu verbinden.« Zwischen den Zelten auf dem weitläufigen Gelände des NPD-Fraktionsvorsitzenden Udo Pastörs und seiner Ehefrau Marianne spielt sich ein anachronistisches Szenario ab. Familien in altmodischer Kleidung beteiligen sich am Specksteinschleifen, Volkstanz oder einer Kremserfahrt. Auch die besten selbstgebackenen Kuchen werden prämiert. Die kleine Anfahrtsstraße ist vor lauter Wagen fast zugeparkt. Unter den Erntegästen sind zahlreiche verurteilte Neonazis. Verängstigte Anwohner informieren die Polizei. Doch die Feier geht ungestört über die Bühne. Für den Winter ist ein Hallenflohmarkt in den Räumlichkeiten in Grevesmühlen geplant.

Sowohl der Treffpunkt »Thing-Haus« als auch Jamel haben für die braune Szene »Symbolcharakter«. So hieß es Anfang 2011 auf der Homepage von »mupinfo.de«: »Wenn es so weitergeht, dann gibt es bald nicht nur zwei, drei oder vier Orte wie Jamel, (...) sondern Dutzende und womöglich Hunderte Orte, in denen demokratischer Verfall der nationalen Aufbauarbeit weicht.« Gemeinsam richteten die NPD-Frauen und -Männer um Krüger am 29. Januar 2011 ein gemütliches, traditionelles Grünkohl-Essen aus. Tags darauf stürmte die Polizei Jamel. Mehr als 60 vermummte Beamte durchsuchten Krügers Firma und weitere Objekte. Der Vorwurf: Hehlerei mit gestohlenen Baumaschinen. Nebenher fanden sie bei Krügers eine funktionsfähige Maschinenpistole und 200 Schuss Munition. Der Neonazi mit Familiensinn trat im November 2011 eine langjährige Haftstrafe an. Zuvor verkündete er im Internet: »Ich komme wieder.«

Nationale Aufbauarbeit der eigenen Art leisten auch Frauen wie Sigrid Schüssler. Die vierfache Mutter aus dem unterfränkischen Laufach gehört seit 2008 dem Vorstand des größten Landesverbandes der NPD in Bayern an und ist dort zuständig für die Arbeitsgruppe Familie und Soziales. Selbstbewusst ließ sie nach ihrem Amtsantritt im Vorstand verlauten: »Die NPD ist zu wichtig für Deutschland, als dass man die Gestaltung dieser Partei allein den Männern überlassen sollte«, schob aber mäßigend nach: »Und was das Thema Familie angeht, sind Frauen nun mal naturgegebenerweise die Fachleute.« Die bayerischen Behörden geben den Frauenanteil bei den Rechten in ihrem Bundesland mit 16 Prozent an, er dürfte allerdings in einigen Regionen höher liegen. Doch für die NPD treten nur wenige wie Landesschatzmeisterin Bettina Roßmüller oder Langzeitkandidatin Renate Werlberger aus München auch offiziell auf. Sigrid Schüssler schreibt seit 2009 als freie Mitarbeiterin für die »Deutsche Stimme«, die monatlich erscheinende Zeitung der NPD. Die rothaarige Schüssler, Jahrgang 1969, studierte nach eigenen Angaben Literatur-, Kunst- und Theatergeschichte in Bayern, absolvierte zudem ein Schauspiel- und Regiestudium in Österreich. 2004 gründete sie ihr eigenes Theater »Hollerbusch«. Ein Jahr später wurde sie damit für den Existenzgründerpreis der Stadt Aschaffenburg nominiert. Lokale Medien wie das »Main-Echo« bewarben sie als »Jungunternehmerin«, die mit »mobilem Mitmachtheater« Kinder »auf professionelle Weise« unterhalte. Verkleidet als »freche Märchenhexe Ragna« besuchte die nationale Aktivistin Kindergärten und Schulen, spielte in einem Markendiscount und auf der Messe Frankfurt. Nebenher machte sie Kabarett. Auch vor 600 Neonazis beim NPD-Bayerntag 2007 im oberpfälzischen

Schmidgaden trat sie auf. Die Gewerkschaft Erziehung und Wissenschaft (GEW) wurde auf sie aufmerksam und warnte in einem Flugblatt 2007: »Nein, Springerstiefel und Bomberjacke trägt sie nicht.« Aber Schüssler versuche, wie viele aus dem Kreis ihrer Gleichgesinnten, im »alternativen« Gewande an der sozialen Frage anzudocken, hieß es. Auf dem Internetportal »Netzgegen-Nazis« wird Schüssler von der Journalistin Juliane Lang als Person beschrieben, »die keineswegs dem Bild des dumpfen, ungebildeten Neonazis« entspreche. Lang weist darauf hin, dass die Neonazistin fließend mehrere Fremdsprachen spreche und verschiedene Musikinstrumente beherrsche. Verheiratet ist die bayerische NPD-Funktionärin mit dem ehemaligen Aktivisten der verbotenen *Freiheitlichen Deutschen Arbeiterpartei* (FAP) und der *Wiking-Jugend* Falko Schüssler, der in den 1990er Jahren an einem Neonazi-Treffen in Spanien in brauner Uniform teilnahm und 2009 den Kreisverband Aschaffenburg der NPD übernahm. Heute soll er die sechsköpfige Familie mit seinem Einkommen als Grafiker in der eigenen Firma namens »Propagandakompanie« versorgen. Laut seiner Referenzliste arbeitete er für rund 50 namhafte Unternehmen, darunter Banken, Krankenkassen und wohltätige Organisationen. 2007, nachdem sie von antifaschistischen Gruppen in Unterfranken geoutet wurde, trat die Mimin als Mitinitiatorin der *Selbsthilfegruppe für politisch verfolgte Frauen in Zeiten des BRD-Regimes: Jeanne-D* auf. »Jeanne D.« steht für »Jeanne Deutschland« und erinnert an die französische Nationalheldin Jeanne d'Arc – natürlich kombiniert mit einem Deutschland-Bezug.

Ähnlich engagiert ist auch Bente Strauch aus Martensrade, die als Krankenschwester in einer Klinik in Kiel arbeitet. Dort macht sie auch schon mal Werbung für ihre zahlreichen Versandgeschäfte, wie berichtet wird. Ihre Shops tragen harmlose Namen wie »Kind und Natur«, »Kinderland-Verlag« oder »Umwelt & Aktiv-Versand«. Bente Strauch und ihre Kinder sind nebenher im Schwimmverein Wiking Kiel von 1939 e.V. aktiv. Im Januar 2010 nahm die Mutter laut Protokoll auf der Homepage an den »Bestenkämpfen« als »Kampfrichter zur Ausbildung« teil. Was wohl nur wenige ihrer Krankenhauskollegen und Vereinsfreunde wissen: Strauch gilt als eine umtriebige Aktivistin der extrem rechten Szene in Norddeutschland. Gemeinsam mit ihrem Ehemann zählte die kräftige dunkelhaarige Frau zur »Einheit Nordland« der *Heimattreuen Deutschen Jugend*. Sie beteiligte sich an einem von der Polizei später aufgelösten Zeltlager 2007 im niedersächsischen Dratum-Ausbergen nahe Osnabrück und fungierte zeitweilig als Familienkreis-Regionalsprecherin. Ihr Ehemann Dankwart Strauch war zuständig für die »Abteilung Beschaffung«. Nicht überall stoßen Strauchs pädagogische Vorstellungen scheinbar auf Zuspruch. Unruhe gab es in einem Kindergarten, Eltern empörten sich. Von teils »heftigen« Erziehungsmethoden war die Rede. Verbandelt ist die Familie Strauch mit dem Verleger Dietmar Munier aus Martensrade, dessen Anwesen in dem kleinen Ort im Landkreis Plön intern auch als Wohnmöglichkeit für Szenemitglieder gilt. Der Verfassungsschutz bescheinigte Munier bereits vor Jahren, einen »festen Platz im rechtsextremistischen Verlagsbereich« inne zu haben. Nach Aussagen von Anwohnern kauft der heimattreue Medienmacher weitere freistehende Häuser auf. Immer neue »Verlagsmitarbeiter« werden vor Ort gesehen. Munier brachte im Dezember 2009 das Hochglanz-Nachrichtenmagazin »Zuerst« mit seriöser Aufmachung und einer Startauflage von 86 000 Exemplaren auf den Markt. Der Rechtsextremist will mit »Zuerst« der »herrschenden Meinungsdiktatur der politischen Korrektheit« entgegentreten und sich nicht dem »Konformitätsdruck des Meinungskartells« beugen. Kleinunternehmerin Bente Strauch verfolgt eine ähnliche Taktik, auch ihre Versand-Handlungen sind auf den ersten Blick nicht mit ihrem politischen Hintergrund in Verbindung zu bringen. Das angebotene Spielzeug von »Kind und Natur« ist harmlos, die Werbeunterlagen werden nicht nur bei der neonazistischen *Gemeinschaft Deutscher Frauen* verteilt. Im Internetshop des »Kinderland-Verlages« liegt einer der Schwerpunkte der Produkte bei den Themen Brauchtum und Volkskunst. Dubioser ist das von Strauch vertriebene Verkaufsrepertoire im »Umwelt & Aktiv-Versand«, dort ist neben Spielwaren, Kinderkleidung, Runenkunde-Büchern auch Fachliteratur mit Titeln wie »Combat-Schießtechniken« oder »Die Nahkampf-Schule« erhältlich.

Anfang Januar 2011 tauchte im Internet die zweite Ausgabe einer neuen kleinen Schrift für rechte Mädel auf: »Die Nationale Frauenschaft«. Federführend verantwortlich sowohl für das Pamphlet als auch für die Internetseite soll eine 21-Jährige aus dem Vogtland sein. Der jungen Frau, die sich anonym als

»Nationalsozialistin« bezeichnet, liege die Bewegung »sehr am Herzen«. Ihr Magazin solle »ein Wegweiser sein, nicht nur national zu denken, sondern auch im Alltag national zu leben«. Sie ruft ihre Sympathisantinnen auf: »Mädels nicht verzagen, wir bauen uns persönlich eine Lebensbasis auf, auf die wir stolz sein können.« In den auf alt getrimmten Heften werden Themen wie »Kriegsverbrechen an den Deutschen«, Arno-Breker-Museum, 20. Todestag Michael Kühnens, Preußische Tugenden, Deutsche Vornamen, »Die Küche der Wikinger« oder »13. Februar Dresdengedenken« abgehandelt. Insbesondere im thüringisch-sächsischen Vogtland hat sich in kürzester Zeit eine Riege junger Frauen herauskristallisiert, die selbstbewusst nationale Politik nach außen trägt. Dazu gehören Beatrix Wolf, Arzthelferin aus Plauen, als auch die Verkäuferin Mandy Schneider aus Greiz. Beide im Alltag eher unauffällige Frauen.

Die Kombination aus modernem Nationalismus und ewiggestriger Ideologie kommt auch bei Frauen gut an, weiß Sabine Wolf aus Floh-Seligenthal. Auf den ersten Blick wird niemand in ihrer südwestthüringischen Gemeinde die junge Mutter mit der strengen Brille für eine äußerst rechte Nachwuchs-Vertriebenenfunktionärin halten. Der *Schlesischen Jugend – Landesgruppe Thüringen* wurde jüngst die Zusammenarbeit mit der Jugendbildungsstätte in Kleinschmalkalden aufgekündigt, weil ihre Aktivitäten seit Monaten für bundesweite Empörung sorgen. Schatzmeisterin Wolf, deren Ehemann Thiemo sowie Neonazi Fabian Rimbach als Bundesvorsitzender lenken die Organisation offen ins extrem rechte Lager. Mit rund 200 000 Mitgliedern stellt die Landsmannschaft Schlesien eine der größeren Gruppen innerhalb des Bundes der Vertriebenen dar. Die Jugendorganisation agierte schon immer unabhängig, gilt als nicht unvermögend. Nachdem ein Verbot der *Heimattreuen Deutschen Jugend* absehbar wurde, orientierten sich deren thüringische Anhänger um die Wolfs schnell neu. Ein Deckmantel war bald gefunden: die Schlesische Jugend. Unter der weiß-gelben Fahne mit dem Adler firmieren in Thüringen extreme Rechte. Sabine Wolf, Mutter von zwei kleinen Kindern, wird warm ums Herz, wenn sie die Gedichtzeilen hört wie »Traute Heimat in der Ferne, uns trennt Oder-Neiße nicht« oder »Jugend will in Dir als Erben – unser Wort nimm heut zum Pfand – frei und deutsch als Schlesier sterben. Schlesien, liebes Heimatland!«

Sie führt die Geschäfte im Hintergrund, organisiert eigene Schulungen. Nebenher besucht sie schon mal gemeinsam mit Kameraden das neonazistische »Fest der Völker« in Pößneck. Auch zum Kreis der Holocaust-Leugner um die mehrmals verurteilte Altnazistin Ursula Haverbeck in Vlotho pflegt die Schlesische Jugend Kontakte. Im Winter 2010 nahmen rund ein Dutzend Anhänger an der Wintersonnenwendfeier der rassistischen *Artgemeinschaft – Germanische Glaubensgemeinschaft* im nordthüringischen Ilfeld teil. Mittlerweile sind auch die Behörden auf die junge Vertriebenentruppe um Wolf aufmerksam geworden. Insbesondere die junge Frau gilt als autoritär. Die neue Führungsriege verlangt von ihren Anhängern mehr Disziplin und Gehorsam. So wolle man sich »in einer Zeit, in der das Schlesiertum und mit ihm das Deutschtum in seiner Existenz bedroht« sei, nicht mehr damit begnügen, »kleine Brötchen« zu backen, heißt es intern. Raus aus den Hinterzimmern, lautet auch hier die Parole, ähnlich wie bei der NPD. Angeblich habe man inzwischen rund 200 feste Mitglieder innerhalb der Schlesischen Jugend, und über 3000 Leser würde die Vereinszeitschrift erreichen. Tatsächlich scheint sich der Schwerpunkt der Aktivitäten der Schlesischen Jugend jedoch auf Thüringen und Ostsachsen zu begrenzen. Dennoch feiern Fabian Rimbach und seine Truppe 2009 als Erfolgsjahr. Sie wollen »die Jugend gewinnen«. Zudem sind die thüringischen Nachwuchsschlesier stolz auf ihre neue Feldküche, die ihren ersten Einsatz beim regionalen Weihnachtsmarkt finden und für mehr Bekanntheit in der Region sorgen sollte. Auch eine eigene Wiese für Veranstaltungen steht bereit. Dort können unter dem Deckmantel von Privatfeiern ungestört Brauchtumsfeste oder völkische Feiern abgehalten werden.

Zur äußerst völkischen Clique der Schlesischen Jugend, die sich zwischen Arnstadt und Schmalkalden-Meiningen angesiedelt hat, zählen auch Silvia und Frank Kirschner aus Rippershausen. Das Ehepaar lebt mit seinen acht Kindern in einem kleinen Fachwerkhaus nahe einem Neubaugebiet. Silvia Kirschner schwärmt vom Landleben. Sie zählt zu den älteren Müttern und kennt die bundesdeutsche extrem rechte Szene seit Jahren bestens. Vor allem betrauert sie das Aus der HDJ, da ihre Kinder deren Lager wohl sehr genossen. Während ihrer ersten Ehe fungierte sie in Niedersachsen als Regionalbeauftragte der *Heimattreuen*. Zu heidnisch-rassistischen Gruppen pflegt sie ebensolchen Kontakt wie zu völkischen Organisationen und der NPD. Silvia Kirschner liegt die nationale Familie am Herzen. Gern berät sie andere »Mutterfrauen« der Szene in Sachen Pädagogik, Rassekunde oder »arteigenem« Lebensstil. Im Internet hat die Neonazistin viele Namen. So ist sie in einschlägigen Foren als »Skadixx«, »Sieke Bauer« oder auch mal unter dem männlichen Spitznamen »Ortscheit« aktiv. »Heilsa« ist ihr Gruß. Eine völkische Erziehung hält Kirschner für »unabdingbar«, wie sie im Internetforum »Thiazi« verbreitet. Sie fordert »Fleiß und Verzicht« und beklagt, dass es schwer sei, sein Kind »abseits von anderen Nationalen zu einem ordentlichen Menschen zu machen«. Das ehemalige Skingirl versteht sich heute als »naturverbundene, nationale Bioheidin«. Die 42-Jährige möchte ihre Kinder nicht »unvorbereitet« in »diese UnZeit« werfen. Ihre Kinder tragen »arteigene« Kleidung wie Lederhosen und Dirndl. Sie lasse ihren Nachwuchs nicht mit jedem »zusammen kommen«, schreibt sie. Nur bestimmte Organisationen wie zunächst die *Heimattreue Deutsche Jugend* und danach die Schlesische Jugend scheinen in Frage zu kommen. Als Internetschreiberin »Skadixx« behauptet sie: »Meine Kinder sind in Sportvereinen, der Feuerwehr usw., somit mittendrin und nicht Außenseiter.« Allerdings bringe sie ihnen bei, nicht überall dabei sein zu müssen, auch mal vom »Mainstream« abzuweichen. Das werde »im Allgemeinen als ›stark‹ anerkannt«, schwärmt sie und setzt nach: »Außer vielleicht bei den ausländischen Mitbürgern, mit denen meine Kinder sich nicht integrieren.« Kirschner nennt den bundesdeutschen Staat eine »Wischiwaschidemökratie«, hatte aber 2004 keine Skrupel, einen 250-Euro-Scheck vom damaligen thüringischen Ministerpräsidenten Dieter Althaus anzunehmen, nachdem der auf ihren Antrag hin wie üblich als »Landesvater« die Patenschaft des sechsten Kirschner-Sprösslings übernommen hatte. Ein Foto zeigt die Kinderschar im Vorgarten des Fachwerkhäuschens in Rippershausen, allesamt in kurzen Lederhosen oder Dirndl-Kleidern. Daneben stehen die lächelnde Mutter sowie der damalige Ministerpräsident mit dem Baby auf dem Arm. Zu diesem Zeitpunkt hatte die Neonazistin bereits enge Kontakte zu Kameradschaften und NPD, hatte die *Skingirlfront Deutschland* mitgegründet und machte aus ihrer Verehrung für die Frauen im Nationalsozialismus kaum einen Hehl. Althaus schien das nicht zu wissen.

Während extrem rechte Gruppen wie die *Artgemeinschaft,* die *Heimattreue Deutsche Jugend,* die *IG Fahrt und Lager* der *Jungen Nationaldemokraten,* die *Landesgruppe Thüringen der Schlesischen Jugend* oder die *Junge Landsmannschaft Ostdeutschland* (JLO) durch ihre Querverbindungen zu Aktivisten der NPD oder den Kameradschaften im Laufe der Zeit immer stärker auffallen, gerieren sich rechte Randorganisationen wie der »Arbeitskreis Lebenskunde« des rassistischen *Bundes für Gotterkenntnis* aus Schleswig-Holstein, der zuhauf Kinder- und Jugendfreizeiten durchführt, der *Freibund – Bund Heimattreuer Jugend,* dessen Angehörige sich seit längerem nahe dem niedersächsischen Salzgitter sammeln, und vor allem der *Sturmvogel – Deutscher Jugendbund* seit Jahren als harmlos. Diese Organisationen sind keine Beobachtungsobjekte des Verfassungsschutzes. Sie können ungestört ihre Jugendarbeit durchführen.

Noch Mitte der 1990er Jahre erklärte das Bundesinnenministerium, der *Sturmvogel* weise »Anhaltspunkte für rechtsextreme Bestrebungen« auf. Dann wurde es ruhig um die Gruppierung. Nach und nach kauften sich *Sturmvogel*-Familien Immobilien in den Landkreisen Nordwestmecklenburg und Bad Doberan unweit dem Siedlungsgebiet Güstrow. Einige andere wohnen längst am Rande der Lüneburger Heide. Das völkische Milieu ist eng vernetzt. So nutzte nicht nur der *Sturmvogel* für ein »Pimpfenlager« ein Gelände in Brook bei Grevesmühlen, sondern auch der *Freibund – Bund Heimattreuer Jugend.* Geburtsanzeigen aus dieser Szene wurden gern im »Funkenflug« der HDJ geschaltet. Die Gruppen tauschten sich untereinander aus. Über die Jahreswende 2009 kam der Nachwuchs des rechten *Sturmvogel*-Jugendbundes in der Jugendfreizeitstätte Recknitzberg nahe der Ostsee zusammen. Die Kinder und Jugendlichen trugen die Kluft des *Sturmvogels,* grüne Hemden oder Blusen, am linken Arm ein Dreiecksschild mit rot-weißem Hintergrund, darauf ein schwarzer Vogel, der seine Flügel spannt. Auch aus dem schleswig-holsteinischen Martensrade wurden Kinder gebracht. Einem jugendlichen Betreuer missfiel sofort die Anwesenheit von Journalisten an diesem eiskalten Tag an der Recknitz. Doch anstatt miteinander zu sprechen, verfolgte der junge Mann aus einer bekannten hessischen Neonazi-Familie sie mit dem Auto und versuchte danach auch noch aggressiv, eine Kamera zu Boden zu werfen. Ein Verhalten, dass an die verbotene HDJ erinnert. Schnell wurde klar:

Der *Sturmvogel – Deutscher Jugendbund* möchte im Verborgenen agieren.

Seit über 20 Jahren richtet die Organisation Fahrten und Lager für den Nachwuchs aus. Immer bemüht um Diskretion. »Singen, wandern, toben«, so warb der *Sturmvogel* 2009 für ein Wochenendlager nahe dem thüringischen Nordhausen. 1987 wurde der Jugendbund im hessischen Lippoldsberg von einem Arbeitskreis ehemaliger *Wiking-Jugend*-Mitglieder gegründet. Einige standen der 1995 verbotenen *Freiheitlichen Deutschen Arbeiterpartei* (FAP) nahe. Sogenannte Horste wurden vor allem in Bad Oeynhausen, Bad Soden, Berlin, Ebenhausen, Garding, Hamburg, Köln, München, Siegburg, Rheinbach, Toppenstedt und Wölfersheim aktiv. Zur Organisation gehörte auch die jetzige Vorsitzende des *Rings Nationaler Frauen* Edda Schmidt aus Baden-Württemberg. Der ehemalige Bundesführer der *Wiking-Jugend*, Rudi Wittig, wurde nach einem internen Richtungsstreit erster *Sturmvogel*-Anführer. Er lebt heute im Nebengebäude eines Gutshofes in einer Gemeinde nahe Wismar und betreibt dort das »Antiquariat Curiosum«. Im Angebot: eine Lieder-CD mit 15 »Volks- und Fahrtenliedern« des *Sturmvogels*. Anscheinend aufgenommen beim musikalischen *Sturmvogel*-Nachwuchs im mecklenburgischen Umland. Man kennt sich eben. Auch wohnten dort vorübergehend Sigrid D. und ihr Ehemann, die wohl der HDJ nahestanden, sich dann aber verstärkt dem *Sturmvogel* zuwandten. Der Manager und seine Frau aus Hessen kauften sich ein eigenes Anwesen. Jetzt lebt das junge Elternpaar mit seiner Kinderschar in Kalsow, einem entlegenen Dorf mit verwunschenen Bauerngärten und hübschen Fachwerkhäusern. Sie kamen nicht allein. Eine befreundete *Sturmvogel*-Familie zog ins nicht weniger idyllische Ilow: Jeder kennt in diesen winzigen Dörfern jeden. Es entstanden schnell lockere Freundschaften. Dann fiel auf, dass die Kinder dieser Familien keine Fremdwörter benutzen sollten, Töchter und Mütter trugen sommers wie winters nur Röcke. Die Mädchen wurden betont weiblich erzogen, gebunden an Herd und Heim, hieß es. Komisch fanden es Nachbarn auch, dass sofort eilig Zeitschriften und Bücher beiseitegeräumt wurden, sobald jemand die Küche der *Sturmvogel*-Familien betrat. Dann sprach es sich herum: Die Zugezogenen und ihre Freunde verfügen über Kontakte ins extrem rechte Lager.

Als Sigrid D., von Beruf Hebamme, ihr viertes Kind stillte,

habe sie plötzlich angemerkt: »Ich still ab. Ich muss wieder fruchtbar werden«, erinnert sich eine Augenzeugin. Zur Geburt des zweiten Kindes hatte das Ehepaar eine Geburtsanzeige in der ersten Ausgabe 2006 des »Funkenflugs«, der Zeitung der *Heimattreuen Deutschen Jugend,* aufgegeben. Die junge Frau, geborene Godenau, stammt aus einer sehr bekannten Neonazi-Familie im hessischen Sebbeterode. Mit neun Jahren hatte sie bereits an ihrem ersten *Sturmvogel*-Lager teilgenommen, zu Hause auf dem Gelände der Eltern. Der Vater, Roy Godenau, ein gebürtiger Amerikaner, ist stellvertretender Kreisvorsitzender der NPD in Nordhessen. Mutter Ingeborg stand als Lehrerin aufgrund ihrer politischen Tätigkeit unter Beobachtung der Behörden. Der jugendliche *Sturmvogel*-Angreifer vom Recknitzberg ist einer von Sigrids jüngeren Brüdern. Der *Sturmvogel,* erklärt Gideon Botsch von der Universität Potsdam, sei aus der rechtsextremen Szene entstanden, nicht aus der bündischen Jugendbewegung. Die Zurückhaltung der Behörden der Organisation gegenüber kann er nicht ganz nachvollziehen. »Wir wissen, dass die ehemaligen Anhänger der HDJ nach neuen Möglichkeiten suchen«, sagt er und meint, »ich könnte mir denken: Der *Sturmvogel* könnte ein Teilersatz für die Jüngsten werden. Geschichte und Charakter böten es an.« Auch in der bündischen Jugend, der heute etwa 10 000 Aktive angehören, löst die Organisation immer wieder Debatten aus. Dort missfallen auch der *Freibund – Bund Heimattreuer Jugend e.V.,* die »Deutsche Gildenschaft« sowie die »Katholische Pfadfinderschaft Europas« wegen ihrer rechtslastigen Ausrichtungen. Mit dem *Sturmvogel* zusammen sollen diese Gruppen ungefähr 4000 Anhänger haben.

Landkreis Güstrow, Mecklenburgische Schweiz. Während das extrem rechte Ehepaar Müller aus Lalendorf Ende 2010 in der Öffentlichkeit steht, gehen andere lieber in Deckung. Sie wollen kein Aufsehen erregen. Denn nur wenige Kilometer von Lalendorf entfernt, auf der westlichen Seite der A 19, liegen die Dörfer Koppelow und Klaber. Dort leben Huwald Fröhlich, Öko-Baustoffhändler, und seine Freunde, der Biobauer Helmut Ernst und der Kunstschmied Jan Krauter mit ihren kinderreichen Familien. In der regionalen Öko- und Alternativszene fielen Ernst, Fröhlich und Krauter lange Zeit nicht besonders auf, obwohl sie zur Bewegung der Artamanen zählen.

Die Häuser der Familien Ernst und Fröhlich liegen in der Nähe eines Fichtenwaldes. Dass die Wahl auf das Dorf Koppelow fiel, ist jedoch weniger der Schönheit der Natur geschuldet, als vielmehr dem Umstand, dass es Ur-Artamanen waren, die die Siedlung einst erbauten. Der Verein »Artamsiedlung Koppelow« erwarb das Gut in den 1930er Jahren. Dr. Stefan Brauckmann vom Deutschen Institut für Internationale Pädagogische Forschung kennt den Hintergrund der obskuren Siedlungsbewegung. Sie habe eine agrarromantische Blut-und-Boden-Ideologie vertreten. Der »Bund Artam« war im Jahr 1926 gegründet worden, der spätere Reichsführer SS Heinrich Himmler und der Reichsbauernführer Walther Darré gehörten ihm an. Anfangs hätten sich 14 Familien der Artamanen in der Gegend nahe Güstrow angesiedelt, sagt Brauckmann. Auch der damalige Bürgermeister von Koppelow wurde Mitglied der Siedlergemeinschaft. Anfang der 1930er Jahre aber machte der Bund Konkurs. In Mecklenburg-Schwerin fanden sich seine Anhänger in dem neuen »Bund der Artamanen – Nationalsozialistischer freiwilliger Arbeitsdienst auf dem Land« zusammen. Dessen Mitglieder mussten in einer Organisation der NSDAP tätig sein und Werbeveranstaltungen ausrichten, erklärt Wissenschaftler Brauckmann. Noch heute leben Nachfahren der Artamanen in der Gegend. 1992 stellte eine kleine Delegation »siedlungswilliger Jugendlicher« beim Bundestreffen der Artamamen in Oberwesel ihr »Konzept Koppelow« vor. Zehn bis 20 junge Menschen im Alter zwischen 20 und 30 Jahren planten, »eine organisch wachsende Siedlung kulturbewusster Menschen im Herzen Deutschlands« aufzubauen. Einige Jahre blieb alles ruhig, die Alten redeten nicht über die Vergangenheit, und die Jungen hatten mit Aufbau und Sanierung ihrer Höfe zu tun.

Nach einem Bericht in der neu-rechten Wochenzeitung »Junge Freiheit« 2005 war es für die Familien Ernst, Fröhlich und Krauter mit dem Wirken im Verborgenen bald vorbei. Munter hatten die angesiedelten Neo-Artamanen sich vorgestellt und erzählt, ihr Ziel sei es, möglichst viel von dem, was sie zum Leben benötigen, selber herzustellen. »Sie backen ihr Brot aus dem eigenen Getreide und fertigen Wolle aus der Wolle ihrer Tiere«, schrieb die »Junge Freiheit« begeistert, »auf den Tisch kommt, was der eigene Garten hergibt, und wenn es notwendig ist, bauen sie auch ihre Häuser selber.« »Ohne die Frauen geht es nicht«, betonte Huwald Fröhlich, »unser ganzer Lebensentwurf steht und fällt mit ihnen, unsere Frauen müssen mitmachen.« Und mehr Verzicht üben als die Männer, fügte er gegenüber der neu-rechten Zeitung hinzu. Denn während die Männer durch ihre Berufe meist täglich Kontakte zur »Außenwelt« hätten und häufiger in die Städte, etwa nach Teterow oder Güstrow kämen, seien die Frauen in der neuen Umgebung »mit Sack und Kindern« an den Hof gebunden.

Schon kurze Zeit darauf zeigten sich die rechten Siedler weniger mitteilsam. »Wir sind keine Artamanen«, wehrte Fröhlichs Ehefrau gegenüber der »tageszeitung« ab und sagte: »Wir leben einfach so, wie wir es für richtig halten.« Anders als zwei Jahre zuvor berichtet, hieß es jetzt, von einem Siedlungsprojekt könne gar nicht gesprochen werden. Auch von der eigenen Schule, die sie gründen wollten, war nicht mehr die Rede. Dabei legen Recherchen den politischen Hintergrund der Zugezogenen offen. Gunn-Heide Fröhlich entstammt der in der rechten Szene bekannten Familie Bohlinger aus Nordfriesland. Roland Bohlinger ist seit Jahren als antisemitischer Verleger und Buchhändler bekannt. Er betreibt den »Verlag für ganzheitliche Forschung«, den »Kultur-Verlag« und den »Hutten-Verlag«. Auf den Namen seiner Frau läuft zudem die »Nordfriesische Verlagsanstalt Freiland«. Bohlinger gilt als Anhänger der Ludendorff-Bewegung und gehört zum Umfeld des *Bundes für Gotterkenntnis*. Einer seiner Söhne ist in die Fußstapfen des Vaters getreten und vertreibt von Bondelum aus unter anderem das Buch »Rassenkunde des deutschen Volkes« von Hans F. K. Günther, ein Nachdruck der Auflage von 1933. Familien mit mehr als drei Kindern bekommen in Bohlingers Buchkreis Vergünstigungen.

Als gemeldete Tagesmutter betreut Gunn-Heide Fröhlich auf dem Hof mit den vielen selbsterrichteten Gebäuden Kinder. Eigentlich ist sie Künstlerin. Sie illustriert auf alt getrimmte Kinderbücher und ist regional bekannt für ihre märchenhaften Scherenschnitte. Huwald Fröhlich stammt aus Hamburg, sein Vater gehörte zum engsten politischen Umfeld des 2009 verstorbenen NPD-Chefs Jürgen Rieger und ist Mitglied im extrem rechten *Norddeutschen Kulturkreis*. Als der *Sturmvogel – Deutscher Jugendbund* sein Winterlager mit Kindern in Recknitzberg durchführte, waren auch die Fröhlichs mit von der Partie. Gegenüber der »tageszeitung« gab sich Huwald Fröhlich 2007 völlig unbedarft. Auf die rechte Ansiedlung angesprochen, antwortete der

Öko-Händler und Landschaftsplaner, es gehe nur darum, der »eigene Herr auf eigener Scholle« zu sein. Ganz ihren Ideen folgend, sind Fröhlich, Ernst und Krauter in den regionalen Netzwerken von Biobauern und Herstellern von Öko-Produkten vertreten; sie engagieren sich auch im Widerstand gegen den Anbau von Gen-Mais. Im Februar 2007 erregte Helmut Ernst aus Koppelow öffentliches Aufsehen. Als Mitbegründer der Initiative »Gentechnikfreie Region Nebel/Krakow« hatte er zu einer Podiumsdiskussion geladen. Vor dem Termin aber wurde bekannt, dass nicht nur er Mitglied in der NPD ist. Daraufhin sagten die geladenen Diskussionsteilnehmer ab. Die Hälfte der Mitglieder der Anti-Gentechnik-Initiative soll zu dieser Zeit mit der NPD sympathisiert haben, recherchierten die Mitarbeiter der Präventionseinrichtung Soziale Bildung e. V. (Sobi). Bereits 2006 hatte Ernst der NPD-Zeitung »Deutsche Stimme« ein Interview gegeben, später trat er als Experte für die Parteifraktion im Schweriner Landtag auf. Der Agraringenieur hat sich mit seiner Familie in der Nachbarschaft der Fröhlichs in Koppelow niedergelassen, rund 20 Fahrminuten vom Gutshaus der Krauters entfernt.

Der Gutshof Klaber von Jan Krauter und seiner Ehefrau hat sogar eine eigene Homepage. Das Anwesen liegt keine halbe Stunde Autofahrt von Güstrow entfernt. Von der Landstraße weist ein Schild den Weg über die »Natursteinstraße« zu dem Hof, auf dem sich auch eine Kunstschmiede befindet. Die Straße geht in einen Sandweg über. Auf dem Trecker sitzend, grüßte Krauter höflich. Drei Jungs spielten vor der Scheune. »Gern zeige ich Ihnen die Schmiede«, sagte er der »tageszeitung« 2007 und öffnete die Scheune: einen mit Naturmaterialien renovierten Raum, an den sich eine Buchbinderei anschließt. Nachfragen zu den verwendeten Naturbaustoffen beantwortete Krauter offenherzig. Über seine Verbindungen in der Region möchte der Schmied und frühere Bankkaufmann allerdings weniger verraten. Jan Krauter, Anfang 30, zog 2002 mit seiner sechs Jahre jüngeren Frau aus Niedersachsen zu. Das Paar hat drei kleine Söhne. 1999 referierte der langhaarige Schmied über seine »Islandreise auf den Spuren der Edda« bei der extrem rechten Burschenschaft *Danubia* in München. Am 8. Mai 2005 beteiligte er sich an der »Aktion Gedenkzug«, bei der rund 100 Nationale einen Flüchtlingstreck anno 1945 nachstellten.

Auf dem Gutshof Klaber finden sich seit Jahren einige Kunsthandwerker zusammen, die im rechten Spektrum verortet werden. Krauters Schwägerin Irmgard Hanke ist Buchbindermeisterin mit Studium der Nordischen Philologie in München und Kiel. Seit 2007 betreibt sie eine eigene Werkstatt auf dem Anwesen. Politisch soll sie der extrem rechten »Deutschen Hochschulgilde Theodor Storm zu Kiel« nahegestanden haben. Den Gutshof Klaber gibt auch Ilja Gräser aus Berlin als Adresse für seine Handwerksarbeiten an. Gräsers Ehefrau ist Hebamme und führt einen eigenen Steinkunst-Betrieb. Der Steinmetz und Bildhauermeister aus Berlin hat bis 2007 Erfahrungen als stellvertretender Vorsitzender im Kreisverband Pankow der NPD gesammelt. Im September 2010 organisierte Gräser mit rund 40 rechts-völkischen Frauen und Männern ein Sommerfest des einschlägig bekannten »Tanzkreises Spree-Athen e.V.« in einer Berliner Kleingartenkolonie. Inzwischen zählen auch Gräsers zu den Neusiedlern im Landkreis Güstrow.

In Mecklenburg-Vorpommern mischen sich rechte Siedler und Siedlerinnen als Biohändler, Künstler oder Handwerker unauffällig auf Wochenmärkten und Kleinkunstveranstaltungen unter das Volk. »Inzwischen wissen die Rechtsextremen, wie erfolgreich die Strategie der kulturellen Subversion ist«, warnt Dierk Borstel, ausgewiesener Kenner der Szene im Norden und wissenschaftlicher Mitarbeiter an der Universität Bielefeld. Das Konzept sei schwerfällig, weil nicht sofort Erfolge sichtbar würden, aber es sei sehr nachhaltig. Im Landkreis Ludwigslust konnten sich zugezogene NPD-Frauen und -Männer längst etablieren. Einen Hehl aus ihrer Gesinnung machen sie nicht mehr. Im Gegenteil. Immer offener propagieren Frauen und Männer der extrem rechten Bewegung ihre Strategie der braunen Graswurzelarbeit.

»Das lässt sich eben nicht trennen« –
Vom Umgang mit rechten Frauen

Rechte Frauen in Kindergarten, Schule, Sportverein –
Arbeitsrechtliche Maßnahmen – Rechte »Selbsthilfegruppe«
Jeanne D. – Zivilcourage gegen Rechts – Berichten
oder Nichtberichten? – Die Notwendigkeit der Förderung
zivilgesellschaftlichen Engagements vor Ort

Auf dem Gelände am Rande von Grevesmühlen ist die Stimmung
ausgelassen. Kinder spielen bei bestem Wetter Sackhüpfen. Vä-
ter versuchen mit ihrem Nachwuchs Schubkarren-Rennen zu gewinnen. Seifenblasen und Luftballons steigen in die Luft. Beim
Dosenwerfen, Nägelschlagen und Glücksraddrehen ist viel los.
Lachend rasen die Jüngsten mit Bobby-Cars um die Wette. An
Biertischen und -bänken unterhalten sich Gäste gut gelaunt. Kuchen, Waffeln und Schweinefleisch werden angeboten. Mit einem
geschmückten Traktor samt Anhänger werden später Mädchen
und Jungs mehrmals rund um das Gebäude gefahren. Beim kleinen Kinderkarussell achten Mütter auf ihre Kinder. Viele Frauen
tragen das Kinderfest mit, haben Kuchen gebacken, sammeln
Spenden. Etliche Frauen genießen aber einfach auch nur das
Zusammenkommen, reden, tauschen sich aus. Ein Fest, wie es
Kommunen und Stadtteile gern mit Ehrenamtlichen ausrichten.
Das Kinderfest in der Gemeinde an der Landstraße 105 zwischen
Lübeck und Wismar ist aber kein Gemeindefest. Am Eingang
zu dem »Thing-Haus» begrüßt am 24. Juli 2010 Andreas Theißen, Vorsitzender des NPD-Kreisverbandes Westmecklenburg,
die Familien. Mit seinem damaligen Stellvertreter Sven Krüger,
dem das Anwesen gehört, verteilt er an die Kinder gleich einen
Laufzettel für die einzelnen Spiele. Ohne die Unterstützung ihrer
Frauen dürften die beiden Männer das Fest in Mecklenburg-Vorpommern kaum vorbereitet haben können. Ihre Frauen stehen
hinter ihnen, teilen ihre Gesinnung. An dem Samstag ist Birkhild
Theißen allerdings nicht vor Ort. Andreas Theißen ist mit zweien
ihrer insgesamt sechs Kinder allein da.

Ein Leben für die »nationale Sache« führt die Familie. In der Szene von militanten Neonazis über parteipolitische Rechte bis zu völkischen Rechtsextremen gehören sie zu jenen, bei denen das Politische und Private untrennbar miteinander verwoben ist. Die private Lebensausgestaltung folgt den politischen Vorstellungen. Diese Überzeugungstäter sind auch für die NPD zuverlässige Unterstützer. Sie bilden ein wachsendes personelles Netzwerk gegen die demokratische Grundordnung und emanzipatorische Vorstellungen. Im Osten und Westen der Republik bestehen solche Gesinnungsstrukturen, deren Anhänger ihre Lebenswelt der politischen Überzeugung vollständig anpassen. Diese Frauen und Männer führen den »nationalen Kampf« sehr unterschiedlich: Sie verlegen entsprechende Literatur, bieten Räume für »Kultur- und Tanzveranstaltungen« an, richten Fahrten für Kinder und Jugendliche der Szene aus, sorgen sich um die wirtschaftliche Absicherung von Kameraden, erwerben Immobilien, die auch die Kameraden nutzen können, oder leihen der NPD Geld für Wahlkämpfe.

In diesem Milieu – jenseits der subkulturell geprägten Szenen – wird genau überlegt, wann sie selbst mit ihrer Gesinnung in die Öffentlichkeit treten. 2006 entschieden sich Marianne und Udo Pastörs, ganz öffentlich zu agieren. Mit Erfolg: Er zog mit der NPD in den Landtag von Mecklenburg-Vorpommern ein. Sie hielt ihm den Rücken frei. Früher marschierte der ehemalige Uhrmachermeister und Unternehmer bei der verbotenen *Wiking-Jugend* mit. Bis zur Kandidatur trat das Ehepaar mit seinen Ansichten aber kaum in der Öffentlichkeit auf. Als die Partei rief, waren sie bereit. 2010 beschloss Heidrun Walde, für die NPD bei der Landtagswahl in Sachsen-Anhalt auf einem der vorderen Ränge anzutreten. Erneut begibt sich die frühere Republikanerin in die Öffentlichkeit. »Auf meinen Mann kann ich mich immer 100 Prozent verlassen«, versichert sie.

Aus dem Hintergrund heraus die Kameraden massiv unterstützen, in der Öffentlichkeit selbst energisch handeln: Längst haben Frauen in der Szene beide Optionen, wenn sie sich politisch engagieren wollen. Frauen wie Walde haben in bestimmten Regionen das vordere Mittelfeld für sich erobert. Mit ihrem selbstbewussten Auftreten für die »nationale Bewegung« kommt es aber auch verstärkt zu Auseinandersetzungen mit ihnen in Vereinen, an Arbeitsstellen, unter Nachbarn oder in Bürgerinitiativen. Aufgrund ihrer politisch-öffentlichen Präsenz, sagt Rena Kenzo vom Forschungsnetzwerk Frauen und Rechtsextremismus, erfahren jetzt auch die rechtsorientierten Frauen, nicht nur die Männer, gesellschaftlichen Widerstand. Konflikte, bei denen es keine Patentlösungen oder optimale Verhaltensweisen gibt. Aber dort, wo diese Aktivitäten nicht verschwiegen, wo ihnen gar entgegengetreten wird, wird das Engagement der rechten Frauen eingedämmt. Die Auslöser der Auseinandersetzungen sind sehr unterschiedlich.

Erschrocken und erschüttert reagierten die Eltern in der städtischen Kindertagesstätte Marienplatz in der Innenstadt von Lüneburg auf die überraschende Information. »Was soll ich sagen, ja, wir waren entsetzt!«, erzählt ein betroffener Vater. Am 10. August 2010 erfuhren sie, dass Birkhild Theißen nicht nur ihre Kinder betreut, sondern sich auch politisch sehr weit rechts bewegt. »Natürlich informierten wir uns sofort, überprüften Vorhaltungen und führten Gespräche«, sagt der Vater. Ihr politisches Engagement verhinderte, dass die Erzieherin nach Bekanntwerden der Fakten in der Kindertagesstätte ihren Dienst antreten konnte. Viele Eltern signalisierten der Stadt, dass sie ihre Kinder nicht mehr dorthin schicken würden, wenn diese Frau wiederkäme. Einen Großteil der betroffenen Eltern sorgte, wie intensiv Birkhild Theißen im extrem rechten Spektrum mitwirkte, ohne groß aufzufallen.

Lange ist Birkhild Theißen in der Szene involviert. Beide Theißens sind in Familien groß geworden, wo rechtes Denken alltäglich gelebt wird. Aus Berlin stammend, besuchte Andreas Theißen Veranstaltungen der *Wiking-Jugend* in der Lüneburger Heide. Auch Birkhild Theißen, geborene Berg, wuchs im völkischen Umfeld einer kinderreichen Familie auf. Bruder und Vater betreiben am Rande der Lüneburger Heide einen über die bundesdeutschen Grenzen hinaus bekannten rechten Versandhandel mit Antiquariat. Birkhilds Vater hatte im Hinblick auf die große Geschwisterschar einmal von seinem »eigenen Lebensborn« gesprochen. Die Familie aus Niedersachsen zählte zum Umfeld des *Sturmvogels – Deutscher Jugendbund.* Eine nationale Erziehung prägte beide Elternteile nachhaltig, sie vermitteln sie heute weiter. Ihre Kinder schickten sie selbst bis zu deren Verbot zur *Heimattreuen Deutschen Jugend,* auf dem eigenen Grundstück der Theißens in Langenheide etwas außerhalb von Lübtheen fanden

Lager der Szene statt. Große Auftritte für die »nationale Sache« vermeidet Birkhild Theißen allerdings regelmäßig. Die öffentliche Bühne überlässt die gelernte Erzieherin ihrem Mann, der auch angestellter Wahlkreismitarbeiter von NPD-Fraktionschef Udo Pastörs ist. Als Mitverantwortlicher beim Bundesordnungsdienst griff der rothaarige Theißen 2006 einen Kameramann gewaltsam an und wurde dafür rechtskräftig zu einer Geldstrafe verurteilt. Seine Gattin gehört nicht zu jenen Frauen der Bewegung, die es nach vorne drängt. Aus Kalkül, wie die Aussteigerin Tanja Privenau meint. Sie ist eine der ganz wenigen Aussteigerinnen, die lange und tief in der Szene waren. Seit Ende der 1980er Jahre kennt Privenau denn auch schon Birkhild Theißen, bei der *Wiking-Jugend* hätten sie sich getroffen. Von Juni 2000 bis Juli 2002 lebte Tanja Privenau mit ihrer Familie in Loosen, einem kleinen Ort im Kreis Ludwigslust. Gezielt waren sie dort hingezogen, um eine »national befreite Zone« mit zu schaffen. In ihrem Haus fanden diverse Frauentreffen statt. Birkhild Theißen wollte den persönlichen Kontakt überwiegend zu Müttern und Kindern pflegen und festigen. Durchaus mit politischen Intentionen, wie Tanja Privenau hervorhebt: »Ziel dieser Treffen war es, bereits rechts gesinnte Mütter mit ihren Kleinkindern zusammenzubringen und neue Mütter zu werben, letztlich für den politischen Kampf, gegen die BRD.« Bei Veranstaltungen setzte man sich mit dem germanischen Brauchtum, der klassischen Rollenverteilung, der rechten Geschichte, der Ahnenverehrung und dem nationalen Liedgut und Volkstanz auseinander. »Frau Theißen war es wichtig, im Hintergrund zu agieren, um künftig, wenn ihre Kinder größer sind, wieder als Erzieherin arbeiten zu können, um so ihrem ›politischen Auftrag‹ gerecht zu werden, [die] Unterwanderung des Staates«, betont Privenau.

Acht Jahre später, 2010, flog Birkhild Theißen auf. Die Reaktionen bewegten sich, wie so oft, wenn die rechten Aktivitäten von Frauen bekannt werden, zwischen Fassungslosigkeit, Überraschung, Erschrecken und Nichtglaubenkönnen. »Diese Frau, die so nett, die so zuvorkommend ist, nein, wirklich« sind meist die ersten Worte, wenn wegen des Engagements von Frauen aus der rechten Szene in pädagogischen Einrichtungen, örtlichen Sportvereinen, zivilgesellschaftlichen Bürgerinitiativen oder nachbarschaftlichen Projekten nachgefragt wird. Nicht nur die Eltern in der Kindertagesstätte Marienplatz waren am 10. August 2010 überrascht. »Von der politischen Tätigkeit wussten wir nichts«, sagt auch die Leiterin der städtischen Einrichtung.

Zehn Tage zuvor hatte Theißens Arbeitsverhältnis in dem Kindergarten begonnen. Gut 60 Kilometer über die Elbe muss sie vom Wohnort Langenheide bis zu ihrer Arbeitsstelle im niedersächsischen Lüneburg fahren. Die Leiterin kennt sie schon aus der Ausbildungszeit. »Nichts ist mir aufgefallen«, meint sie. Eine journalistische Querrecherche hatte die Anstellung in der städtischen Einrichtung offenbart. Die Stadt reagierte am 10. August schnell. »Wir wollen keine Rechtsextreme Kinder erziehen lassen«, hieß es. Noch am selben Tag der Nachfrage der »tageszeitung« stellte die Stadt Birkhild Theißen vom Dienst frei. Wenige Tage später erklärte eine Sprecherin der Stadt allerdings: »Wir sehen keine Möglichkeit, arbeitsrechtliche Schritte einzuleiten.« Nichts anderes war zu erwarten gewesen. Denn das Arbeitsrecht sieht in solch einem Fall keine Kündigungsmöglichkeiten vor. Die Sprecherin der Stadt erklärte denn auch, dass Birkhild Theißen laut Arbeitsvertrag einen Anspruch darauf habe, von der Stadt als Erzieherin beschäftigt zu werden.

Diese Nachricht entsetzte die meisten Eltern der Kindertagesstätte. In der Zwischenzeit hatten sie sich weiterhin getroffen, miteinander geredet und gemeinsam beratschlagt, was zu tun sei. Für sie war eines schnell klar. Sie wollten nicht, dass eine Erzieherin mit diesem Hintergrund ihre Kinder betreut. Gegenüber der Stadt machten sie dies immer wieder sehr deutlich. Längst hatte die Stadt aber auch das Gespräch mit Birkhild Theißen gesucht, um zu eruieren, wie sehr sie in der Szene verankert sei. Mehr noch: Die Verantwortlichen der Stadt Lüneburg nutzten den Vorfall gleich, um mehrere Maßnahmen einzuleiten: Sie holten von allen städtischen Erzieherinnen eine schriftliche Erklärung ein, »nicht Mitglied einer extremistischen Gruppierung zu sein«, boten den betroffenen Eltern einen Infoabend an und richteten auch für Erzieherinnen und Tagesmütter Informationsveranstaltungen aus. Ein Angebot, das sehr gut angenommen worden sei, wie die Sprecherin der Stadtverwaltung meint. »Im betroffenen Kindergarten gab es auch viele Gespräche mit den Eltern«, betont sie. Nicht alle seien gleichermaßen glücklich verlaufen. Hatte die Stadt doch erklärt, dass Birkhild Theißen ebenfalls unterschrieben hatte, keiner »extremistischen Gruppierung« anzugehören. Das irritierte. Um zur Szene dazuzugehören, bedarf es aber keines

NPD-Kinderfest im neuen »Thing-Haus« im mecklenburgischen Grevesmühlen im Sommer 2010.

Parteibuchs. Ein Mitgliedsschein ist schon lange nach 1945 nicht mehr nötig, um sich für die »nationale Sache« starkzumachen. Zwingende Mitgliedschaften sind längst überholt, die Organisationsformen haben sich ausdifferenziert. Das Angebot hat sich auch für Frauen verändert – von Frauengruppen ohne NPD-Mitgliedschaft über Frauentreffen von Szenegängerinnen bis zu Frauenkameradschaften. Der formale Rahmen einer rechten Vereinigung allein sagt nichts über die Mitglieder, ihren Grad der Überzeugung und ihre Tatbereitschaft aus.

Im Dezember 2011 war Birkhild Theißen noch nicht in den Kindergarten zurückgekehrt. Mit Beginn der Auseinandersetzung hatte sie sich krank gemeldet. Sie streitet Privenaus Vorwürfe ab. Der Druck der Eltern dürfte sie wenig erfreuen. Die Stadt suchte derweil nach Auswegen und fand einen: »Wir möchten weiterhin nicht, dass Frau Theißen in einem städtischen Kindergarten beschäftigt wird, wir haben ihr aber einen anderen Arbeitsplatz vorgeschlagen«, sagt die Sprecherin der Stadtverwaltung Lüneburg. Aus Politik und von Beratungsnetzwerken gegen Rechtsextremismus erhielten Eltern und Stadt Zuspruch. Sven Kindler,

Bundestagsabgeordneter der Grünen aus Niedersachsen, betonte: »Es ist unerträglich, dass eine aktive Rechtsextremistin in staatlichen Einrichtungen erziehen darf.« Gerhard Bücker von der »Niedersächsischen Landeskoordinierungsstelle Kompetent für Demokratie« erklärte, dass nach »genauer Überprüfung« berufliche Konsequenzen durchaus geboten seien.

Mit solch einem couragierten Auftreten von Eltern könnten in naher Zukunft rechtsorientierte Erzieherinnen oder Pädagoginnen öfters konfrontiert werden. Provozieren sie doch diese Konflikte. Im April 2010 rief die NPD ganz offiziell ihre Anhänger auf, soziale und pädagogische Berufe zu ergreifen. Hanna R. Schirmacher empfahl in der NPD-Zeitung »Deutsche Stimme« »Menschen mit nationaler Überzeugung«, die Ausbildung zur »Sozialassistentin« oder zu »Erziehern« abzuschließen. In der vorschulischen Erziehung und der Kinder- und Jugendarbeit würde ein »breites Berufsfeld« noch »allzu oft ungenützt von uns Nationalen« bleiben, schrieb sie. Neben Tipps zu den Berufsfeldern und Ausbildungsmöglichkeiten riet sie den »Berufsanfängern«, sie sollten bestrebt sein, ihr »gesamtes Potential zu nutzen, denn nur leitungswillige Mitglieder braucht eine gesunde Volksgemeinschaft. […] Hier gilt es, die breite Bevölkerung weiterzubringen und Vorbildfunktion zu übernehmen.« Die politische Intention ist deutlich. »Wir dürfen nicht weiterhin die Bereiche Bildung und Erziehung den Etablierten überlassen. Unser Ziel muss es sein, einer charakterfesten, gesunden und allgemeingebildeten deutschen Jugend Raum zur Entfaltung ihrer Potentiale zum Wohle des gesamten Volkes zu geben.« Der Kampf um die »richtige« Erziehung ist für Schirmacher Teil des »Kampfes im vorpolitischen Raum«, um Denk- und Verhaltensmuster zu beeinflussen. In der Szene – von NPD über den *Ring Nationaler Frauen* und die *Gemeinschaft Deutscher Frauen* bis zu Kameradschaften – will man nicht, dass ausgerechnet durch »68« geprägte Erzieher oder gar feministische Pädagoginnen die Kinder und Jugendlichen im »Ungeist der BRD« erziehen und prägen. Im Jahr 2010 fielen denn auch schon rechtsorientierte Frauen in Ausbildungseinrichtungen für pädagogische und soziale Berufe auf. Fachschulen, in West und Ost, mussten sich mit rechten Berufseinsteigerinnen – bisher waren es fast nur Frauen – auseinandersetzen. Die Ausbildungsstätten gehen mit den neuen Interessenten zurückhaltend um, die selbst keinen Hehl daraus machen, den Beruf anzustreben, um für die »Volksgenossen« und »deutschen Kinder« da sein zu können. »Das ist ein schwieriges und neues Phänomen für uns«, räumt die Leiterin einer Einrichtung ein, die anonym bleiben möchte, wie alle betroffenen Leitungen. Aufgefallen war eine angehende Erzieherin, die erklärte, »keine dunklen Kinder« betreuen zu wollen. Die Leitung einer anderen Einrichtung erlebte, dass eine Heilerziehungspflegeschülerin in der Klasse mit ihrem »rechten Privatleben« aneckte. Eine Schülerin dieser Ausbildungseinrichtung erzählte, sie habe es zunächst kaum glauben können, dass eine ihrer Mitschülerinnen der rechten Szene angehört. »Wie passt das zusammen, wenn man mit behinderten Menschen arbeiten möchte?« An einer anderen Schule waren angehende Sozialassistentinnen damit konfrontiert, dass eine Mitschülerin nicht bloß ein einschlägiges Tattoo trug, sondern auch entsprechende Sprüche von sich gab. »Wir wollten den einen Vorfall nicht groß öffentlich machen«, gab eine Lehrerin zu. Doch in allen genannten Fällen wurde gehandelt: Fortbildungen für das Lehrpersonal wurden ausgerichtet, Gespräche in den betroffenen Klassen geführt und Hintergrundschulungen für interessierte Jahrgänge angeboten. Nicht öffentlich machen bedeutet eben nicht gleich, nicht handeln. »Wir ahnen, dass das eine immerwährende Auseinandersetzung werden könnte«, sagt denn auch die Leiterin einer Ausbildungseinrichtung. Entmutigend? »Nein, wir wollen ja gerade Menschen erziehen, um zu erziehen.«

Schirmachers Aufruf in der »Deutschen Stimme« könnte den Eindruck erwecken, als wenn Frauen und Mädchen aus der Szene vorher keine sozialen oder pädagogischen Berufe ausgeübt hätten. Dem ist nicht so. Die Bundespressesprecherin des *Rings Nationaler Frauen,* Ricarda Riefling, gab schon vorher an, »gelernte Sozialassistentin mit dem Schwerpunkt Haus- und Familienpflege« zu sein. 2007 löste ihr Engagement im Sportverein ihres Wohnortes Coppengrave eine heftige Debatte aus. In der Schwimmsportabteilung des TSV Coppengrave kümmerte sie sich mit um die Kinder. »Über Politik hat Ricarda nie geredet«, sagte der damalige Vereinsvorsitzende Ehrhard Ziemke gegenüber NDR und »tageszeitung«. Nicht ohne zu betonen: »Ricarda wird sehr geschätzt.« Soll sie doch auch sehr hilfsbereit und zuverlässig gewesen sein. Kaum war sie in die öffentliche Kritik geraten, beendete sie selbst ihr ehrenamtliches Engagement, allerdings wegen einer erneuten Schwangerschaft.

Rechtsorientierte Frauen wenden sich seit Jahrzehnten pädagogischen und sozialen Berufen zu. Das Tätigkeitsfeld passt in die rechte Klischeevorstellung der Frau, die geboren sei, um den Nachwuchs aufzuziehen, die Kinder zu schulen und die Familien zusammenzuhalten. Über 16 Jahre war das Lehrerehepaar Karin und Joachim Schmutzler im Schuldienst – trotz rechtsextremer Aktivitäten. In Hamburg löste das Engagement 2007 verschiedenste Reaktionen aus. Gleich zwei Schulleitungen waren damals überrascht und erschrocken. In einem Interview mit »Frau-TV« vom WDR hatte Karin Schmutzler freimütig über ihr politisches Engagement Auskunft gegeben und wohl gedacht, im Norden werde den Bericht niemand wahrnehmen. Die NPD hatte die Grundschullehrerin als Ansprechpartnerin empfohlen. Nach der Ausstrahlung der Sendung bestätigte der Hamburger Verfassungsschutz umgehend die Nähe des Lehrerehepaars zur NPD. »Sie sind uns als Unterstützer rechtsextremistischer Parteien bekannt«, sagte Manfred Murck, stellvertretender Leiter der Hamburger Behörde. In jenem Jahr war Karin Schmutzler auch für das Postfach der »Einheit Nord« der *Heimattreuen Deutschen Jugend* (HDJ) zuständig. Diese Organisation wurde zwei Jahre später wegen ihrer aggressiv-kämpferischen Grundhaltung und der Wesensverwandtschaft mit dem Nationalsozialismus verboten. Sie leere nur das Postfach »einmal im Monat und schicke die Post weiter«, versuchte sie ihre Unterstützung für die HDJ zu relativieren: Mehr habe sie mit dem Verein nicht zu tun. Gleichwohl erklärte sie, dass ihr, Mutter von damals vier Kindern, die »60 Jahre Umerziehung« zuwider seien und es Kindergeld nur für deutsche Familien geben solle. Karin Schmutzler konnte zu diesem Zeitpunkt schon eine lange extrem rechte Karriere nachgewiesen werden: 2002 hatte sie für die *Republikaner* kandidiert, Jahre später bewegte sie sich bei der NPD. Ihr Mann trat schon 1987 für die NPD an. »Ich höre eben lieber Leute rufen: ›Ausländer raus‹ als: ›Deutschland verrecke‹«, sagte sie dem WDR-Fernsehen und betonte, sie könne durchaus als »rechtsradikal« verstanden werden. An der Grundschule Buckhorn war das Engagement der Musiklehrerin bis dahin nicht wahrgenommen worden. »Uns fiel nichts auf«, sagte die Leiterin.

»Nicht auffällig« hieß es auch zu Joachim Schmutzler an der

Katholischen Grundschule in Farmsen. Mitte der 1990er Jahre hatte der Lehrer, der Kunst, Musik und Sport unterrichtete, für die *Pennale Burschenschaft Chattia Friedberg zu Hamburg* zu Veranstaltungen mit Rechtsextremen eingeladen. Als »Alter Herr« war er auf der *Chattia*-Homepage beim altgermanischen Julfest zu sehen. Die Burschenschaft gilt dem Verfassungsschutz als »rechtsextrem«. Im März 2007 trugen die Schmutzlers eine Veranstaltung mit, bei der auch Klaus Kaping auftrat. Ihn verurteilte ein Gericht, weil er im Zusammenhang mit den Opferzahlen in Auschwitz von einer »talmudischen Lüge« geschrieben hatte. Der Schulleiter der katholischen Schule erklärte sofort, solche Einstellungen seien nicht mit dem Grundverständnis seiner Einrichtung vereinbar. Nichtstaatliche Schulen haben in solchen Fällen andere rechtliche Möglichkeiten. Nach einem Gespräch mit der Schulleitung erfolgte die Suspendierung von Joachim Schmutzler und später die Auflösung des Vertrages.

Am 11. Juni 2007 bekam Karin Schmutzler Post von der Schulbehörde. »Sehr geehrte Frau Schmutzler«, hieß es, »wegen der Gefährdung des ordentlichen Schulablaufes und der Störung des Betriebsfriedens [...] werden wir Sie unter Fortzahlung Ihrer Bezüge vom Unterricht freistellen.« In der Schulbehörde soll sie arbeiten – ohne direkten Kontakt zu Kindern und Jugendlichen. Nicht arbeitsrechtliche Fragen waren es, die den betroffenen Eltern an der Schule in erster Linie Sorgen bereiteten. »Man weiß doch gar nicht, was so neben dem Lehrstoff vermittelt wird«, hieß es. In den Rohbändern des WDR-Interviews findet sich eine Passage, die nicht gesendet wurde, in der Karin Schmutzler aber Befürchtungen bestätigte. Die Lehrerin, die wegen der Kinder zwischenzeitig nicht im Schuldienst war, sagte: »Ich war eine gute Lehrerin, weil ich den Kindern ein geschlossenes Weltbild geben kann, eine gute Portion Geborgenheit. Wir NPD-Frauen wollen nicht jede Randgruppe mit einbeziehen, wir definieren uns klar als Deutsche, die eine deutsche Kultur weitergeben. Dadurch geben wir einem Kind einen engen und ganz klaren Rahmen, in dem es sich bewegen kann.« Pädagogik und Politik: Hier in der Aussage wird nicht getrennt. In Lüneburg sorgte genau diese Einstellung auch die Eltern in der Kindertagesstätte. Welche Werte werden durch das tägliche Beisammensein den Kindern nahegebracht? »Als Pädagogin ist man doch als ganze Person präsent«, sagt ein Vater.

Im westfälischen Rheine-Mesum wollte sich ein Jugendzentrum auch nicht auf die behauptete Trennung von Beruf und politischer Einstellung einlassen. Der katholische Träger kündigte der damaligen NPD-Kaderfrau Iris Niemeyer. 2007 hatten Fotos die Mitarbeiter des Katholischen Jugendwerks Mesum e.V. entsetzt, auf denen die Diplomsozialpädagogin mit dunklem Pferdeschwanz an Infoständen des *Rings Nationaler Frauen* und bei Märschen der extrem rechten Szene zu sehen war. Per E-Mail war der Tipp gekommen. »Mit ihren langen Haaren, dem Nasenring und dem Tattoo sah Iris eher linksalternativ aus«, erzählte Marita Wolff von der Einrichtung der Zeitschrift »Brigitte«. Niemeyer bestätigte damals, NPD-Mitglied zu sein, und gab sich empört über die Kündigung. Die empfinde sie als »ungerecht«, da sie zwischen Arbeitsplatz und Politik trennen könne. »Das lässt sich eben nicht trennen«, erwiderte indes Wolff: »Wer rechtsextrem ist, hat ein ganz bestimmtes Weltbild. Und die Schere zwischen dem Weltbild und dem, was wir als Jugendzentrum vermitteln wollen, also: Gewaltfreiheit, Demokratie, Unterstützung von Schwächeren – diese Schere ist einfach zu groß.« Die Mitgliedschaft in einer verfassungsfeindlichen, aber nicht verbotenen Partei allein ist kein Kündigungsgrund. In der Einrichtung weiß man das. Ihr Rechtsbeistand meinte, wenn jedoch der Verdacht bestehe, ihr Gedankengut könnte in die Arbeit einfließen oder den Betriebsfrieden stören, dann dürften Rechtsmittel eingelegt werden. Mit Erfolg: Beim ersten Gerichtstermin stimmte Iris Niemeyer einem Vergleich zu. Nach der Kündigung musste nur noch ein ausstehendes Monatsgehalt ausgezahlt werden.

Nicht Täterin, sondern Opfer: Das ist auch die zentrale Botschaft von *Jeanne D.* Im Internet versucht das Projekt, das die Neonazistin Iris Niemeyer gemeinsam mit der bayerischen NPD-Frau Sigrid Schüssler 2007 initiiert hat, rechtsorientierte Frauen als nicht so »radikal« und nicht so »extrem« darzustellen. Auf der Website bemühen sie sich zudem, diese Frauen, trotz ihres politischen Engagements gegen demokratische Grundwerte und emanzipatorische Wertvorstellungen, als Opfer von politischen Kampagnen zu präsentieren. Dort heißt es beispielsweise zur Vorsitzenden des *Rings Nationaler Frauen*, Edda Schmidt, dass sie »aufgrund ihrer politischen Ansichten und der ihrer Eltern seit frühen Kindheitstagen an politisch verfolgt« würde. Die langjährige Aktivistin wurde aus Sicht der rechten Initiative *Jeanne D.* gar früher nur verurteilt, weil sie sich bloß für ein Flugblatt presserechtlich verantwortet gezeigt hatte. Verantwortung wird auch hier nicht übernommen. Die Gründung von *Jeanne D.* erfolgte wegen des politischen Drucks, den rechte Frauen nun auch erfuhren, denkt Rena Kerzo, Mitarbeiterin des Forschungsnetzwerkes Frauen und Rechtsextremismus. Die »Selbsthilfegruppe« sei eine Reaktion darauf gewesen, dass rechte Frauen jetzt wie die Männer in der politisch-öffentlichen Auseinandersetzung stehen und gesellschaftlichen Widerstand erfahren.

    Jeanne D., diese »Selbsthilfegruppe« für »politisch verfolgte Frauen aus dem nationalen Spektrum«, will Frauen helfen, »die ihre persönliche politische Verfolgung als Notsituation empfinden oder erleben, sei es durch die soziale Ausgrenzung vor Ort, Verlust des Arbeitsplatzes, bis hin zu körperlichen Übergriffen, Gewalt«, heißt es auf deren Homepage. Die Idee, eine solche Gruppe zu gründen, fand in der Szene Zuspruch. Allein der anfänglich geplante Name »Jeanne d'Arc« kam nicht gut an. Der Name einer französischen Nationalheldin als Name einer rechten deutschen Gruppe? In der Szene kaum vorstellbar. Die beiden Frauen, die sich in unterschiedlicher Weise für die NPD einsetzten, reagierten: Aus »Jeanne d'Arc« wurde »Jeanne D. (Deutschland)«. Über laufende Aktivitäten wollte Sigrid Schüssler aus Karlstein am Main sich nicht äußern. »Wir behandeln das sehr diskret«, äußerte sich die Diplomschauspielerin zurückhaltend und hob hervor: »So am Telefon möchte ich auch nicht mehr sagen.« In dem bayerischen Ort unterhält sie das Theater »Hollerbusch«. Mit ihrem Programm für Kinder tritt sie nicht bloß bei der NPD auf. Auch Schulen, Kindergärten und Büchereien buchen sie. Weniger Aufträge sollen es aber sein, seitdem bekannt ist, das Schüssler bei der NPD mitwirkt, freie Mitarbeiterin der »Deutschen Stimme« ist. Die Kündigung von Iris Niemeyer dürfte sie persönlich zu der Gründung von *Jeanne D.* bewegt haben, von der auch auf der Website der Initiative berichtet wird. In der Rubrik »Beispiele« heißt es dort, dass ein Gespräch mit Iris Niemeyer und den Kollegen im »Verhörstil« stattgefunden habe, in dem »unsachliche Äußerungen, etwa über die NS-Zeit, den Ausländerhass, [...] die Verherrlichung von Gewalt« und die NPD gefallen seien. Auf der Website, wo Iris Niemeyer im Impressum als Verantwortliche angegeben wird, solidarisiert man

221

sich auch mit der Holocaust-Leugnerin Sylvia Stolz. »Wie immer man zu Stolz und zur Holocaust-Frage steht«, heißt es, eines sei gewiss: Die »Anschuldigung lässt sich aber nicht aufrechterhalten. […] Es ist nämlich nicht der Fall, dass es eine klare Lehre gibt, was man glauben muss respektive nicht glauben darf, um nicht als Holocaust-Leugner bestraft zu werden.«

Gänzlich unkritisch wird sich auch mit Ursula Haverbeck solidarisiert. Auf ihrer Website gibt sich das Projekt zugleich kämpferisch: »›Jeanne D.‹ steht für den weiblichen Freiheitskampf in Deutschland. Und damit ist jede Frau gemeint, die egal in welcher beruflichen oder privaten Lebenssituation sie sich befindet, ob sie politisch aktiv ist und/oder zu Hause ihre Kinder erzieht, dort gegen den wertezersetzenden und selbstzerstörerischen Ungeist unserer Zeit ankämpft.« Die Initiative will inzwischen betroffenen Frauen als auch Männern »nicht nur psychologische, sondern auch politische Unterstützung« geben. Nötige Ansprechpartner wie Rechtsanwälte würden sie vermitteln und die »Fälle« dokumentieren. Mit *Jeanne D.*, betont Rena Kenzo, wollten die rechten Frauen ihren »eigenen Opferstatus« konstruieren und sich über die rechtliche Situation austauschen.

In Schwerin ging Sozialministerin Manuela Schwesig (SPD) selbst in die Offensive gegen rechtsorientierte Kindergärtnerinnen und Erzieherinnen. Das Ministerium für Soziales und Gesundheit legte im Juli 2010 den Erlass »Gewähr für eine den Zielen des Grundgesetzes förderliche Arbeit bei der Erlaubniserteilung für den Betrieb von Kindertageseinrichtungen« vor, mit dem rechten Bemühungen, sich im Erziehungswesen zu verankern, entgegengewirkt werden soll. »Mich treibt die Sorge um, Rechtsextreme könnten Träger von Kindergärten werden«, sagt die SPD-Politikerin und versteht den Erlass auch als »ein Signal an die rechte Szene, dass wir uns mit allen zur Verfügung stehenden Mitteln gegen ihren Einfluss auf die Erziehung der Kinder wehren«. Nicht ohne Grund: Mehrere Kindertageseinrichtungen hätten bereits Erfahrungen mit der versuchten Einflussnahme durch die rechte Szene gemacht, sagt Anne-Rose Wergin vom Projekt »Lola für Lulu«, das im Landkreis Ludwigslust Aufklärungsarbeit gegen Rechtsextremismus betreibt. Gezielt hätten sich Erzieherinnen beworben, bei denen sich nach der Einstellung herausgestellt habe, dass sie der rechten Szene nahestanden. »Nicht nur in Mecklenburg-Vorpommern«, betont Wergin. »Es gibt Fälle in

Brandenburg und Sachsen, aber auch in Schleswig-Holstein, Baden-Württemberg und Bayern.« In Mecklenburg-Vorpommern müssen sich seit dem 1. August 2010 nun alle privaten Kita-Träger zum Grundgesetz bekennen. Die bereits bestehenden rund 1100 Kitas in dem Bundesland sind von diesem Erlass ausgenommen. Bei ihnen sieht das Sozialministerium keinen Anlass, einzugreifen, im Fall eines Trägerwechsels wird der Erlass allerdings auch dort wirksam. Anerkannte Träger, wie die Mitglieder von Wohlfahrtsverbänden, sind zu einer Selbsterklärung verpflichtet, mit der sie für die Grundgesetztreue ihrer Erzieher und Erzieherinnen bürgen. Der Erlass erweitert den Handlungsspielraum für städtische und kommunale Träger gegen rechte Erzieherinnen und Pädagogen. Denn anders als für »Tendenzbetriebe«, wie etwa christliche Einrichtungen, gelten für staatliche Träger engere arbeitsrechtliche Bestimmungen.

Lob für diesen Schritt bekommt Schwesig von den Landtagsfraktionen der Grünen und der CDU. Der christdemokratische Abgeordnete Armin Jäger sieht in dem Erlass »ein gutes Signal an die Menschen, die sich in unserem Bundesland jeden Tag für Demokratie und Toleranz engagieren«. Der Zentralrat der Juden in Deutschland fordert sogar, bundesweit von Kita-Betreibern einen Nachweis zu verlangen, dass sie keine Rechtsextremen beschäftigen. Die NPD empört sich dagegen lautstark und spricht von einer »Lex NPD«.

Mit Gesetzen und Erlassen konnten Behörden in Sachsen 2010 aber nicht mehr intervenieren. Das Amtsgericht in Riesa musste erleben, dass nicht jede einmal getroffene Entscheidung einfach rückgängig gemacht werden kann. »Rechtlich können wir gegen die Frau nichts machen«, sagt der Direktor des Amtsgerichts. Gemeint ist Ines Schreiber. Die NPD-Frau hatte sich erfolgreich als Schöffin am Amtsgericht beworben. Sie ist Hilfsschöffin, die gerufen werden, wenn Hauptschöffen bei einem Verfahren verhindert sind. Die Partei hatte zuvor ihre Anhänger dazu aufgefordert, solch ein Amt anzustreben, damit in Strafverfahren das »gesunde Volksempfinden in die Urteile« einfließe und ein »höheres Strafmaß gegen kriminelle Ausländer und linksradikale Gewalttäter« durchgesetzt werden könne. Seit über drei Jahren wohnt die gelernte Krankenschwester mit ihrem Mann, Peter Schreiber, und ihren zwei Söhnen gleich am Markt von Strehla. Von Coburg waren sie in die Kleinstadt gezogen, da Peter Schreiber im nahen

Riesa beim NPD-Unternehmen »Deutsche Stimme Verlag« ein Beschäftigungsverhältnis begann. Längst ist er Mitarbeiter der NPD-Fraktion im Dresdener Landtag und sitzt für die NPD im Stadt- und Kreisrat. Im Sommer 2009 lächelten beide Schreibers als Kandidaten auf den Parteiplakaten für die Kreistagswahl. In der Grundschule war Ines Schreiber schon 2007 in den Elternbeirat gewählt. Vor Ort ist sie diejenige, die Kontakte zu anderen Müttern sucht und pflegt. Journalisten erzählte sie immer wieder gern, dass sie mit anderen Eltern Projekttage geplant habe, sich mit Müttern treffe und austausche sowie nebenher jeden Tag Flugblätter verteile. Im Juni 2008 stimmte der Stadtrat von Strehla ihrer Nominierung als Schöffin für das Amtsgericht Riesa zu. Der Schöffenwahlausschuss wählte sie auch. Von der politischen Haltung der Frau habe bei der Entscheidung niemand etwas gewusst, sagt der Direktor des Amtsgerichts. Ohne Erfolg versuchte das Gericht, sie nach Bekanntwerden ihrer politischen Gesinnung des Amtes zu entheben. Im November 2009 musste das Amtsgericht jedoch erklären, dass dieses juristische Begehren fehlgeschlagen sei. Die NPD feierte es als Coup. Ines Schreiber erklärte indes ganz offen im MDR: »Ich denke, dass wir uns als Schöffen ein Stück weit mehr in der Gesellschaft verankern können und unsere Werte weiter verbreiten können.« Miro Jennerjahn, Landtagsabgeordneter der Grünen in Sachsen, gab sich dennoch optimistisch: »Dieser Präzedenzfall hat für die Problematik enorm sensibilisiert.« In Wurzen, wo Jennerjahn lebt, weiß er, würden die zuständigen Stellen bei der Wahl der Schöffen jetzt sehr genau hinschauen, um keine Überraschung zu erleben.

Neue Herausforderungen bergen eben auch neue Fallstricke. In Mecklenburg-Vorpommern gelang es mehreren rechten Familien, unauffällig Zugang in die alternative Szene zu gewinnen. Mit Freunden und Bekannten planten einzelne alternative Familien in der Region Benz in Nordwestmecklenburg, einen Bauernhofkindergarten zu eröffnen. Das Konzept der Waldorfkindergärten kam gut an. Lange und oft redete auch Heiko Heumann von Werder mit seiner Frau und seinen Freunden über die Idee. Von der Stadt waren sie in die ländliche Ansiedlung Ilow gezogen. Der Natur wollten sie nicht nur wegen der Kinder näher sein. Vor Ort in einer Gemeinschaft zu leben, war für sie attraktiv. Vom Küchentisch ihrer Wohnung konnten sie weit ins Land blicken. An der Haustür klebte ein Anti-Nazi-Spruch. Um den Tisch saßen sie aber auch mit Freunden, als ihnen allmählich bewusst wurde, dass ihre Nachbarn »Rechte« sind, die beim *Sturmvogel – Deutscher Jugendbund* mitmachen. Von Werders mochten es gar nicht glauben. Zwischen ihren beiden Grundstücken gab es keinen Zaun, die Kinder der Familien tobten über die Gärten hinweg, eine Sandkiste war zusammen für alle gebaut worden. »Was soll ich sagen«, erzählte Heiko Heumann von Werder, »wir waren geschockt.« Sie hatten die Anzeichen erst nach und nach einordnen können, bis ihnen der politische Hintergrund der Familie klarwurde. Später riefen sie sich dann auch viele Kleinigkeiten ins Gedächtnis, die sie hätten stutzig machen können. So hatten die Kinder der Nachbarn nicht nur Anglizismen gemieden, sondern der Vater hatte auch vom »Europa der Vaterländer« gesprochen. »Merkwürdig« sei es dann auch gewesen, so Heiko Heumann von Werder, als bei denen eines Tages »fünf Familien in gruseliger völkischer Kleidung auftauchten«. Von Werders informierten sich nun gezielt, nahmen Kontakt zu einem Beratungsnetzwerk auf, holten Informationen von Archiven ein. Im Internet stießen sie auf den *Sturmvogel,* wenige Mausklicks weiter fanden sie Hochzeitsbilder ihrer Nachbarn unter der schwarz-weiß-roten Fahne des Deutschen Reiches. Alles passte plötzlich zusammen. Nach und nach wurde für von Werders deutlich, dass sie ihre Nachbarn trotz aller Nähe gar nicht wirklich kannten. Nun schien ihnen gar, dass die ihre politischen Intentionen bewusst verheimlicht hatten. »Wir waren erschrocken und auch enttäuscht«, sagt Heiko Heumann von Werder. Umso mehr, als sie nachlasen, dass der *Sturmvogel* von Mitgliedern der militanten *Wiking-Jugend* gegründet worden war.

Was tun? In der Initiative für den Kindergarten waren die umtriebigen Nachbarn bereits involviert. Im Ort suchte die Familie von Werder das Gespräch über die politische Ausrichtung ihrer ehemaligen Freunde. Sie versuchten aufzuklären und Gegenkonzepte anzuregen. Führten zahlreiche Gespräche. Zu der Nachbarsfamilie gingen sie auf Abstand. Leicht war das nicht, in einem Ort, wo jeder jeden kennt, mit jedem redet, sich auch im Alltag hilft. Distanz suchte auch der weitere Freundeskreis. Eine Frau aus der Initiative, die nicht genannt werden möchte, räumt ein: »Na ja, es ist ja nicht so, dass die uns vorher unsympathisch waren.« Wirkte die rechte Familie doch auch nicht weniger »alternativ« und umweltbewusst als der Freundeskreis selbst. »Ich glaube, das hat uns anfänglich sehr überrascht: Rechts und alternativ. Ich möchte bei der Familie jetzt gar nicht mehr von ›alternativ‹ reden«, meint sie.

Die Initiative für den geplanten Kindergarten suchte den Rat von außen. Sie schilderten ihre Situation ähnlichen Initiativen, berichteten von den rechten Mitinteressenten, hörten von Erfahrungen in weiteren Einrichtungen, tauschten sich aus. Ihnen wurde geraten, keine Nähe mehr aufkommen zu lassen. Bei den nächsten organisatorischen Treffen hielten sie nun bewusst die Familie aus dem rechten Umfeld heraus. Denen entging das ablehnende Engagement ihrer ehemaligen Mitstreiter nicht. Offen gifteten sie Nachbarn und Mitglieder des Freundeskreises für den Aufbau des alternativen Kindergartens an. »War nicht schön, so beschimpft zu werden«, erinnert sich eine der Frauen. Sie blieben aber hart. Vor allem, weil sie sich vom rechten Ehepaar gezielt getäuscht fühlten. Der neue Kindergarten konnte schließlich ohne deren Einwirken im Oktober 2009 eröffnet werden. Im Dorf Ilow selbst führte die Debatte allerdings nicht für die nationalistische *Sturmvogel*-Familie zu Konsequenzen, sondern für die kritischen und aufklärenden von Werders. »Wir ziehen weg«, beschloss die Familie 2010. Durch ihr couragiertes Engagement gegen rechts galten sie als unbequem und waren nur noch »die Störer«. »Weil wir offen über die Rechtsextremen geredet haben«, betont Heiko Heuman von Werder. Als sie erkannten, was es mit den Nachbarn auf sich hatte, wollten sie nicht schweigen. Sie hinterfragen sich aber auch selbst, warum sie erst so spät etwas merkten. Heiko Heumann von Werders Familie ist aber nicht enttäuscht oder gar entmutigt. Mit den anderen Eltern freuen sie sich, dass es ihnen trotz allem gemeinsam gelang, den Bauernhofkindergarten ohne rechte Mitwirkung eröffnet zu haben.

Mit einem Trick scheint sich auch jahrelang die *Gemeinschaft Deutscher Frauen* (GDF) in Berlin für gemeinsame Leibesübungen Zugang zu einer Turnhalle erschlichen zu haben. Ähnlich wie die *Sturmvögel* in Mecklenburg ihre Nachbarn, ließen sie die Vermieter der Halle neben der BIP-Kreativitätsgrundschule in Weißensee im Unklaren darüber, wer sie wirklich sind. Ende November 2010 enttarnte das antifaschistische Internetportal »Berlin rechtsaußen« die Aktivitäten der Berliner Regionalgruppe der GDF. Mehrmals soll die Frauengruppe um die bekannten NPD-

Aktivistinnen Michaela Zanker und Stella Hähnel die Halle in den vergangenen Jahren genutzt haben. Ähnlich dem NS-Motto »Dein Körper gehört der Nation« sind gerade völkische Frauen um die »körperliche Ertüchtigung« ihres Nachwuchses sehr bemüht. Jungen und Mädchen sollen zu »Kämpfern« für die nationale Sache werden. Das beginnt schon bei den gemeinsamen Übungen der Kleinkinder. Dann trennen sich meistens die Wege. Während für die Jungen oft Kampfsport und Boxen bevorzugt wird, sollen Mädchen lieber ästhetische Sportarten betreiben. Auch für die Frauen der GDF gehört »Frühsport« bei jedem Treffen, jeder Schulung zum Pflichtrepertoire.

Zum »Kinderturnen« in der Halle hatte die nationale Frauengruppe Mitglieder und Sympathisanten angesprochen. Die angrenzende Schule hat mit der Halle nichts zu tun. Niemand will von der Nutzung durch Rechte gewusst haben. Kaum war die Sache bekannt geworden, erklärte die Schule, man hoffe, dass in Zukunft solche Veranstaltungen in Weißensee unterbunden würden. »Wir sind um Aufklärung des Sachverhaltes bemüht«, ließ auch Lioba Zürn-Kasztantowicz wissen, die zuständige Pankower Stadträtin (SPD). Denn mit dieser Anmietungspraxis hatten die Anhängerinnen der *Gemeinschaft Deutscher Frauen* geschickt die bestehende Sportanlagennutzungsverordnung unterlaufen, nach der rechtsextreme Veranstaltungen dort untersagt sind. Im Berliner Abgeordnetenhaus hakte Clara Herrmann, Abgeordnete von Bündnis 90/Die Grünen, wegen der Nutzung nach. Die Antwort auf die Mündliche Anfrage am 20. Januar 2010 bestätigte, dass solchen Anmietungsversuchen durch Mietvertragsregelungen entgegengewirkt werden kann. Die Mobile Beratung gegen Rechtsextremismus Berlin und der Verein für Demokratische Kultur in Berlin e.V. haben bereits 2008 zu der Problematik eine Handreichung mit dem Titel »Handlungs-Räume« ausgearbeitet.

Im Internet sprang der *Ring Nationaler Frauen* (RNF) der *Gemeinschaft Deutscher Frauen* bei. »Jetzt ist es raus. Der Leser staunt! Die bösen rechten Frauen gehen mit ihren Kindern zum Sport«, hieß es auf der Website am 20. November 2010. Die Kritik an der Nutzung der Turnhalle versuchte der RNF ad absurdum zu führen: »›Nazis‹ dürfen halt keine Menschen sein, nein, also dürften ihre Kinder auch keinen Sport machen oder sonst irgendetwas Normales, wie Musizieren? [...] Aus einem Kinderturnen wird eine ›rechtsextremistische Veranstaltung‹ gemacht.«

Gemacht? Bewusst geben sich die Frauen plötzlich ganz unpolitisch. Doch gerade sie sind es, die sportliche Betätigung politisch aufladen, wenn sie sonst nicht müde werden zu erklären, eine »ganzheitliche Lebensführung« anzustreben. Auf der Website der *Gemeinschaft Deutscher Frauen* heißt es unter der Überschrift »Die Reinheit des Geistes als Botschaft des Lebens«, dass »junge Menschen« zu »Sport und Spiel« gewonnen werden müssten, um das »Einzelwesen« und die »Gemeinschaft des Volkes« zu pflegen.

Die politische Intention des *Rings Nationaler Frauen* ist deutlich: Kaum steht eine Aktion einer rechten Frauengruppe in der öffentlichen Kritik, werden die dahinterstehenden ideologischen Motive heruntergespielt, um sich als unschuldig verfolgte Opfer von Medien und Politik inszenieren zu können. Alle vorherigen politischen Bekenntnisse der Frauen gelten plötzlich nicht mehr. Die Frau soll nur noch als Frau, die Mutter nur noch als Mutter wahrgenommen werden. Das Private ist auf einmal nicht mehr das Politische. Aus der politischen Überzeugungstäterin, die bewusst ideologisch motiviert den Lebensalltag, die Kindererziehung und das Ehrenamt angeht, soll eine zu Unrecht Verfolgte werden. Sie wollen denn auch bei der *Gemeinschaft Deutscher Frauen* ausblenden, dass die fanatische Organisation das Frauen- und Familienbild und die Ideologie des »Dritten Reiches« glorifiziert und der Demokratie feindlich gegenübertritt.

Stoßen rechte Frauen an klare zivilgesellschaftliche Grenzen, prangern sie schnell das angeblich antidemokratische Verhalten an. Sofort nach der kurzfristigen Beurlaubung von Birkhild Theißen wegen ihrer rechten Überzeugung wurde empört gewettert: »BRD-Gesinnungsterror: Kindererzieherin in Lüneburg vor die Tür gesetzt«. Auf dem Szeneportal »Altermedia« klagte man am 15. August 2010: »Wo früher Parteiführer aus nationalen Kreisen oder andere führende Köpfe aus dem nationalen Spektrum verfolgt wurden, so wird nun jedem x-beliebigen Anhänger oder Mitstreiter aus dem nationalen Umfeld konsequent nachgestellt. Bekanntlich wird da auch auf Frauen und Kinder keine Rücksicht mehr genommen.« Aufklärung und Information über solche Aktivitäten werden als »niederträchtiges Herumdenunzieren«, »Rumschnüffeln und Nachstellen« bezeichnet. In der extrem rechten Monatszeitschrift »Zuerst«, die vom schleswig-holsteinischen Verfassungsschutz beobachtet wird, schrieb Bernhard Radtke in der Januar-Ausgabe 2011 gar von »Hexenjagd«, »Pranger« und »inquisitorischer Manier«. Bilder der Journalisten, die die rechten Hintergrundaktivitäten offenlegten, wurden gleich mitgeliefert. Von der eindeutig politischen Ebene, auf der sich die Frauen mit ihren Aktivitäten selbst bewegen, wird versucht, auf eine emotionale Ebene auszuweichen. In der »Deutschen Stimme« verwies allerdings die Berliner GDF-Frau Linda Fuchs im November 2009 schon fast programmatisch auf den politischen Charakter nationalen Alltagserlebens. Im Interview erklärte Fuchs ohne Umschweife, dass »Politik [...] beim Einkaufen« beginne. In Fällen öffentlicher Aufklärung wie bei Birkhild Theißen, den *Sturmvögeln* oder der GDF-Sportaktion wird genau diese Intention verleugnet. Frauen sollen nicht als Teil einer NS-orientierten anvisierten elitären »Volksgemeinschaft« erscheinen. Die Anlässe für die kritischen Artikel oder Fernsehberichte, für die gesellschaftliche Empörung werden ignoriert. Ursache und Wirkung werden in den extrem rechten Medien bewusst vertauscht.

In den Redaktionen seriöser TV-Magazine und Printmedien überlegen die Journalisten indes sehr genau, ob überhaupt und wie sie über rechtsorientierte Frauen im vorpolitischen Raum berichten sollen und wie deren Agieren angemessen thematisiert werden kann. Niemand in der investigativen Branche geht leichtfertig damit um. Wurde vielleicht im Bereich der Medien zu lange die politische Brisanz weiblicher Neonazi-Aktivitäten ignoriert? Ein Vorwurf, dem sich Journalisten sicher nicht nur im Hinblick auf die »sanfte« Infiltration der Gesellschaft durch rechte Frauen stellen müssen. Doch ob berichtet wird oder nicht, entscheidet sich auch unter der Prämisse, inwieweit die Berufstätigkeit sensible Bereiche betrifft – etwa pädagogischen Einfluss auf Kinder und Jugendliche oder Tätigkeiten, die potentiell Zugriffe auf Kunden- und Vertragsdaten erlauben. Steht eine Frau der NPD oder ein Mann aus der Kameradschaft in einem Industrieunternehmen am Fließband, wird in der Berichterstattung nicht auf den beruflichen Kontext hingewiesen. Das fände erst Beachtung, wenn sie oder er im Unternehmen betriebliche Mitbestimmungsstrukturen oder gewerkschaftliche Funktionen anstreben würde und vor allem, wenn bei solchen Bemühungen mit dem politischen Background nicht offen umgegangen wird. Bei einer Frau aus der braunen Szene, die für ihre Anti-Antifa-Arbeit bekannt ist, vermeintliche politische oder gesellschaftliche Gegner ausspioniert und vielleicht bei einem Telefonanbieter oder Postdienstleister arbeitet, würde allerdings beim Arbeitgeber nachgefragt, welche Zugriffsmöglichkeiten auf Informationen sie hätte. »Wir sehen da eine Aufklärungspflicht, wo Nazis ihren Beruf für ihre politischen Interessen missbrauchen oder missbrauchen könnten«, sagt Jan Kahlcke, Redaktionsleiter der »taz-Nord«. »Das ist ein Service für unsere Leser, damit sie sich und ihre Kinder schützen können.«

Diese Szene selbst – von NPD über den *Ring Nationaler Frauen* und die Kameradschaften bis zur *Gemeinschaft Deutscher Frauen* – versucht immer wieder, ihre wahren Absichten zu verdecken. Die zahlreichen öffentlichen Aufmärsche und medialen Inszenierungen der Neonazis Woche für Woche dürfen nicht darüber hinwegtäuschen: Die Szene agiert nicht offen. NPD und »Freie Kräfte« möchten gerade, dass die nationale Graswurzelarbeit, mit der Frauen Akzeptanz gewinnen sollen, nicht groß öffentlich thematisiert wird. Wenn sie Parolen wie »Raus aus den Hinterzimmern, rein in die Vereine« propagieren, dann ist das ein Appell zur Unterwanderung lokaler Strukturen. Die NPD ist eine legale Partei, ihre Positionen sind deswegen aber noch lange nicht legitim, auch wenn die Szene ihre Legitimität oft mit dem Verweis, nicht verboten zu sein, zu begründen versucht. Ganz im Gegenteil: Die NPD-Führung – hinter der der *Ring Nationaler Frauen* treu steht – bedauert in dem Strategiepapier »Der Deutsche Weg« ganz offen, noch nicht das »System aktiv politisch« stürzen zu können. Die Frauen streben nichts anderes an. Das Forschungsnetzwerk Frauen und Rechtsextremismus plädiert deshalb dafür, von Mitarbeiterinnen und Freiwilligen in Vereinen, Schulen, Kindergärten oder Gemeindeinitiativen ein Bekenntnis zu Demokratie und Menschenrechte einzufordern. Für Einstellungsgespräche empfehlen die Wissenschaftlerinnen, die betroffene Erzieherin gleich zu fragen, wie sie sich vorstellt, mit »nichtdeutschen Kindern« umzugehen. Kritisch sieht David Begrich vom »Netzwerk für Demokratie und Weltoffenheit – Miteinander in Sachsen-Anhalt« den Kindergartenerlass in Mecklenburg-Vorpommern: »Die Vorlage ist ein Signal der Hilflosigkeit. Von oben wird etwas reguliert, was eigentlich vor Ort durch das Engagement von Eltern geregelt werden müsste.« Die Szene wisse genau, dass sie mit der Vermittlung ihrer politischen Botschaft im vorpolitischen

Raum Erfolg haben könne, weil dort ein Mangel an Engagement bestehe, sagt Begrich. Diesen Mangel versuchten Frauen der Szene zu nutzen. Auch Begrich betont jedoch, dass Widerspruch dringend geboten sei, wenn diese Frauen versuchen, sich als nette Vereinsschwester oder freundliche Helferin zu präsentieren.

Ein neuer Versuch dieser rechten Unterwanderungsstrategie zeigte sich Anfang 2011. In ihrem Begehren, möglichst viele Daten über engagierte Bürger gegen rechts, Beamte, verhasste »Antifaschisten«, angefeindete »Ausländer«, angeblich »undeutsche« Politiker oder unliebsame Journalisten zu erschleichen, bot sich den NPD-Strategen eine neue Chance an. In mehreren Bundesländern riefen sie ihre Anhänger dazu auf, sich als Interviewer für die bevorstehende Volkszählung zu bewerben. Auf der Website des NPD-Verbandes in Sachsen wurde am 6. Januar 2011 betont: »Der besondere Reiz solcher Haushaltsbefragungen liegt darin, dass man auch Eindrücke von den persönlichen Lebensverhältnissen des einen oder anderen ›Antifaschisten‹ bekommen kann. Für öffentlich nicht bekannte Anhänger des NPD-Kreisverbandes Dresden dürfte es beispielsweise sehr aufschlussreich sein, in der Dresdner Neustadt soziodemographische Daten zu sammeln.« Die Neustadt ist bekannt für ihre alternative linke Szene. Die NPD in Bremen hielt auf ihrer Website am 8. Januar 2011 ihre Mitglieder und Sympathisanten in der Hansestadt an, sich als »Volkszähler« zu melden, da sie »Rückschlüsse auf mentale Befindlichkeiten, soziale Probleme und politische Stimmungen im Lande ziehen« und »damit den Grundstein für eine nationaldemokratische ›Marktforschung‹ zur idealen Wähleransprache legen« könnten. Und in Mecklenburg-Vorpommern hob der NPD-Verband am 13. Januar 2011 hervor, der »Zensus 2011« könne auch genutzt werden, um »sachdienliche Hinweise auf illegale Ausländer« zu gewinnen. Bei den entsprechenden Stellen sind die Verantwortlichen vorgewarnt, sagte Irene Schneider-Böttcher, Präsidentin des Statistischen Landesamts in Sachsen. Eine Überprüfung der ehrenamtlichen Interviewer sei allerdings kaum möglich, man müsse aber die Interviewer nicht in die Wohnung oder das Haus lassen.

Nicht bloß im Wahljahr 2011 will die Szene sich auf der Straße, in Vereinen, bei Bürgerinitiativen, Schulprojekten oder im Gemeindealltag gezielt einbringen. Die Frauen sind mit dabei – drängen in den Vordergrund oder treiben im Hintergrund an. Pauschale Tipps und Trick sind vielleicht schnell gegeben. Doch einfache politische Antworten lösen keine komplexen gesellschaftlichen Fragen. Die Erfahrungen in der Auseinandersetzung mit Frauen, in Kindergärten, Schulen, Ehrenämtern und Gemeinden offenbaren, wie unterschiedlich die Auseinandersetzung geführt werden muss. Vor Ort ist es dienlich, wenn Beratungsnetzwerke gegen Rechtsextremismus und für Demokratie so ausgestattet sind, dass sie mit Betroffenen lokal abgestimmte Ideen entwickeln können. Die Finanzierung von Bund, Land und Gemeinde ist aber seit Jahren nur von Projektantrag zu Projektantrag gesichert, was eine nachhaltige Beratungsarbeit nicht gerade fördert. Nichtstaatliches Engagement gegen die extreme Rechte scheinen Politiker in vielen Städten und Kommunen mittlerweile gar wieder als störender zu betrachten als die braunen Aktivitäten vor Ort.

Eine Sichtweise, die das Bundesministerium für Familie, Senioren, Frauen und Jugend unter Kristina Schröder (CDU) förderte. Ab 2011 möchte die Ministerin, dass alle staatlich geförderten Projekte eine »Antiextremismuserklärung« unterzeichnen, mit der sie versichern, zu den Werten des Grundgesetzes zu stehen. »Wer damit ein Problem hat«, ließ sie wissen »demaskiert sich selbst.« Die Unterzeichnung, betont das Ministerium, sei eine Fördervoraussetzung. Die Initiativen sollen aber zudem in Rückkopplung mit dem Verfassungsschutz ihre Partner aussuchen. Mit der »Antiextremismuserklärung« impliziere die Ministerin »einen Generalverdacht gegen jedes Engagement gegen Rassismus und Rechtsextremismus«, sagt Roland Roth, Professor für Politikwissenschaften an der Hochschule Magdeburg-Stendal. Schon Ende 2010 initiierte er mit weiteren Wissenschaftlern einen Aufruf gegen diese Maßnahme, den binnen weniger Tage über 100 Projekte und Personen aus Prävention, Forschung und Beratung gegen Rechtsextremismus, für Zivilcourage unterzeichneten. Dass ausgerechnet jene Initiativen, die vor Ort für Demokratie und Toleranz offen einträten, pauschal als demokratiefeindlich beargwöhnt würden, hält Roland Roth für untragbar. Die Bundesarbeitsgemeinschaft Kirche für Demokratie – gegen Rechtsextremismus (BAGKR) forderte deshalb, auf die Extremismuserklärung »ersatzlos zu verzichten«. Unterstützt wird die BAGKR von der Aktion Sühnezeichen Friedensdienste. Christian Staffa, Geschäftsführer der Aktion Sühnezeichen, befürchtet, dass ein »Klima der permanenten gegenseitigen Überprüfung die Vertrauensgrundlage für jegliche Demokratiearbeit infrage stellen wird«.

Die bestehenden Regularien würden greifen, sagte unlängst Bernd Lüdkemeier, bis Mitte 2011 Direktor der Landeszentrale für politische Bildung in Sachsen-Anhalt. Das Ministerium räumte inzwischen auch ein, dass dort »keine Fälle bekannt« seien, in denen Träger gefördert wurden, die »im Verfassungsschutz aufgeführt waren«. Bianca Klose, Leiterin der Mobilen Beratung gegen Rechtsextremismus Berlin, wird deutlich: »Wo die Bundesregierung bislang zivilgesellschaftliches Engagement förderte, wird nun versucht, staatliche Kontrolle gepaart mit Generalverdacht und Misstrauen zu setzen. Dadurch entsteht ein Klima des Argwohns, in dem demokratischem Handeln hohe Hürden in den Weg gestellt werden.« Eine solche Atmosphäre in der Gesellschaft ermuntert Betroffene kaum, vor Ort anzusprechen, dass die Frau mit dem Ehrenamt, die Betreuerin im Kindergarten, die Vereinsschwester im Sportclub oder Freiwillige in Umweltgruppen oder Bürgerinitiativen sich nebenher noch weit rechts engagiert – ganz weit rechts. Zivilgesellschaftlicher Widerspruch, betonen nicht nur die Beratungsnetzwerke, ist aber vor Ort geboten. Eine Grenze muss gezogen werden, um den Feindinnen der Demokratie so wenig demokratische Spielräume für ihre antidemokratischen Ziele zu lassen wie möglich. Diese Grenze sollte aber nicht erst bei der Mitgliedschaft oder Unterstützung der NPD, des *Rings Nationaler Frauen,* der *Gemeinschaft Deutscher Frauen* oder der Kameradschaftsszene liegen, sondern schon beim Anfeinden und Ausgrenzen von Flüchtlingen, Behinderten, Obdachlosen, Muslimen, Juden oder Minderheiten. Eine leisere Frauenstimme sollte nicht über den bekennenden Hass hinwegtäuschen. Ein höfliches Auftreten ändert an ihrer politischen Ausrichtung nichts. Rechtsorientierte Frauen müssen, so Expertin Rena Kenzo, endlich als das wahrgenommen werden, was sie sind: Feindinnen von Demokratie und Emanzipation.

Anhang

Literaturverzeichnis

Verwendete Literatur

Antifaschistisches Frauennetzwerk. Forschungsnetzwerk Frauen und Rechtsextremismus (Hg.): Braune Schwestern – Feministische Analysen zu Frauen in der extremen Rechten, Münster: Unrast, 2005.

Apfel, Holger (Hg.): »Alles Große steht im Sturm«. Tradition und Zukunft einer nationalen Partei. Stuttgart: DS-Verlag, 1999.

Argumente. Netzwerk antirassistischer Bildung e.V., Bildungswerk Anna Seghers e.V.; Antifaschistisches Infobüro Rhein-Main: Dunkelfeld. Recherchen in extrem rechten Lebenswelten rund um Rhein-Main. Broschüre. 2010.

Assmann, Aleida/Frevert, Ute: Geschichtsvergessenheit, Geschichtsversessenheit. Vom Umgang mit der deutschen Vergangenheit nach 1945. Stuttgart: Deutsche Verlagsanstalt, 1999.

Balbach, Sonja: »Wir sind auch die kämpfende Front«. Hamburg: Konkret Literatur Verlag, 1994.

Baumgärtner, Maik/Wrede, Jesko: »Wer trägt die schwarze Fahne dort«. Völkische und neurechte Gruppen im Fahrwasser der Bündischen Jugend heute, Braunschweig: Bildungsvereinigung Arbeit und Leben, 2009.

Beck, Ulrich: Die Neuvermessung der Ungleichheit unten den Menschen. Frankfurt am Main: Suhrkamp, 2008.

Begrich, Pascal/Weber, Thomas/Roth, Roland: Die NPD in den Kreistagen Sachsen-Anhalts. Magdeburg: Landeszentrale für politische Bildung Sachsen-Anhalt, 2010.

Benoist, Alain de: Aus rechter Sicht. Tübingen: Grabert-Verlag, 1983.

Bitzan, Renate (Hg.): Rechte Frauen. Skingirls, Walküren und feine Damen. Berlin: Elefanten Press, 1997.

Bitzan, Renate: Feminismus von rechts? In: Wamper, Regina/Kellersohn, Helmut/Dietzsch, Martin (Hg.): Rechte Diskurspiraterien. Münster: Edition Diss, 2010.

Bobbio, Norberto: Rechts und Links. Gründe und Bedeutungen einer politischen Unterscheidung. Berlin: Wagenbach, 1994.

Botsch, Gideon u. a.: Rechtsextremismus in Brandenburg. Handbuch für Analyse, Prävention und Intervention. Berlin: Verlag für Berlin-Brandenburg, 2007.

Braun, Stephan/Geisler, Alexander/Gerster, Martin: Strategien der extremen Rechten. Wiesbaden: VS Verlag, 2009.

Braun, Stephan/Vogt, Ute (Hg.): Die Wochenzeitung »Junge Freiheit«. Kritische Analysen zu Programmatik, Inhalt, Autoren und Kunden. Wiesbaden: VS Verlag, 2007.

Breuer, Stefan: Anatomie der Konservative Revolution. Darmstadt: Wissenschaftliche Buchgesellschaft, 1993.

Brunotte, Ulrike: Zwischen Eros und Krieg. Berlin: Wagenbach, 2004.

Buchstein, Hubertus/Heinrich, Gudrun (Hg.): Rechtsextremismus in Ostdeutschland. Schwalnach/Ts.: Wochenschauverlag, 2010.

Bundesministerium des Innern: Verfassungsschutzbericht, Berlin, 2009.

Butler, Judith: Krieg und Affekt. Zürich: Diaphanes, 2009.

Butterwegge, Christoph: Rechtsextremismus. Freiburg im Breisgau: Herder, 2002.

Claus, Robert/Lehnert, Esther/Müller, Yves (Hg.): »Was ein rechter Mann ist …«. Berlin: Dietz, 2010.

Cremet, Jean/Krebs, Felix/Speit, Andreas: Jenseits des Nationalismus. Ideologische Grenzgänge der »Neuen Rechten« – ein Zwischenbericht. Hamburg/Münster: rat, 1999.

Decker, Oliver/Brähler, Elmar/Geißler, Norman: Vom Rand zur Mitte. Rechtsextreme Einstellungen und ihre Einflussfaktoren in Deutschland. Berlin: Friedrich-Ebert-Stiftung, 2006.

Decker, Oliver/Brähler, Elmar: Bewegungen in der Mitte. Berlin: Friedrich-Ebert-Stiftung, 2008.

Decker, Oliver u. a.: Die Mitte in der Krise. Berlin: Friedrich-Ebert-Stiftung, 2010.

Dirbach, Stefan: Jung – rechts – unpolitisch. Die Ausblendung des Politischen im Diskurs über rechte Gewalt. Bielefeld: Transcript, 2010.

Dornbusch, Christian/Raabe, Jan: RechtsRock. Bestandsaufnahme und Gegenstrategie. Hamburg/Münster: rat, 2002.

Dornbusch, Christian/Virchow, Fabian: 88 Fragen und Antworten zur NPD. Schwalbach/Ts.: Wochenschau Verlag, 2008.

Esens, Ellen: Rechtsextremistinnen heute. Aktuelle Entwicklungen und Fallbeispiele. In: Braun, Stephan/Geisler, Alexander/Gerster, Martin: Strategien der extremen Rechten, Wiesbaden: VS Verlag 2009.

Evola, Julius: Heidnischer Imperialismus (1928). Leipzig: Armanen-Verlag, 1933.

Fantifa Marburg (Hg.): Frauen stricken am braunen Netz. Münster: Unrast, 1995.

Flensburger Hefte: Heft 32, 09/91: Anthroposophie und Nationalsozialismus.

Flensburger Hefte: Heft 41, 06/93: Anthroposophie und Rassismus.

Friedrich-Ebert-Stiftung/Forum Berlin: Der Aufstand der Zuständigen. Was kann der Rechtsstaat gegen Rechtsextremismus tun? Berlin: Friedrich-Ebert-Stiftung, 2007.

Geden, Oliver: Rechte Ökologie, Berlin: Elefanten Press, 1996.

Goodrick-Clarke, Nicholas: Die okkulten Wurzeln des Nationalsozialismus. Graz/Stuttgart: Leopold Stocker Verlag, 1997.

Habermas, Jürgen: Die Moderne ein unvollendetes Projekt. Leipzig: Reclam, 1994.

Hafeneger, Benno/Schönfelder, Sven: Politische Strategien gegen die extreme Rechte in Parlamenten. Folgen für kommunale Politik und lokale Demokratie. Berlin: Friedrich-Ebert-Stiftung, 2007.

Heitmeyer, Wilhelm (Hg.): Deutsche Zustände. Folge 8. Frankfurt am Main: Suhrkamp, 2010.

Heitmeyer, Wilhelm: Deutsche Zustände. Folge 9. Frankfurt am Main: Suhrkamp, 2010.

Kraske, Michael/Werner, Christian: … und morgen das ganze Land. Neue Nazis, »befreite Zonen« und die tägliche Angst – ein Insiderbericht. Freiburg: Herder, 2007.

Kühnen, Michael: Nationalsozialismus und Homosexualität, Courbevoie Cedex, 1986.

Kulick, Holger / Staud, Toralf (Hg.): Das Buch gegen Nazis. Köln: Kiepenheuer & Witsch, 2009.

Lenk, Kurt / Meuter, Günter / Otten, Henrique Ridardo: Vordenker der Neuen Rechten. Frankfurt am Main: Campus, 1997.

Mecklenburg, Jens (Hg): Handbuch Deutscher Rechtsextremismus. Berlin: Elefanten Press, 1996.

Mohler, Armin: Die Konservative Revolution in Deutschland 1918–1932. Ein Handbuch. Darmstadt: Wissenschaftliche Buchgesellschaft, 1994.

Möller, Kurt / Schuhmacher, Nils: Rechte Glatzen. Wiesbaden: VS Verlag, 2007.

Nieden, Susanne zur (Hg.): Homsexualität und Staatsräson. Frankfurt am Main: Campus, 2005.

NPD-Parteivorstand Amt für Öffentlichkeitsarbeit (Hg.): Argumente für Kandidaten & Funktionsträger. Berlin: NPD, 2006.

Peters, Jürgen / Schulz, Christoph (Hg.): »Autonome Nationalisten«, Münster: Unrast, 2009.

Pfahl-Traughber, Armin: »Konservative Revolution« und »Neue Rechte«. Opladen: Leske + Budrich, 1998.

Puscher, Uwe / Schmitz, Walter / Ulbricht, Justus H. (Hg.): Handbuch zur »Völkischen Bewegung« 1871–1918. München: Sauer Verlag, 1996.

Röpke, Andrea / Speit, Andreas (Hg.): Braune Kameradschaften Die militanten Neonazis im Schatten der NPD. Berlin: Ch. Links, 2005.

Röpke, Andrea / Speit. Andreas (Hg.): Neonazis in Nadelstreifen. Die NPD auf dem Weg in die Mitte der Gesellschaft. Berlin: Ch. Links, 3., akt. Aufl., 2009.

Röpke, Andrea: Ferien im Führerbunker. Die neonazistische Kindererziehung der Heimattreuen Deutschen Jugend (HDJ). Braunschweig: Bildungsvereinigung Arbeit und Leben, 2008.

Röpke, Andrea: Retterin der weißen Rasse. Rechtsextreme Frauen zwischen Straßenkampf und Mutterrolle. Braunschweig: Bildungsvereinigung Arbeit und Leben, 2005.

Röpke, Andrea: Von Täterinnen, Führerinnen und Marionetten. Rechtsextreme Frauen in Ost und West. In: Heitmeyer, Wilhelm (Hg.): Deutsche Zustände, Folge 7, Frankfurt am Main: Suhrkamp, 2009.

Röpke, Andrea: Wir erobern die Städte vom Land aus! Schwerpunktaktivitäten der NPD und Kameradschaftsszene in Niedersachsen. Braunschweig: Bildungsvereinigung Arbeit und Leben, 2005.

Schmitt, Carl: Der Begriff des Politischen (1932). Berlin: Duncker & Humblot, 1991.

Schröm, Oliver/Röpke, Andrea: Stille Hilfe für braune Kameraden. Das geheime Netzwerk der Alt- und Neonazis. Berlin: Ch. Links, 2001.

Senatsverwaltung für Inneres und Sport, Abteilung Verfassungsschutz: Frauen im Rechstextremismus. Berlin, 2009.

Speit, Andreas (Hg.): »Ohne Juda, ohne Rom«. Esoterik und Heidentum im subkulturellen Rechtsextremismus, Braunschweig: Bildungsvereinigung Arbeit und Leben, 2010.

Speit, Andreas: Mythos Kameradschaft – Gruppeninterne Gewalt im neonazistischen Spektrum. Braunschweig: Bildungsvereinigung Arbeit und Leben, 2005.

Speit, Andreas: Rechts im hohen Norden. In: Burschel, Friedrich (Hg.): Stadt – Land – Rechts. Berlin: Dietz, 2010.

Speit, Andreas: Rechtsextremisten in Norddeutschland. Wer sie sind und was sie tun! Brüssel: Die Grünen im Europäischen Parlament, 2007.

Staud, Toralf: Moderne Nazis: Die neuen Rechten und der Aufstieg der NPD. Köln: Kiepenheuer & Witsch, 2005.

Stein, Dieter: Phantom »Neue Rechte«. Edition JF. Berlin: Junge Freiheit Verlag, 2005.

Stöss, Richard: Rechtsextremismus im Wandel. Berlin: Friedrich-Ebert-Stiftung, 2005.

Theweleit, Klaus: Männerphantasien, 2 Bände. München: dtv, 1995.

Volkov, Shulamit: Antisemitismus als kultureller Code. München: C. H. Beck, 2000.

Woelck, Volkmar: Natur und Mythos, Diss-Texte. Duisburg, 1992.

Zobel, Jan: Volk am Rand. NPD: Personen, Politik und Perspektiven der Antidemokraten. Berlin: Edition Ost, 2005.

Verwendete Fachzeitschriften
Aida-Archiv Nachrichten – Antifaschistisches Infoblatt – Blick nach Rechts – Der Rechte Rand – FrauenRat – Lotta

Verwendete Gesinnungszeitschriften/-broschüren

an.schlag. Das Handbuch der Autonomen Nationalisten – Der Aktivist – Der Sturmbote – Deutsche Stimme – Die Frau in der nationalen Bewegung – Die Kampfgefährtin – Funkenflug – Hier & Jetzt – HNG-Nachrichten – Junge Freiheit – JVA-Report – National-Zeitung – Umwelt & Aktiv – Unser Leben – Unsere Zukunft – Wahlzeitung Sachsen-Anhalt: Warum NPD? – Zuerst

Personenregister

Die kursiv gesetzten Zahlen verweisen auf Bildunterschriften.

Danksagung

Unser Dank gilt:

Rena Kenzo, Renate Feldmann und Renate Bitzan vom Forschungsnetzwerk Frauen und Rechtsextremismus, Janine Clausen und Jens Breuer vom *Rechten Rand,* Peter Müller und Jan Kahlcke von der *taz-Nord,* Gabriele Nandlinger vom *blick nach rechts,* Michael Neu von der Arbeitsstelle Rechtsextremismus und Gewalt in Braunschweig und Otto Belina für fachliche Hinweise und freundschaftliche Unterstützung;

Cornelia Habisch, Martina Renner, Martin Langebach, Alexander Hoffmann und Jan Raabe für kenntnisreiche Auskünfte und leise Hilfen;

den Opfer- und Beratungsstellen, unter anderem der Arbeitsstelle Rechtsextremismus und Gewalt (arug) in Niedersachsen, Bianca Klose und ihrem Team von der Mobilen Beratung gegen Rechtsextremismus Berlin, dem Antifaschistischen Presse-Archiv (apabiz), Lobbi e.V., den Regionalzentren in Mecklenburg-Vorpommern und Miteinander e.V. in Sachsen-Anhalt; dem Antirassistischen Bildungsforum Rheinland sowie Günther Hoffmann und Robert Andreasch für die vielen informellen Hinweise;

den hilfsbereiten Kolleginnen und Kollegen aus Regionalredaktionen sowie vom Norddeutschen und vom Westdeutschen Rundfunk und den freien Kollegen aus allen Bundesländern, mit denen wir einen freundlichen Informationsaustausch pflegen dürfen;

den befreundeten Fotokollegen, die uns begleiten und beraten – und auch mal schützen;

den Betroffenen und Engagierten in den Regionen, wo die Neonazis sich verankert haben, für ihre mutige Offenheit und das Vertrauen;

den Aussteigern und Aussteigerinnen aus der Szene, die geduldig für Fragen und Nachfragen bereit standen,

Christoph Links, unserem Verleger, der uns ermutigte, erneut dieses Thema unabhängig von Konjunkturen aufzugreifen, und Stephan Lahrem für das einfühlsame Lektorat;

Edda Fensch, Nadja Caspar und dem gesamten Team des Verlags nicht nur dafür, dass uns durch die zügige Umsetzung des Buches eine große Aktualität ermöglicht wurde, sondern auch für die immer freundliche und fürsorgliche Betreuung – nicht zuletzt bei Vorträgen und Interviews;

all jenen, die auf eigenen Wunsch namentlich unerwähnt bleiben möchten, die uns seit Jahren eng verbunden sind und uns bei den langjährigen Recherchen begleitet und uns Zuspruch gegeben haben.

Ein ganz herzlicher Dank geht an unsere Familien und Freunde für ihr Vertrauen, die Rücksichtnahme und vor allem die Solidarität!

Andrea Röpke, Andreas Speit

Zu den Autoren

Andrea Röpke

Jahrgang 1965, Politologin und freie Journalistin. Ihr Spezialgebiet: Rechtsextremismus. Neben diversen Fernsehmagazinen wie Monitor, Spiegel-TV und Panorama wurden ihre aufwendigen Insider-Recherchen im Neonazi-Milieu auch in der *taz,* Süddeutsche-Online und in Fachportalen wie *blick nach rechts* veröffentlicht.

2009 erhielt sie den Preis der Lutherstädte »Das unerschrockende Wort« und wurde von der US-Botschaft in Berlin im Rahmen des »International Women of Courage Award« geehrt.

Bücher im Ch. Links Verlag: »Stille Hilfe für braune Kameraden. Das geheime Netzwerk der Alt- und Neonazis« (mit Oliver Schröm), 2001; »Braune Kameradschaften. Die militanten Neonazis im Schatten der NPD« (hg. mit Andreas Speit), 2005; »Neonazis in Nadelstreifen. Die NPD auf dem Weg in die Mitte der Gesellschaft« (hg. mit Andreas Speit), 2008.

Andreas Speit

Jahrgang 1966, Sozialökonom und freier Journalist. Er ist Autor der *taz* und Kolumnist in der *taz-Nord;* regelmäßig veröffentlicht er Beiträge für *blick nach rechts, Der Rechte Rand* und den *Zeit*-Blog »Störungsmelder«.

2007 wurde er ausgezeichnet vom *medium magazin* in der Rubrik Lokaljournalismus.

Er ist Autor und Herausgeber diverser Bücher zum Bereich Rechtsextremismus, darunter »Ästhetische Mobilmachung«, Münster 2001; »Ronald Schill – Der Rechtssprecher«, Hamburg 2002.

Bücher im Ch. Links Verlag: »Braune Kameradschaften. Die militanten Neonazis im Schatten der NPD« (hg. mit Andrea Röpke), 2005; »Neonazis in Nadelstreifen. Die NPD auf dem Weg in die Mitte der Gesellschaft« (hg. mit Andrea Röpke), 2008.